Lynn C. Purkey

·

Spanish Reception of Russian Narratives, 1905–1939

Transcultural Dialogues

Tamesis / Woodbridge

2013

Линн Пёрки

·

Nuevo Romanticismo

Испанско-русский
литературный диалог,
1905–1939

Academic Studies Press

Библиороссика

Бостон / Санкт-Петербург

2023

УДК 82.091
ББК 83.3(4Исп)6
П27

Перевод с английского Кирилла Борисова

Серийное оформление и оформление обложки Ивана Граве

Пёрки, Линн К.
П27   Nuevo Romanticismo. Испанско-русский литературный диа-
      лог, 1905–1939 / Линн Пёрки ; [пер. с англ. К. Борисова]. —
      СПб.: Academic Studies Press / Библиороссика, 2023. — 312 с. —
      (Серия «Современная западная русистика» = «Contemporary
      Western Rusistika»).
          ISBN 979-8-887194-49-3 (Academic Studies Press)
          ISBN 978-5-907767-13-3 (Библиороссика)

Термин Nuevo Romanticismo («новый романтизм») возник в одноименном
эссе Хосе Диаса Фернандеса как обозначение группы писателей, ставшей рупором
регуманизации в испанской культуре. Опираясь на теорию романа, представлен-
ную в работах Бахтина, Линн Пёрки рассматривает Nuevo Romanticismo сквозь
призму русской и советской литературы. В противовес дегуманизированным тен-
денциям, отмеченным Ортегой-и-Гассетом в испанской литературе, писатели Сесар Арконада, Рамон Х. Сендер и Лусия Карнес соединили в своих текстах авангардную эстетику и сосредоточенность на человеке, создав модель политически
ангажированного искусства — отчасти благодаря транскультурному диалогу
с русскими литературными текстами. В книге исследуется глубокая связь между
испанскими и русскими нарративами, созданными непосредственно до и во время
Второй республики, а также неизменно актуальные для обеих культур в последнее
столетие темы: этика войны, феминизм, растущая механизация цивилизации.

УДК 82.091
ББК 83.3(4Исп)6

ISBN 979-8-887194-49-3
ISBN 978-5-907767-13-3

В память об отце

Благодарности

Я благодарна Университету Теннесси в Чаттануге за великодушие его сотрудников. Хочу особо поблагодарить Памелу Риггс-Джеласко и Джошуа Дэвиса за поддержку этого проекта. Хочу выразить огромную благодарность Дрю Догерти за его многолетнюю дружбу и наставническую поддержку; эта книга никогда бы не увидела свет без его участия. Хочу поблагодарить Михаэля Яроцци и Анну Несбит за их советы и предложения по дальнейшему развитию моей диссертации, из которой вырос этот проект. Педро Кампа любезно согласился проверить некоторые из моих переводов. Я никак не могла обойтись без слов поддержки и ободрения, а также замечательных советов Фелиции Штюрцер, Оралии Пребл-Ниеми и Педро. В основу этой книги также легло множество статей, собранных для меня Джастином Йошидой. Выражаю огромную благодарность Национальной библиотеке Испании (Biblioteca Nacional de España), которая сделала поистине широкий жест, разрешив мне поработать со своими фондами, а также Мелани Данн и сотрудникам межбиблиотечного абонемента из библиотеки г. Ламптона за огромный объем проделанной для меня работы. Наконец, хочу выразить признательность Майклу, Хизер и Джейкобу за их неизменную поддержку.

Линн К. Пёрки

Сокращения

Агитпроп	Агитация и пропаганда
Женотдел	Сокращение от отдела по работе среди женщин, женского отдела
Колхоз	Коллективное хозяйство
ЛЕФ	Левый фронт искусств, 1923–1929
МХАТ	Московский художественный театр
МОРП	Международное объединение революционных писателей, 1929–1939
НЭП	Новая экономическая политика, 1921–1928
НКВД	Народный комиссариат внутренних дел, 1934–1954
РАПП	Российская ассоциация пролетарских писателей, 1928–1932
Рабфак	Рабочий факультет

Введение
К определению нового романтизма

Si hay suicidios son suicidios por amor, porque en el amor es sin duda alguna donde se encuentran las raíces más hondas de lo humano. ¿Olvida alguien que hace poco se ha suicidado por amor Maiakowsky, el poeta máximo de la Rusia soviética? [Díaz Fernández 1930b: 22].

[Всякое самоубийство в мире есть самоубийство ради любви, ведь не подлежит сомнению, что именно в любви человек обретает глубочайшую основу своей человечности. Разве вы забыли, как недавно Маяковский, величайший поэт Советской России, покончил с собой во имя любви?]

Настоящая монография посвящена исследованию рецепции русской и советской литературы в Испании, а также связи между этой литературой и новым романтизмом. Оба аспекта рассмотрены сквозь призму теоретических исследований М. М. Бахтина о романе как таковом. В итоге автор приходит к выводу, что создатели этой литературы вели диалог с русскими образцами социально ориентированного искусства. Возможность подобного диалога выросла из целого ряда уникальных исторических обстоятельств, не последним из которых стала схожесть социально-экономической ситуации в дореволюционной России и Испании, а также кардинальное изменение жизненного уклада, произошедшее в результате большевистской революции

1917 года. В середине 1920-х годов революционные течения в русской литературе нашли отклик в произведениях таких писателей, как Хосе Диас Фернандес, Хоакин Ардериус и Сесар Арконада. В этих течениях они увидели средство передачи личных впечатлений от глубокого разлома, возникшего между опытом повседневной жизни и художественным творчеством, а также насущной потребности в социальных изменениях. В настоящей главе мы проанализируем некоторые из связанных с этим социальных и политических феноменов начала XX века, благодаря которым стал возможен диалог между испанской и русской литературой. Кроме того, здесь будет дано определение нового романтизма, а монография Диаса Фернандеса 1930 года под названием «Новый романтизм: полемические эссе об искусстве, политике и литературе» («El nuevo romanticismo: polemica de arte, política y literatura») будет представлена в качестве теоретической платформы движения.

Политика и общество

Большевистская революция 1917 года навсегда изменила ход мировой истории, распространив коммунистическую идеологию на большую часть Восточной Европы. Она разделила значительную часть территории континента на два идеологических лагеря, которые просуществовали до распада Советского Союза в 1991 году. Всего за несколько десятилетий Ленин и его последователи превратили во многом отсталую монолитную империю, расположенную на окраине Европы, в современное государство, к середине века ставшее сверхдержавой. Первые десятилетия жизни нового государства сопровождались фундаментальными изменениями структуры общества и реализацией колоссальных инфраструктурных проектов: перераспределением богатства и собственности (включая национализацию промышленности и коллективизацию сельского хозяйства), электрификацией, строительством каналов и дорог и т. п. Новое государство строило смелые, если не сказать утопичные, планы экономического развития, включавшие в себя пятилетки и новую экономическую политику (НЭП). Изменениям сопутствовали социальные реформы, такие как легализация абортов и разводов, секуляризация брака. Эти реформы, воплощенные в жизнь некогда консервативным православным народом, были экстраординарными по своей сути. Новая власть гарантировала равенство полов и этносов, а также создала за государственный счет целую сеть детских садов, благодаря которым женщины смогли массово устраиваться на работу. Полноценное включение женщин в экономические процессы, не имевшее равных в истории по своим масштабам, произошло за несколько десятилетий до аналогичных тектонических сдвигов в Западной Европе и Америке, где женщины начали массово вливаться в ряды трудящихся только во время Второй мировой войны. Кроме того, государство провело множество реформ образования, приняв законы об обязательном образовании детей и юношества и запустив широкомасштабные кампании по ликвидации безграмотности среди взрослого населения. В целом смена политического режима сопровождалась кардинальными преобразованиями всех сторон жизни.

В художественном плане первые годы советской власти были чрезвычайно разнородными. Мануэль Аснар Солер указывал, что русское поле культурного процесса подвергалось воздействию двух больших течений, активно действовавших в период с 1920 по 1939 годы, а именно Пролеткульта и соцреализма. В качестве примера он приводит жаркие споры, шедшие в Советской России в связи с противостоянием между пролетариатом и «попутчиками», а также особенности изображения реализма в художественных произведениях представителей обоих лагерей [Aznar Soler 2010: 223–233]. Пролеткульт отдавал предпочтение детальности в реализме, а соцреализм склонялся к романтике, гиперболизируя положительных и отрицательных героев. Вспомним: ведь именно Сталин, говоря о развитии социалистического реализма, предписывал писателям быть «инженерами человеческих душ». Тем не менее в начале XX века сосуществовало множество школ и движений, конкурировавших между собой, включая натуралистический реализм, революционный романтизм, различные авангардные движения (символизм, кубофутуризм, биомеханику и т. п.). Эстетика соцреализма была создана усилиями государства много позже, в период между 1932 и 1934 годами. Можно обнаружить перекличку между новым романтизмом и произведениями, созданными в период с конца XIX века и до 1930-х годов. Сочинения соцреалистов переводились и публиковались в Испании начиная с середины 1930-х годов и до конца этого десятилетия. Однако большинство из них появилось слишком поздно, чтобы оставить значимый след в испанской литературе до начала Гражданской войны в Испании (1936–1939). Возможно, наиболее значимый период русской литературы в этом контексте связан с появлением социально ориентированных художественных произведений русского авангарда в 1920-х годах, еще до официального зарождения соцреализма. В частности, Е. А. Добренко называет 1920-е годы периодом ожесточенной борьбы между такими литературными группировками, как Пролеткульт, РАПП, ЛЕФ и «Перевал». Характерные особенности произведений, созданных их представителями, позже слились в «окаменелую утопию» социалистического реализма [Dobrenko 2005: 93, 109].

Советские эксперименты в области социума, политики и искусства привлекали внимание во всех странах мира, и особенно в Испании, где такие либералы, как Рамон Сендер, Фернандо де лос Риос и Рафаэль Альберти, пристально вглядывались в Россию, стремясь найти в ее судьбе ответы на проблемы своей родной страны. Несмотря на крайнюю непохожесть географического положения и существенные культурные различия, Испания 1920-х годов и дореволюционная Россия имели много общего. Обе страны представляли собой во многом доиндустриальные, сельскохозяйственные общества (если не учитывать отдельные северные регионы, охваченные индустриализацией), а подавляющее большинство населения было бедным, неграмотным и проживало в сельской местности. Особенно остро бедность ощущалась в южной половине Пиренейского полуострова, где в экономике господствовали квазиолигархические и полуфеодальные латифундии (*исп.* latifundios), нанимавшие сезонных работников, труд которых зачастую сопровождался касикизмом (*исп.* caciquismo)[1].

Подобные экономические обстоятельства, наряду с напряженностью между интересами отдельных регионов и интересами Мадрида как старого политического центра, а также усиление роли организованного труда только способствовали поляризации испанского общества. Это вылилось в крайнюю раздробленность политического ландшафта, привело к появлению множества мелких фракций, крайне ожесточило межфракционную борьбу и стало причиной политической нестабильности в 1910-е годы, в период правления Альфонсо XIII [Graham 2002: 2–5]. К началу 1920-х годов, когда Генеральные кортесы Испании не смогли сформировать коалиционное правительство, в стране назрел полномасштабный парламентский кризис, приведший к путчу и двум диктатурам. Руководителем первой стал Мигель Примо де Ривера (1923–1930), вторую возглавил Дамасо Беренгер (1930–1931). Оба диктаторских режима пользовались поддержкой короля. Правительство Примо де Риверы, несмотря на общепризнанную нелегитимность, все же смогло добиться относительной экономической стабильности и небольшого промышленного роста. Впрочем, после краха фондового рынка в 1929 году и всемирной экономической рецессии король Альфонсо XIII уступил общественному мнению и в 1931 году разрешил провести муниципальные выборы. Победа либеральных сил на выборах привела к образованию Второй испанской республики (1931–1939), а правящий монарх удалился в изгнание, и вместе с ним канула в Лету испанская монархия.

---

[1] Латифундии (исп. latifundios) — крупные наделы земли, зачастую принадлежавшие аристократам, проживавшим за пределами своего землевладения. Как правило, такая земля засевалась монокультурами, к возделыванию которых привлекались сезонные работники (остальную часть года они оставались без работы). Касик (исп. cacique) — начальник или политический руководитель, отсюда касикизм (исп. *caciquismo*) — власть или влияние политических руководителей в Испании или Латинской Америке, а также злоупотребление властью или влиянием, которое эти руководители допускали для вмешательства в жизнь общества [Graham 2002: 3–5].

Дегуманизация искусства

Период политических репрессий, который Испания переживала в 1920-е годы, не всегда находил отражение в работах испанских авангардистов. Подавляющее большинство авангардной литературы того периода можно назвать аполитичной или «дегуманизированной». Это утверждение справедливо по крайней мере для первой половины десятилетия[2]. Ортега-и-Гассет в своей статье «Дегуманизация искусства» («La deshumanización del arte»), вышедшей в виде серии публикаций в газете «El Sol» в 1924 году, отмечал изменение характера художественного восприятия, проявляемого в рамках различных полей культурного процесса, противопоставляя авторов XIX и начала XX веков. В эпоху романтизма (и позже, во времена реализма и натурализма) искусство в целом пользовалось популярностью; оно уделяло основное внимание состоянию человека и общества и было близко и понятно широким народным массам. В отличие от той эпохи, новое искусство (модернистское и авангардное) избегало описания повседневной жизни во всей ее наготе, выдвинув на первый план форму искусства вместо содержания. В результате возникло так называемое художественное искусство, толкованием которого могло заниматься только привилегированное меньшинство [Ortega y Gasset 1967: 15–20].

Для Ортега-и-Гассета дегуманизация предусматривает множество стилистических условностей, деформирующих или дегуманизирующих реальность: «Итак, стилизовать — значит деформировать реальное, дереализовать. Стилизация предполагает дегуманизацию. И наоборот, нет иного способа дегуманизации, чем стилизация» (исп. [E]stilizar es deformar lo real, desrealizar. Estilización implica deshumanización. Y viceversa, no hay otra manera de deshumanizar que estilizar) [Ortega y Gasset 1967: 38].

---

[2] Р. Бакли и Дж. Криспин в своих работах развивают теорию двух периодов в испанском авангардном нарративе, приблизительно по пять лет каждый: более ранний период описан Хосе Ортега-и-Гассетом в статье «La deshumanización del arte», тогда как для более позднего периода характерен процесс регуманизации [Buckley, Crispin 1973: 12].

Подобная стилизация предусматривала множество поэтических выразительных средств, включая метафору, сравнение, иронию и т. п.

В своем эссе Ортега-и-Гассет проводит параллели между литературными и художественными движениями XIX века, в особенности романтизмом, и демократическими процессами, которые он связывал с увеличением влияния массовой культуры в Европе и ростом внимания к вопросам равенства [Ortega y Gasset 1967: 17]. Напротив, современное ему новое искусство модерна отвергло демократизацию искусства и литературы, что побудило новых деятелей культуры к созданию более художественного «чистого искусства» [Ortega y Gasset 1967: 25]. Однако, утратив «гуманистический пафос», искусство лишилось и трансцендентальной роли, которую оно играло в обществе [Buckley, Crispin 1973: 8; Ortega y Gasset 1967: 65].

Как указывает Хуан Кано Бальеста, обнаруженная Ортега-и-Гассетом дегуманизация искусства не подразумевает полного отказа от референции к человеку, но, скорее, отражает такое положение дел, при котором создатель культурных ценностей и искусство максимально отдалены друг от друга. В этом его отличие от романтизма, где достигается максимальное слияние обоих субъектов [Cano Ballesta 1996: 19–22; Ortega y Gasset 1967: 44–45]. Все это, вкупе со связью между романтизмом с революцией и массовой культурой, и побудило Диаса Фернандеса придумать термин «новый романтизм» для описания сближения, наблюдаемого между искусством и состоянием человека и общества.

Новый романтизм

Первое упоминание термина «новый романтизм» мы находим в одноименном эссе Диаса Фернандеса, где автор использует его для описания перехода к гуманизации, характерного для Испании конца 1920-х и всего десятилетия 1930-х годов. Позже знаменитый испанист Пабло Хиль Касадо обозначил с помощью этого термина тренд, связанный с Диасом Фернандесом. Именно теоретические принципы, перечисленные в эссе последнего, и стали основой литературного подхода, который позволил заново интегрировать в авангард человеческий и социальный аспекты. Это движение обычно связывают с художественной литературой, однако Хиль Касадо утверждает, что оно простирается гораздо дальше, например в область театра и поэзии Федерико Гарсиа Лорки и Рафаэля Альберти [Gil Casado 1975: 91–92]. Согласно теоретическим изысканиям Марии Франсиски Вильчес де Фрутос, можно говорить о целом «поколении нового романтизма», нашедшем себе опору в «социальном, популярном и авангардном искусстве» (*исп.* arte social, mayoritario y vanguardista) [Vilches de Frutos 1984: 1–2, 7][3]. Фуэнтес, а позже Лоран Боуч называли его «иным» поколением 27 года (*исп.* la otra Generacion del 1927), поскольку представители этой группы выступали антагонистами по отношению к своим визави, первоначальному поколению 27 года [Fuentes 1976: 7; Boetsch 1985: 14]. Диас Фернандес часто употреблял термин *literatura de avanzada* вместо более расхожего *literatura de vanguardia*. Оба термина, вне всякого сомнения, обозначали авангардную литературу, однако позволяли автору отделить себя и других от более раннего, дегуманизированного авангарда [Díaz Fernández 1930b: 47]. Новый романтизм иногда причисляли к более крупным движениям, наиболее известными из которых были довоенный социальный роман [García de Nora 1962: 7–12; Gil Casado 1975: 91–92; Mainer 1999: 270–272], новый реализм [Blanco et al. 2000: 292], *treintistas,* или поколение 30-х [Bosch 1971: 35], а также рассматривали как часть процесса политизации литературы в 1930-е годы [Castañar 1992: 3][4].

Эссе Диаса Фернандеса, задавшее тон социальной литературе 1930-х годов, заложило основу большей части литературного

---

[3] В этой связи Андрес Сориа Ольмедо называет важными средствами популяризации нового романтизма журналы «Post-Guerra» (1927) и «Nueva España» (1930) [Soria Olmedo 1999: 303].

[4] Многие авторы, среди которых Хуан Кано Бальеста и Хосе-Карлос Майнер, также принимают в качестве аксиомы факт политизации испанской литературы в 1930-е годы [Cano Ballesta 1996; Mainer 1999].

процесса следующего десятилетия. Впрочем, влияние этого текста сделалось очевидным уже во второй половине 1920-х годов. Найджел Деннис в отношении романов «El blocao» и «La Venus mecánica» отмечает следующее:

> Es imposible exagerar la importancia de *El nuevo romanticismo* en el marco de la literatura de la época, ya que llega a definir un nuevo acercamiento a la narrativa y al arte en general — ya manifiesto en *El blocao* y *La Venus mecánica* — que en menor o mayor grado atraviesa toda la novelística española de los años treinta [Dennis 2006: XIV].

> [Невозможно переоценить важность эссе «Новый романтизм» в историческом контексте литературы того периода, поскольку оно определило новый подход к нарративу и к искусству в целом. Проявления этого подхода мы находим в романах «Блокгауз» и «Механическая Венера», однако он в большей или меньшей степени затрагивает все испанские романы 1930-х годов.]

Полемизируя со статьей «La deshumanización del arte» Ортеги-и-Гассета, Диас Фернандес в своем эссе «El nuevo romanticismo» описывал, как новый романтизм захватывает испанское поле культурного процесса, производя «возврат к человечности» и заменяя собой вольные эксперименты раннего авангарда, понятные только его адептам [Díaz Fernández 1930b: 47]. Дистанцировавшись от раннего авангарда, новый романтизм стремился преодолеть раскол между создателем культурных ценностей и литературой, интегрируя социально-политическую повестку и опыт повседневной жизни в художественный выразительный акт.

В настоящем исследовании термин «новый романтизм» (*исп.* nuevo romanticismo) обозначает не столько поколение писателей, сколько более широкую тенденцию эстетического толка. Новый романтизм, как и его собрат из XIX века, несет в себе как революционный, так и «человеческий» аспекты. В его революционном аспекте «мы обретаем силу, преобразующую мир» (*исп.* se encuentra la fuerza que transforma el mundo), тогда как «человеческая сущность превыше всякого духовного акта человека, ибо неразрывно связывает его с будущим» (*исп.* lo humano es mejor que nada la acción espiritual del hombre, su contacto permanente con el futuro) [Díaz Fernández 1930b: 22–23, 27].

Диас Фернандес видел новый романтизм как полное жизненных сил новое движение, порвавшее с авангардом по примеру романтизма, который разорвал всякую связь с «окаменелыми» формами неоклассицизма: «...стремясь противостоять академической литературе и прогнившей жизни, где все подчинено традиции и стилю, романтики возвели баррикады в сердцах людей» (*исп.* Frente a una literatura academicista y una vida putrefacta, donde todo es tradición y estilo, los románticos levantan las barricadas del corazón) [Díaz Fernández 1930b: 21–22].

В отличие от романтизма XIX века, новые романтики не только превозносили романтическую любовь, но и отдавали предпочтение более широко понимаемой «гуманистической» любви, которая должна была привести к социальному прогрессу.

> [Los nuevos románticos] volverán al hombre y escucharán el rumor de su conciencia. <...> Esperamos, además, que este nuevo romanticismo no descargue su eléctrico impulso solamente sobre el amor. <...> Otro amor más dilatado y complejo, fruto del progreso humano y de la depuración de las relaciones sociales moverá a los hombres del futuro, será el eje de la gran comunidad universal [Díaz Fernández 1930b: 49].

> [[Новые романтики] вернутся к человеку и прислушаются к шепоту его совести. <...> Более того, мы надеемся, что этот новый романтизм не истратит свой электрический заряд только на любовь. <...> Движущей силой людей будущего станет иная любовь, более обширная и полная, плод человеческого прогресса и очищения общественных отношений; она станет основой нового всеобщего содружества.]

Диас Фернандес видел в новом романтизме разрыв с авангардом, который считал слишком французским (что весьма нежелательно) и подверженным влиянию малосодержательных метафор, пришедших в него из спорта. По его мнению, «авангардный писатель <...> обязан предлагать не только лучшие образцы эстетики, но и передовые мысли» (*исп.* escritor de vanguardia <...> será el escritor que va delante lo mismo en pensamiento que en estética) [Díaz Fernández 1930b: 42]. Однако на самом деле авторы нового романтизма продолжили стилистический тренд авангарда, и Диас Фернандес обнаружил, что многие из них неправильно поняли статью Ортега-и-Гассета «La deshumanización del arte».

> Parece paradógico [*sic*] que un arte "deshumanizado" pueda ser entendido por esta nueva democracia, pero esta "deshumanización" lo será en *cierta medida*, en lo que tenga de estilización, de síntesis. Ortega y Gasset, mal comprendido por amigos y desafectos, lo afirma: "Estilizar, es deformar lo real, desrealizar. Estilización, implica deshumanización" [Díaz Fernández 1927a: 8] (выделено в оригинале).

> [Налицо кажущийся парадокс: «дегуманизированное» искусство можно понять с помощью нового народовластия, однако «дегуманизацию» можно считать таковой лишь отчасти, имея в виду лишь стилизацию и синтез. Ортега-и-Гассет, недопонятый как друзьями, так и недоброжелателями, разделяет это мнение: «Итак, стилизовать — значит деформировать реальное, дереализовать. Стилизация предполагает дегуманизацию».]

Эта художественная техника проявилась в их фрагментарной, нарочито туманной прозе и в поэтическом, драматическом и кинематографическом дискурсе, бытующем в работах новых романтиков. Если брать художественные произведения, то для этого тренда характерен отход от традиционных форм с их центральной ролью фабулы и сложных характеров в сторону субъективных впечатлений и аллегорических характеров, а также разрыв с буржуазным искусством.

Следовательно, новый романтизм был не плодом деятельности отдельного поколения или изолированной группой писателей, но, скорее, движением, которое совпало по времени с общей политизацией испанской литературы незадолго до возникновения Второй республики и в течение всего периода ее существования. В литературе оно наиболее остро ощущалось в повествовательном жанре, однако затрагивало и другие. Его наиболее яркой чертой была интеграция социальных моделей искусства в эстетические и стилистические нормы и правила авангарда, модные в Испании в 1920-е годы. Общим руслом процесса зачастую служил сознательный диалог с русско-советской литературой.

Диалог с русской литературой

Пытаясь регуманизировать испанскую литературу, Диас Фернандес предложил испанцам обратиться к примеру Советского Союза, и в особенности к футуризму, который казался ему «неоромантическим» по своей сути [Díaz Fernández 1930b: 37]. В частности, этот испанский критик благосклонно относился к явлению, которое описывал пространным термином «русский футуризм и Маяковский» и в котором видел стремление «порвать с прошлым во имя будущего» [Díaz Fernández 1930b: 31]. В частности, он находил образцовые примеры социального искусства в творчестве В. В. Маяковского и в литературе русской революции [Díaz Fernández 1930b: 31][5].

> Aquellos valores aportados por el Futurismo de Maiakowski, no han sido desdeñados por los nuevos escritores: síntesis, dinamismo, renovación metafórica, agresión a las formas académicas: todo eso se encuentra en Ivanov, en Leonov, en Pilniak, en Rodionov [Díaz Fernández 1930b: 47].

> [Новые писатели отнюдь не пренебрегали следующими ценностями, относимыми к футуризму Маяковского: синтез, динамика, переосмысление метафор, агрессия по отношению к академичным формам. Все это мы находим у Иванова, Леонова, Пильняка и Родионова.]

[5] Хосе Диас Фернандес также отмечал схожую тенденцию в других образцах русского искусства (например, в театре В. Э. Мейерхольда и в романах К. А. Федина), а также у французских писателей Жоржа Дюамеля и Анри Барбюса [Díaz Fernández 1927a: 6–8].

Этот испанский критик считал «возврат к человечности» (*исп.* vuelta a lo humano) не только очевидным свойством произведений новых русских писателей, но и «основным отличием авангардной *литературы*» (*исп.* la distinción fundamental de la literatura de avanzada) [Díaz Fernández 1930b: 47]. Пытаясь ознакомить испанского читателя с этими произведениями, Диас Фернандес (вместе с Хуаном Андраде, Хоакином Ардериусом, Хосе Балботином, Антонио Эспино и Р. Хименесом Силесом) основал издательство «Ediciones Oriente», чтобы переводить и публиковать в Испании иностранную социальную литературу [Sánchez 2003: 303]. Этот дух внутренней человечности стал определяющим для литературной деятельности не только Диаса Фернандеса, но и других его соратников по новому романтизму. В основе ее лежал сознательный диалог между этим новым течением и политически ангажированной литературой, поступавшей в страну из России.

Глава 1
Диалогизм сквозь призму переводов и путевых дневников

¡Hombres de corazón que buscáis la Verdad! Apartad vuestra mirada de Occidente, donde las codicias del capitalismo han abierto, en una guerra horrorosa, ocho millones de tumbas y herido y mutilado en la flor de su edad á doce millones de hombres. <...> Si queréis hallar la Verdad, dirigid la mirada hacia Oriente. <...> En aquel horizonte veréis brillar la Verdad en la estrella roja, en la estrella simbólica que hoy ilumina á Rusia y pronto iluminará á toda la Tierra [Acevedo 1923: 57–58].

[Отважные искатели истины! Отвратите свои взоры от Запада, где алчность капитализма пожрала восемь миллионов человек, а еще двенадцать изранила и искалечила в ужасающей войне. <...> Если желаете познать истину, обратите взор к Востоку. <...> Вы узрите Истину, что сияет над горизонтом красной звездой, символически освеща Россию и готовясь вскоре осветить всю Землю.]

Большевистская революция 1917 года и формирование нового советского государства оказали огромное влияние на ход развития культурного процесса в масштабах всей Европы. Идеи универсалистского, едва ли не утопического толка превратили деятелей культуры, разделенных государственными границами, в единую сплоченную группу. Особенно сильно это проявилось в Испании, где в поисках образчиков политически ангажированной литературы к Востоку обратилось целое поколение молодых писателей, среди которых Рафаэль Альберти, Мигель Эрнандес и Рамон Хосе Сендер. Культура и идеология проникали в Испанию начиная с XIX века и до 1930-х годов главным образом благодаря переводу и распространению русской и советской политической и художественной литературы. Свою роль сыграла и целая волна путевых дневников о Советском Союзе, оставленных журналистами, политиками и писателями, каждый из которых ехал на Восток в поисках ответов на вопросы социальной, политической и литературной жизни своей родной страны[1]. Одновременно с этим русскоязычные деятели культуры (как мы покажем на примере И. Г. Эренбурга и С. М. Эйзенштейна) черпали вдохновение и находили модели для художественного творчества в испанских формах. В этой главе мы рассмотрим теоретические основы диалогов между Испанией и Россией под углом теории диалогизма, разработанной Бахтиным. В ней также кратко описаны два способа проникновения образчиков российской и советской культуры в Испанию на протяжении 1920–1930-х годов: переводы и путевые дневники. Наконец, мы обсудим несколько примеров диаметрально противоположного процесса — диалога авангардных русских работ с испанскими архетипами.

Диалогизм и многоязычие

В статьях «Эпос и роман» и «Из предыстории романного слова» Бахтин предложил концепцию многозначной природы романа и современных романных форм, наделяющей их способностью подрывать однородность национального голоса посредством диалогизма. Бахтин выделяет три основные особенности

---

[1] Третьим основным средством распространения образчиков русской культуры и литературы были испанские газеты и литературные журналы. Настоящая работа содержит множество соответствующих ссылок, однако в этой главе такие источники не рассматриваются.

романа как наиболее молодого жанра, отличающие его от других жанров:

> 1) стилистическую трехмерность романа, связанную с многоязычным сознанием, реализующимся в нем; 2) коренное изменение временных координат литературного образа в романе; 3) новую зону построения литературного образа в романе, именно зону максимального контакта с настоящим (современностью) в его незавершенности [Бахтин 1975: 454–455].

Согласно Бахтину, эти особенности обусловлены тем, что Европа зародилась в условиях «социально замкнутого и глухого полупатриархального состояния», а уже затем «вышла в новые условия международных, междуязычных связей и отношений». Это дало толчок возникновению новых способов мышления и в дальнейшем развитию современного нарратива [Бахтин 1975: 455]. Когда период национальных языков подошел к концу, начался процесс их «взаимоосвещения», породивший «глубокое стилистическое своеобразие романа как такового» [Бахтин 1975: 456].

Бахтин выдвигает тезис об отличии многозначного романа от монотонического эпоса, уходящего корнями в «сакральную традицию» так называемого абсолютного прошлого в «отдаленном плане памяти», где навсегда застыли идеологии и язык [Бахтин 1975: 456, 469]. Напротив, динамичный по своей природе роман, которому не свойственна отстраненность эпоса, можно связать с «областью соприкосновения с незавершенным настоящим», с «неформальным языком», со смехом и с популярной культурой [Бахтин 1975: 464, 470, 481]. Это не дает жанру «застывать» и делает его пригодным для «реалистического отражения социально многообразного и разноречивого мира современности», который роман несколько «осовременивает» [Бахтин 1975: 469].

Согласно этому русскому критику, роман представляет собой особую «диалогизированную систему», переплетение множества голосов, языков и жанров, во взаимном диалоге которых возникает независимый смысл: «Всякий роман в большей или меньшей мере есть диалогизированная система образов "языков", стилей, конкретных и неотделимых от языка сознаний» [Бахтин 1975: 416]. Причину возникновения романа как жанра Бахтин усматривает во влиянии множества разнородных факторов, основные из которых — смех и многоязычие [Бахтин 1975: 417–418].

> Смех организовал древнейшие формы изображения языка, которые первоначально были не чем иным, как осмеянием чужого языка и чужого прямого слова. Многоязычие и связанное с ним *взаимоосвещение языков* подняли эти формы на новый художественно-идеологический уровень, на котором стал возможным романный жанр [Бахтин 1975: 417–418] (выделено в оригинале).

Бахтин прослеживает эволюцию романа до различных видов смеха в литературе, включая пародию, травестирование, сатиру, пантомиму, фарс и т. п. Он приходит к заключению: «Высокие жанры однотонны — "четвертая драма" [сатирическая пьеса] и родственные жанры поддерживают древнюю двутонность слова» [Бахтин 1975: 421]. Пробивая путь другим языкам и голосам, смех торит дорогу критике высоких жанров с их монотонностью. Впрочем, по мнению Бахтина, подлинное многоязычие и сам роман как саморефлексивный жанр, сознающий свое многоязычие, становятся возможными только в результате смешения языков и людей, из которого рождается языковая сознательность, когда «творящий научается смотреть на него извне, чужими глазами, с точки зрения другого *возможного* языка и стиля» [Бахтин 1975: 425–426].

Учитывая природу романа и его способность подрывать господствующий дискурс, полностью лишая его какого-либо влияния, логично предположить, что русские художественные произведения стали источником заимствований для диалогического дискурса нового романтизма, появление первых работ которого совпало с периодом диктатуры Примо де Риверы в 1920-х годах. Диалог между русским и испанским нарративом стал возможен благодаря множеству факторов, включая большое количество переводов и путевых дневников.

Перевод и рецепция русской литературы в Испании

¿Qué habrá de común en estos dos pueblos, el ruso y el español, que, situados en cada uno de los extremos de Europa, más de una vez, estando yo en Rusia, he tenido la sensación de creerme en España? [Llopis 1930: 170].

[Что же такое объединяет эти два народа, русский и испанский, расположенные на двух противоположных концах Европы, если, находясь в России, я не раз чувствовал себя так, словно я в Испании?]

Культурные связи между Испанией и Россией были самоочевидны для многих литературных критиков того времени, однако такие взгляды зачастую не выдерживают современного критического анализа. Де лос Риос, например, видел источник общего для обеих стран восприятия музыки в сочетании «литургических» и «восточных» особенностей. Известна следующая цитата маститого теоретика:

¿Por qué se han sentido ellos, los rusos, tan fuertemente conmovidos por nuestra música e impulsados a estudiarla? ¿Por qué Glinka vive en esta Granada, por el año 1846, en contacto con los literatos y artistas de la "cuerda" y compone las primeras grandes obras de lírica musical española? ¿Por qué se repite el mismo fenómeno, más tarde, con Rimsky Korsakov y Borodin <...>? ¿Por qué Stravinsky afirma asimismo hoy esta semejanza? Como un día hablásemos de ello, al volver de Rusia, con nuestro gran maestro Falla, éste nos dijo que la analogía era efectiva y obedecía a que sobre la música de ambos pueblos influyen de un modo decisivo, al punto de darle carácter, la tradición litúrgica y la oriental. Sin duda ello es la causa de que haya artistas rusos que afirman haber descubierto el *epos* musical de aquel país a través de España [De los Ríos 1970: 71–72] (выделено в оригинале).

[В чем секрет такой сильной притягательности нашей музыки для русских? Почему они с таким интересом ее изучали? Почему Глинка в 1846 году перебрался жить в Гренаду,

поддерживал контакты с известными литераторами и му-
зыкантами-инструменталистами и сочинил здесь первые
произведения, воплотившие в себе испанскую лирическую
музыку? Почему позже мы наблюдаем то же самое у Рим-
ского-Корсакова и Бородина? <...> Почему и в наши дни
этой дорогой пошел Стравинский? Наш великий мастер
Фалья, с которым мы обсуждали эту тему после [моего]
возвращения в Россию, сообщил нам, что аналогия вполне
точна. Причина в следующем: оба народа испытали влияние
литургических и восточных традиций, великая сила которых смогла затронуть их национальный характер. Вне сомнения, именно поэтому русские считают, что появлению
на свет эпических музыкальных произведений их родной
страны поспособствовала Испания.]

Для обеих стран была характерна сильная религиозная тради-
ция, берущая свое начало в глубине веков. Обе страны пережили
соприкосновение с восточными культурами. Впрочем, различия
между странами тоже имелись, и нет никаких доказательств
особо сильных культурных связей между ними. Тем не менее
убежденность в наличии подобных связей играла важную роль,
поскольку пробуждала среди испанцев интерес к России. Десять
лет спустя Льопис переиначил комментарии де лос Риоса, указав
на важность подобных мифов в коллективном бессознательном
[Llopis 1930: 173].

Среди всех европейских стран именно Испания, скорее всего,
стремилась обрести в новорожденном советском государстве
источник вдохновения для решения собственных проблем,
главные из которых — острое социальное неравенство и самая
настоящая катастрофа в сельскохозяйственной отрасли. Несмотря на довольно весомые культурно-языковые различия и большое расстояние между этими странами, Испания и дореволюционная Россия были весьма схожи в политическом и экономиче-
ском плане. Обе страны имели обширные территории, заселенные
необразованными безземельными крестьянами, пребывавшими
в крайней бедности. Для обеих стран были характерны отсталость, которая затрагивала все стороны жизни, и высокий уро-

вень коррупции в государственных органах. Индустриализация в обеих странах началась довольно поздно, если сравнивать с большинством стран Западной Европы. Именно поэтому советские социально-политические инновации, такие как проводимые за счет государства индустриализация, электрификация народного хозяйства и коллективизация землепользования, по сути, стали примерами для подражания, которые либерально настроенные испанцы были готовы внедрять у себя на родине.

Несмотря на суровые экономические реалии, характерные для Советской России после революции 1917 года и последовавшей за ней ожесточенной Гражданской войны, «революционный» дух экспериментов и утопического оптимизма пронизывал в 1920-х и 1930-х годах артистические круги. Хосе Мария Вила так описывает годы жизни страны после большевистской революции:

> Fueron dos o tres años de gigantesca lucha, de hambre y de frío, de miseria, de dolor. Todo el esfuerzo, toda la actividad de que eran capaces los hombres que la revolución puso al frente del novel Estado, debió ser empleada en procurar el sostenimiento de millones de seres, aplastandos [sic] por la miseria y por el odio [Vila 1926: 123–124].

> [Два или три года прошли в титанической борьбе, среди голода и холода, страданий и несчастий. Все усилия и вся деятельность, на которую были способны люди, волею революции оказавшиеся на переднем крае молодого государства, следовало направить на обеспечение жизни миллионов людей, раздавленных горем и ненавистью.]

Различные деятели культуры, стремившиеся отразить в своих произведениях динамичный характер этой яркой эпохи, прибегали к разнообразным средствам, будь то интеграция политической идеологии и искусства, авангардные художественные и литературные инновации (возникшие еще до революции), искусство для масс, включая придание автохтонным крестьянским формам привилегированного статуса по сравнению с характерными для российской франкофильской интеллигенции.

Это настроение отразилось во многих аспектах культурной жизни: в русском футуризме, в возрождении сказочных мотивов в литературе, в морфологии Проппа, описывающей фольклор и сказки, в новых приемах киномонтажа, в сказе, в театре агит-пропа, в возрождении интереса к народным песням и в некоторых художественных особенностях живописи кубофутуристов и экспрессионистов[2].

Дух русских литературных экспериментов привлекал испанцев еще в 1920-х и 1930-х годах. Это не первый случай, когда русские авторы обретали популярность в Испании. За 1880-е годы русская литература приобрела огромную известность в этой стране, равно как и в остальной Европе. Первыми ласточками данного процесса стали французские издания русских произведений. Позже подоспели переводы на испанский, сделанные с французских и иногда немецких переводов.

Следует заметить, что впервые русская литература появилась в Испании намного раньше, чем это принято считать. Первое упоминание мы находим в 1805 году, читая заметку в газете «Minerva o El Revisor general». К сожалению, подобные упоминания обычно попадают к нам из вторых рук и связаны с произведениями, опубликованными в других странах, особенно во Франции и в Германии, включая исторические и теологические монографии, а также путевые заметки о России. Джордж О. Шанцер обнаружил небольшое количество русских работ, переведенных и опубликованных в Испании в середине XIX века, начиная с адаптации в 1838 году оды Г. Р. Державина «Бог» [Schanzer 1972: XIII]. В свою очередь, Розмари Фейси обнаруживает присутствие русской литературы в Испании начиная с первой половины XIX века [Fasey 2000: 404–405]. Однако представляется сомнительным, чтобы русская литература до конца 1880-х годов оказывала на испанское поле культурного процесса значимое влияние.

---

[2] *Сказ* — это искусственно созданный литературный стиль, подражающий устной речи. Его принято связывать с творчеством Н. С. Лескова [Бахтин 2002: 213–215].

По мнению Шанцера, можно выделить три периода активного издания русской литературы в испаноговорящем мире. Начало первого периода относится к 1880 году, он длится до конца века. Второй период начался с 1920-х годов, а третий — с 1930-х. В Испании вторая волна русского литературного влияния, поднявшаяся в 1920-х годах, достигла пика в 1930-х и внесла свой вклад в общую политизацию поля культурного процесса.

Весомый вклад в популяризацию русских произведений в Испании конца XIX века внесла Эмилия Пардо Басан, испанский натуралист. Три ее лекции, прочитанные в мадридском культурном центре Ateneo de Madrid в апреле 1887 года, были в том же году изданы в сборнике «La revolución y la novela en Rusia» [Blanch 1978: 408–409; Edgerton 1981: 420]. Работа Пардо Басан подверглась широкой критике по причине «активного заимствования» из текста статьи «Le Roman russe» за авторством виконта Эжена-Мельхиора де Вогюэ, хотя госпожа Пардо Басан упоминает его и прочих авторов в списке благодарностей в самом начале книги и цитирует его в других местах [Edgerton 1981: 420; Pardo Bazán 1961: 26, 285].

> Para ahorrar citas reiteradas y enfadosas, prefiero decir de una vez las condiciones de los [libros] que principalmente utilicé. La obra de Mackenzie Wallace, titulada *Rusia* <...>; la de Anatolio Leroy Beaulieu, *El imperio de los Zares* <...>; la de mi excelente amigo Tikomirof, *Rusia política y social* <...>; y la de Melchor de Voguié [sic], *La novela rusa* <...>. En estas cuatro obras, así como en la notable *Historia de Rusia,* por Rambaud, he bebido sorbos más copiosos, y dejándolo advertido, podré dispensarme de mencionarlas a cada paso [Pardo Bazán 1961: 25–26].

> Чтобы не загромождать текст ссылками, расскажу о книгах, ставших основой настоящего исследования: монография Маккензи Уоллеса «Россия» <...>; монография Анатоля Леруа-Больё «Империя царей и русские» <...>; сборник работ Л. А. Тихомирова «Россия: политическая и общественная жизнь» <...>; монография Эжена-Мельхиора де Вогюэ «Русский роман» <...>. Эти четыре книги, к которым я могу добавить во всех смыслах примечательную «Историю Рос-

сии» за авторством Рамбо, послужили для меня источником бесчисленных заимствований, поэтому я воздержусь от дальнейших ссылок [Pardo Bazán 1890: 16].

Роль Пардо Басан как «первооткрывательницы» русской литературы в Испании во многом считается спорной. Как утверждает Фейси, в Ateneo de Madrid читал лекции еще К. Л. Кустодиев, русский писатель и историк, живший в Мадриде. Большая популярность лекций и книги Пардо Басан обусловила четыре переиздания этого сборника в период между 1887 и 1901 годами. Также было сделано несколько переводов (например, на английский язык в 1890 и 1901 годах). Можно с уверенностью утверждать, что эта исследовательница играла важную роль в популяризации русской литературы среди испаноговорящего населения [Blanch 1978: 408–409; Chamberlin, Weiner 1984: 117; Edgerton 1981: 420; Fasey 2000: 404–405; Оболенская 1985: 70].

Монография Пардо Басан, сколь бы она ни была противоречива с точки зрения современной науки, все же выносит на суд читателей множество важных вопросов, которые снова всплывут в публичном поле в 1920-е и 1930-е годы. Это вопрос о простом народе (*исп.* el pueblo), о закате аристократии и происходившем параллельно с ним возвышении буржуазии, о крестьянстве, об аграрной проблеме и особенно — о разноплановых связях между эстетикой и социально-политическими вопросами.

Al dilatar mis investigaciones descubrí que, aparte del mérito intrínseco de sus autores famosos, la literatura rusa merece fijar la atención por relacionarse íntimamente con graves problemas sociales, políticos e históricos de los que importan y preocupan a Europa entera, y por depender del movimiento revolucionario — por haberlo inspirado y dirigido —, sería más exacto quizás [Pardo Bazán 1961: 24].

В ходе своих исследований я обнаружила, что, наряду с неотъемлемыми достоинствами ее знаменитых авторов, русская литература достойна нашего внимания в силу своих скрытых связей с общественными, политическими и историческими проблемами, которые занимают умы современных европейцев, а также в силу того, что является результатом великих революционных сдвигов; впрочем, правильнее будет утверждать, что именно эта литература вдохновляла и направляла эти сдвиги [Pardo Bazán 1890: 13–14].

Через несколько десятилетий испанская критика зазвучит в унисон с комментариями Пардо Басан в отношении социальных и революционных особенностей русской литературы. Среди многих примеров можно выделить следующую цитату, датированную декабрем 1918 года:

La literatura rusa tiene, desde hace un siglo, un carácter *social* por excelencia. Todos los grandes escritores, empezando por Puchkin y Lermontov, y teminando por Tolstoi, Tchejov y Gorky, se preocupaban siempre, en sus novelas y poesías, de los inquietantes problemas sociales que agitaban al pueblo ruso [Tasin 1918: 13] (выделено в оригинале).

[Более ста лет русская литература имела преимущественно социальную направленность. Все великие писатели, начиная с Пушкина и Лермонтова и заканчивая Толстым, Чеховым и Горьким, в своих романах и стихах всегда были озабочены болезненными социальными проблемами, остро стоявшими перед русским народом.]

Вскоре после романов, сочетавших в себе черты реализма и натурализма, было переведено множество произведений рубежа веков, наиболее заметными из которых были пьесы и короткие рассказы А. П. Чехова, М. Горького и Л. Н. Андреева, демонстрировавшие богатую палитру эстетического восприятия. Эти произведения размывали границу между натурализмом и модернизмом, а в случае с Горьким — между литературой и политикой. Данные авторы также предложили новые или освежили старые, но не менее важные темы и тренды, которые вновь выйдут на авансцену в 1920-е и 1930-е годы и которые обсуждались в критических статьях Хулиана Худериаса, Н. Тасина и Фернандо Араухо, писавших для газет и журналов «La Lectura», «España» и «España Moderna» соответственно. Некоторые из затронутых тем перекликались с литературными трендами Второй республики, такими как невежество и неграмотность, бедность, крестьянство, аграрная проблема, упадок сельской аристократии, рабочий и завод, революция, нигилизм и неприкрытая политическая ангажированность [Araujo 1901: 175–177; Juderías 1907: 105–106; Portnoff 1932: 80–86, 94–97; Tasin 1918: 13–14; Tasin 1919: 12].

После революции наступил десятилетний период, когда большинство новых советских произведений в Испании не публиковалось. Всему виной новые цензурные правила, введенные в 1920-х годах диктатурой Примо де Риверы. Эти правила ограничивали опубликование политически ангажированных произведений[3]. Тем не менее в 1922 году увидел свет роман Максима Горького «Мать», а затем, в период с 1926 по 1928 годы, как указывает Виктор Фуэнтес, революционная литература начала «пробиваться сквозь стену государственной цензуры» (*исп.* abrir su brecha en el muro de la censura gubernamental) [Fuentes 1980: 34]. В 1928 году стали активнее публиковаться работы левого толка. Их количество постоянно росло вплоть до 1936 года, когда начался подлинный бум советских публикаций [Fuentes 1980: 35–37].

Мода на русский роман XIX века сохранялась на протяжении 1920-х и 1930-х годов. При этом в Испании стабильно росла популярность писателей XX века, особенно дореволюционных, таких как Горький, Андреев и Чехов, мастеров короткого рассказа и театральной пьесы, произведения которых появлялись в периодических изданиях (например, «El Sol», «Revista de Occidente», «La Vanguardia» и «ABC»)[4].

---

[3] Виктор Фуэнтес отмечал общий рост объемов издаваемой литературы, который начался в 1909 году и длился несколько десятилетий. Первоначально в их число входило множество произведений писателей левого толка, однако, когда в 1920-е годы вступили в силу новые правила цензуры, широкое распространение подобных текстов было фактически прервано [Fuentes 1980: 27–33].

[4] И. А. Бунин и А. И. Куприн, двое других участников организованного Горьким литературного кружка «Знание», получили признание в Испании в начале 1920-х годов, хотя они не пользовались такой же популярностью, как Горький, Андреев или Чехов.

Los frutos de la europeización de Pedro el Grande empezaron a recogerse en el siglo pasado con los románticos como Puchkine y Lermontov, y luego con Gogol, el padre del realismo, padre también de la literatura rusa moderna que produjo dos colosos como Dostoyewski y Tolstoi, y después la pléyade de los noveladores de nuestros días: los Gorki, los Chejov, los Andreiev y tantos otros que han extendido por todo el mundo la fama de la novela rusa [Gómez de Baquero 1926: 1].

[Проведенная Петром Великим европеизация стала давать свои плоды лишь в прошлом веке, с появлением таких писателей-романтиков, как Пушкин, Лермонтов и позже Гоголь, отец реализма, а также отец современной русской литературы, породившей на свет двух великанов, Достоевского и Толстого, а позже — великолепную группу современных нам романистов: Горьких, Чеховых, Андреевых и многих других, благодаря которым слава русского романа распространилась по всему миру.]

Среди авторов рубежа веков наиболее значительным можно считать Горького. Причиной тому — роль, которую он сыграл в развитии соцреализма; два главных предшественника этого направления — «Мать» Горького и производственный роман Ф. В. Гладкова «Цемент», каждый из которых пользовался в Испании невероятной популярностью. Гомес де Бакеро, опубликовавший в ежедневной мадридской газете «El Sol» обширную статью о романе, предположил буквально следующее: популярность нового советского романа как такового связана с его гуманистическим содержанием.

La razón fundamental del atractivo potente de la novela rusa consiste en que es profundamente humana, en que revela como ninguna otra el sentimiento trágico de la vida y tiene la sinceridad de una confesión. Parece una literatura inocente de virtuosismo, donde las almas se presentan desnudas y el espectáculo exterior se ofrece con la nitidez y la precisión de las imágenes de un espejo [Gómez de Baquero 1929a: 2].

[Основная причина столь сильной притягательности русского романа связана с тем фактом, что он человечен, причем эта человечность ярко выражена, и именно в ней он как никакой другой жанр вскрывает трагическое ощущение жизни, делая это с искренностью, характерной для исповеди. Он производит впечатление литературы, в которой нет ни грана артистической игры, где все души обнажены, а наружное действо представлено с зеркальной точностью и ясностью.]

Заметное внимание испанского читателя, вкусы которого тяготели к авангарду, привлекали не только образцовые романы соцреализма, но и произведения так называемых попутчиков. Такое прозвище получили русские интеллектуалы, симпатизировавшие пролетариату. Хотя многие из созданных ими романов были признаны типичными образцами соцреализма, они были проработаны намного тщательнее, чем некоторые произведения, которые принято считать символами этого движения. Эти литературные труды служили наглядной демонстрацией преимущества принадлежности к привилегированному социальному слою и наличия официального диплома об образовании. В качестве примеров можно привести творчество И. Э. Бабеля, К. А. Федина, В. В. Иванова, Б. А. Пильняка, Г. О. Сайфуллиной и М. М. Зощенко [Serge 1927: 2–3]. Произведения этих писателей, несущие отчетливые модернистские черты, были особенно хорошо приняты в Испании. Здесь, в отличие от Советского Союза, почти не было споров вокруг актуальности этих писателей-интеллектуалов.

El régimen político de Rusia, la dictadura del proletariado, ha producido <...> un nuevo tipo de literatura, la literatura proletaria. Pero a su lado, al lado de los Fadeiev y los Gladkov vive otra literatura más madura, una literatura no proletaria, que no rompe tan bruscamente como ésta con la literatura anterior y que, sin embargo, fuertemente influida por la revolución, es un excelente enlace con esa literatura proletaria [Cabello 1930: 8].

[Русский политический режим, то есть диктатура пролетариата, породил <...> новую разновидность литературы, литературу пролетарскую. Однако рядом с ними, рядом с Фадеевыми и Гладковыми, живет другая, более зрелая литература, которая не является пролетарской, которая не порывает столь же бесцеремонно, как и предыдущая, с более ранней литературой и которая, даже несмотря на сильное влияние революции, служит превосходным связующим звеном с этой пролетарской литературой.]

В этот период среди «попутчиков» для испаноговорящих читателей особенно выделяется фигура Владимира Маяковского, хотя он был прежде всего поэтом и драматургом, а не романистом. Он считался создателем более гуманистической по духу литературы, при этом сохранявшей модернистскую чувствительность.

Среди послереволюционных произведений, публиковавшихся в Испании, можно выделить «Бронепоезд 14-69» В. В. Иванова (*исп.* «El tren blindado 14-69») и «Конармию» (*исп.* «La caballeria roja»; «Los jinetes de Budienny») И. Э. Бабеля. Эти художественные романы о войне, считавшиеся «новой литературой» (*исп.* la nueva literatura), перекликались с самоощущением поколения испанцев, возвращавшихся с колониальных войн в Северной Африке. Речь идет о темах, поднятых в произведениях Гальдоса, Унамуно, Барохи и Валье-Инклана [Gómez de Baquero 1926: 1]. Вскоре последовали другие военные романы, такие как «Тихий Дон» М. А. Шолохова (*исп.* «Sobre el Don apacible») [Cholokhov 1930] и «Железный поток» А. С. Серафимовича[5] (*исп.* «El torrente de hierro») [Serafimovich 1930], выход которых совпал с публикацией испанских пацифистских художественных произведений, включая романы «El blocao» Диаса Фернандеса и «Imán» Сендера.

Работы, провозглашавшие новый феминизм, вдохновили целое поколение испаноязычных авторов. Например, Альварес дель Вайо оставил в своем втором путевом дневнике такой комментарий о женщинах-писательницах:

Cuenta en la actualidad Rusia — perdida tan prematuramente Larissa Reissner [sic] — con cuatro o cinco mujeres de verdadero talento literario: Alejandra Kolontai, para mi gusto, la más sugestiva de todas; Vera Inber, cuentista de singulares dotes; Marieta Schaginian <...> y Lidia Seifulina, aparte de Vera Figner,

---

[5] Серафимович — литературный псевдоним А. С. Попова

la gran revolucionaria, cuyas Memorias, publicadas bajo título de *Noche sobre Rusia*, constituyen un documento de primer orden para el estudio del zarismo [Álvarez del Vayo 1929: 146–147].

[Столь рано лишившись Ларисы Рейснер, Россия осталась всего с четырьмя или пятью писательницами, отмеченными истинным литературным талантом; на мой взгляд, наибольшие надежды из них подает Александра Коллонтай; Вера Инбер, уникально одаренная рассказчица; Мариэтта Шагинян <...> и Лидия Сейфуллина, и все это не считая Веры Фигнер, великой революционерки, мемуары которой, опубликованные под названием «Ночь над Россией[6]», представляют собой первоклассный документальный источник для изучения царизма.]

Диалог сквозь призму путевых дневников

Бум публикации русских и советских работ совпал по времени с расширением контактов между советской и испанской интеллигенцией. Левые интеллектуалы, принявшие после революции сторону Советского Союза, отразили свой опыт пребывания в этой стране в своих путевых дневниках. Педро Сегадо акцентирует внимание на том, какой интерес пробудили эти работы.

Ya sé que esa emoción, para el lector de la frenética producción editora de estos últimos años en torno a los Soviets, debe hallarse muy atenuada; pero un fenómeno histórico de esas dimensiones guarda siempre para el viajero sensible y curioso algún inédito perfil [Segado 1935: 9].

[Знаю, читатель всего того безумного объема литературы, изданной в Советском Союзе за последние годы, вряд ли испытает сильные эмоции; однако столь масштабный исторический феномен всегда представляет собой нечто уникальное для путешественника, наделенного литературным чутьем и любопытством.]

---

6   В России мемуары Веры Фигнер издавались под другим названием — «*Запечатленный труд. Воспоминания в двух томах*». — Прим. пер.

Основное внимание в этих произведениях, чаще всего выходивших из-под пера политических фигур, писателей и журналистов, в основном акцентировано на социально-политических вопросах. Изображая советскую жизнь, от колхоза до завода, эти авторы внесли свой вклад в создание национальных мифов о советских политических и художественных проектах. Вместе с тем образ советского народа в воображении испанцев был иным. Он позволил расчистить пространство для формирования испанской идентичности и постановки насущных вопросов — тех самых вопросов, которые нашли горячий отклик в сердцах испанце уже в 1930-е годы. Например, в фокусе внимания путевых дневников была не только большевистская революция, но и советские политические, социальные и экономические проекты: электрификация, урбанизация, индустриализация, коллективизация, изменение общественных нравов, роль женщин в обществе, культуре и образовании. Подобные вопросы также стали отправной точкой для плодотворного диалога между испаноязычными авторами, такими как Рамон Хосе Сендер, Фернандо де лос Риос и Альварес дель Вайо, и Эренбургом, который написал сборник статей и очерков «Испания. 1931–1932», опубликованный на испанском под названием «Espana republica de trabajadores» в 1932 году, в период общенародного подъема, связанного с недавним объявлением Республики.

Согласно Б. Я. Фрезинскому и В. Л. Попову, полная версия этой работы сначала вышла в Испании, где стала предметом ожесточенных дебатов [Фрезинский, Попов 1991: 608]. Любопытный факт: хотя значительная ее часть была переведена с русского на испанский весьма добросовестно, существуют некоторые расхождения в версиях. Наиболее значимым из них является исключение главы «Guardia Civil» из испанской версии, хотя эта глава присутствует в русской редакции, опубликованной в Париже на год раньше испанской (в 1933 году). Причина может заключаться в том факте, что она содержит нелицеприятное описание отречения Альфонсо XIII и отстранения гражданской гвардии от власти. Эренбург отмечает: «Храбрые испанцы тревожились не за королевскую корону, но за дурацкую треуголку, отделанную

блестящей клеенкой» [Эренбург 1990–1991, 4: 384]. Слово «тре-
уголка» в русском языке обозначает головной убор с тремя угла-
ми, символизирующий в этом отрывке характерный головной
убор бойцов гражданской гвардии. Оставшаяся часть главы посвящена критике злоупотребления властью и насилием со стороны этой самой гражданской гвардии [Эренбург 1990–1991,
4: 383–386].

Изучая социальные и политические эксперименты Советского
Союза, испанские интеллектуалы, авторы путевых дневников,
размышляли над способами возможного применения их резуль-
татов в своей родной стране. Однако следует заметить, что при
всей близости политических идеологий испанские левые не были
склонны вслепую одобрять все аспекты советской жизни. В среде испанской интеллигенции одобрение часто сопровождалось
критикой чрезмерного контроля со стороны государства, нехват-
ки демократии и злоупотребления властью — то есть всех недо-
статков, характерных для так называемой диктатуры пролетариата.

Por eso mismo tengo más derecho a recalcar la parte de crueldad
innecesaria y evitable que ha existido; tengo obligación de subra-
yar la persecución sistemática y rencorosa que no los mujiks, no
los soldados, no los siervos de ayer, sino los jefes, los intelectuales, los responsables, han realizado contra todo ruso poseedor
de algún bienestar en el antiguo régimen [Calleja 1920: 183].

[Именно по этой причине я более чем прав, когда подчер-
киваю неизбежность имевшей место в то время жестокости,
которая отнюдь не была необходима. Я обязан отметить
систематическое и мстительное преследование всех русских,
обладавших богатством при прежнем режиме, — преследование, которому их подвергали отнюдь не мужики, не русские солдаты и не вчерашние слуги, но начальники, интеллектуалы и власти предержащие.]

Не следует забывать, что испанский политический спектр
1930-х годов был весьма разнородным и включал в себя анархи-
стов, социалистов, троцкистов и поддерживаемых Советским

Союзом коммунистов [Preston 2006: 5–6, 39]. Например, авторы путевых дневников Педро Сегадо и Диего Идальго занимали политически нейтральную позицию, тогда как Сесар Вальехо и Рамон Хосе Сендер были коммунистами; Хулио Альварес дель Вайо, Родольфо Льопис, Фернандо де лос Риос и Хулиан Сугаса-гойтия — социалистами; Винсенте Перес и Анхель Пестанья считались анархо-синдикалистами [De los Ríos 1970: 7; Sanz Guitián 1995: 170, 173, 175, 251, 329, 334, 394, 406; Eshleman 1980: XXIV]. Кроме того, Исидоро Асеведо был членом ИСРП, однако позже стал коммунистом. В этот период публиковали путевые дневники и такие деятели, как священник-иезуит Элой Монтеро, Ферран Вальс и Табернер, член Регионалистской лиги Каталонии [Sanz Guitián 1995: 80, 155].

Благосклонный взгляд некоторых авторов на Советский Союз резко контрастировал с ощущениями других, либерально настроенных, писателей, вернувшихся оттуда полными разочарования и скепсиса. Поэтому в целом нельзя сказать, что испаноязычные авторы описывали Советский Союз только в положительном ключе. Напротив, из-под их пера выходили на редкость беспристрастные и объективные тексты, даже в свете политических симпатий самих авторов.

В произведениях многих писателей мы находим озабоченность необходимостью точно отражать факты. Возможно, наиболее выпукло она проявилась в текстах Фернандо де лос Риоса.

> Ni por un instante, al meditar sobre Rusia y pensar en redactar este trabajo, me he sentido hombre de partido, si bien he tenido de continuo la sensación aguda de mi ideal socialista; y es que siempre he considerado a los partidos como órganos de interpretación de los ideales, no como al ideal mismo, y necesitados, por tanto, de vivir en una perenne subordinación a aquéllos. <...> Un partido no debe ser sino una dirección ideal [De los Ríos 1970: 10].

> [Ни на один момент, размышляя о России и задумывая это произведение, я не считал себя сторонником какой-либо партии. У меня всегда было неизменное и острое самоощу-

щение моего социалистического идеала, и я всегда считал, что партия только интерпретирует идеалы, а не является идеалом сама по себе, и поэтому вся жизнь должна быть подчинена последнему. <...> Партия должна задавать лишь общее направление.]

Кроме того, упрочению авторитета этих авторов зачастую способствовали другие критики. В частности, Мануэль Сихес Апарисио высоко оценивал беспристрастность Альвареса дель Вайо, тогда как Хуан де ла Энсина воспевал его добросовестность [Ciges 1926: 1; De la Encina 1936: 1]. Тщательное изучение этих путевых дневников позволяет выявить как осторожный оптимизм, так и разнообразную критику советской политической и экономической системы. Некоторым советский эксперимент казался излишне «утопичным», объектом критики других становились отдельные правила и методы: «Совершенство было и остается недостижимым идеалом, однако постоянные взлеты и падения "советизма" вылились в присущие советскому же коллективизму серьезные недостатки, от которых он всегда страдал» (*исп.* Pero la perfección ha sido y es, por ahora, una utopía y el sovietismo ha sufrido tantos vaivenes, que el cooperativismo ha tendido que adolecer de grandes defectos) [Vila 1926: 255].

Революция, политика и экономика

Некоторые писатели-путешественники, пусть и не ставшие свидетелями описываемых событий, все же оставили исторические очерки о революции и последовавшей за ней Гражданской войне. Например, Альварес дель Вайо посвятил двум революциям (1905 и 1917 годов) целую главу, в которой дал широкий обзор социально-экономических условий и политических событий, предшествовавших революции, а также первых дней первого Временного правительства и жизни страны под руководством Керенского [Álvarez del Vayo 1926: 59–83]. В этой главе он затрагивает отдельные проблемы, отражающие аналогичные трудности Испании, такие как требование крестьян передать им земельные наделы [Álvarez del Vayo 1926: 71]. Пестанья, автор анархо-синдикалистского толка, также посвятил две главы революции и еще одну — падению царизма. Повествуя о советских проблемах, он всегда помнит и о трудностях родной Испании.

> Cuando un pueblo está descontento del régimen de gobierno a que le someten sus instituciones, descontento que puede provenir de infinitas causas: exacciones intolerables, impuestos excesivos, abusos de los poderes moderador, legislativo y judicial <...>; cuando, en fin, el favor pospone a la justicia, la arbitrariedad a la ley, la influencia a la razón, la tiranía a la libertad: si este pueblo se subleva, toma las armas y derroca el régimen, que le oprime y esclaviza, ha hecho una revolución [Pestaña 1976: 15].

> [Когда народ недоволен правительственным режимом, которому подчинены его институты, причины этого недовольства могут быть бесконечны: невыносимые поборы, чрезмерные налоги, злоупотребление исполнительной, судебной и законодательной властью <...>; в результате кумовство топчет справедливость, пристрастность попирает закон, влиятельность глушит голос рассудка, а тирания душит свободу; если затем эта страна восстает, народ вооружается и сбрасывает режим, подавляющий его и держащий в рабстве, то тем самым начинается революция.]

Консервативные авторы также старались быть беспристрастными. Сочувствуя бедственному положению русских рабочих и крестьян, католический священник Элой Монтеро считал виновниками их бед русскую аристократию и царей, которых обвинял в нравственном и материальном упадке, а также в «нехристианском» поведении, которое приблизило конец монархии [Montero 1935: 68–77].

Испанские писатели обращали огромное внимание на радикальные политические эксперименты, происходившие внутри страны, и на последствия большевистской революции 1917 года. Авторы большинства путевых дневников оптимистично отзываются об этих переменах, однако критических голосов едва ли меньше. В частности, многие писатели были озабочены политическим догматизмом коммунистической партии, а также тем, как Сталин обошелся с Троцким, гегемонией партии большевиков и отсутствием подлинной демократии [Álvarez del Vayo 1926: 110–117; Pérez Combina 1933: 58; Pestaña 1976: 79–80; Vila 1926: 37–41]. Например, Пестанья опасался чрезмерной власти государства, которая душит права личности [Pestaña 1976: 235–238]. Перес Комбина, называвший партию большевиков «душителем свободы» (*исп.* el estrangulador de la libertad) [Pérez Combina 1933: 15], критиковал ее за отсутствие подлинной демократии. «Вероятно, читатель убежден, <...> что места в заводских комитетах и правлениях профсоюзов распределяются по итогам общих выборов. Отнюдь нет. Демократия — всего лишь расхожее слово, не имеющее ничего общего с практикой» (*исп.* El lector creerá quizá <...> que los cargos en los Comités de Fábrica y en las Juntas de los sindicatos se obtienen mediante elección popular. Nada de eso. La democracia es solo una palabra muy usada pero nunca puesta en practica) [Pérez Combina 1933: 58]. Пестанья также жалуется на то, что рабочему дается пять голосов по сравнению с одним голосом крестьянина, и на негативное влияние этого неравенства на население.

> Nos sorprendió que al obrero industrial se le concediese en toda elección cinco votos, mientras que al obrero del campo, al agricultor, sólo se le concedía uno. Anomalía tan extraordinaria, que aparte de su aspecto moral, pues es deprimente para la mayoría de los rusos, entraña un privilegio indiscutible, el sometimiento de la gran mayoría a una minoría y una de las cuestiones más discutidas en todos los países, ya que ella ha servido para demostrar que el régimen parlamentario adolece del defecto de no representar a la mayoría de ciudadanos de un país [Pestaña 1976: 79].

> [Удивительно, что рабочий на любых выборах имеет пять голосов, тогда как крестьянин и фермер имеют только один голос. Эта аномалия настолько экстраординарна, что, наряду со своим нравственным аспектом, оказывает гнетущее воздействие на большинство россиян. Она предусматривает несомненную привилегию, подчинение громадного большинства людей меньшинству и является одним из

наиболее спорных вопросов в любой стране, ибо демонстрирует, что парламентский режим страдает от изъянов, поскольку не представляет мнение большинства граждан страны.]

Однако в целом испанцы сохраняли оптимизм. Напротив, путевой дневник Эренбурга «Испания. 1931–1939» (*исп.* «España, república de trabajadores») рисует мрачную картину революции в испанской политике, которая не смогла достичь заявленных целей. Согласно Эренбургу, одна из проблем испанской республики заключалась во фракционной раздробленности и индивидуализме, которые напрочь отсутствовали в советской политике и которые так тревожили испанцев. Цитируя замечание Алехандро Лерруса о том, что испанцы слишком индивидуалисты для коммунизма, Эренбург добавляет, что это препятствует социальному прогрессу в Испании [Эренбург 1990–1991, 4: 325; Ehremburg 1976: 21]. Согласно Эренбургу, испанская политика и государство также страдали от таких проблем, как лень и коррупция; например, он жалуется на сугубую любовь испанцев к слову «завтра» и на то, что даже «американские машины, попадая в Испанию, становятся томными и расслабленными» (*исп.* Las máquinas americanas, en cuanto tocan suelo de España, se vuelven lánguidas y perezosas) [Эренбург 1990–1991, 4: 407; Ehremburg 1976: 132]. Кроме этой тенденции, он акцентировал внимание на коррупции служащих государственной администрации и считал обе проблемы серьезной помехой для будущих политических изменений: «На самом деле мадридский чиновник отличается от лондонского только тем, что он проводит в канцелярии не восемь часов, а два часа и что в эти два часа он занят не нуждами государства» (*исп.* En realidad, el empleado de Madrid sólo se diferencia de su colega de Londres en que se pasa en la oficina dos horas en vez de ocho, y en que estas dos horas no las emplea precisamente en servicio del Estado) [Эренбург 1990–1991, 4: 325; Ehremburg 1976: 22].

В фокусе развития социалистического государства оказалось изменение экономической системы, тесно связанное с политическими изменениями. Испанцы обратили внимание и на это, особенно на бедность и разрушения в результате Гражданской войны и на относительную промышленную отсталость страны по сравнению с большинством стран Западной Европы в начале века [Vila 1926: 68]. Однако они также были осведомлены и о смелых планах по наращиванию производства сельскохозяйственной и промышленной продукции, таких как НЭП, пятилетние планы, кооперативы, реорганизация системы распределения произведенных товаров.

Испанцам также было известно, что эти программы потерпели неудачу. В 1924 году Пестанья написал статью, в которой обозначил множество «экономических ошибок», совершенных молодым советским государством: отсутствие переходного периода от одной экономики к другой, уничтожение малого бизнеса, проблемы с распределением продукции, избыточный объем наличных [бумажных] денег в обороте, вызывающий их обесценивание, трудности, связанные с черным рынком, и недостаточно справедливый подход к созданию кооперативов [Pestaña 1976: 109–159].

Представляется весьма интересным, если не сказать удивительным, что взгляды испанских либералов на экономическую систему часто менялись, следуя в кильватере взглядов из русской печати. Например, Вила и Альварес дель Вайо в 1926 году либо восхваляли экономические успехи НЭПа, либо проявляли нейтральное отношение, однако вместе с падением популярности НЭПа в России он перестал быть модным и в Испании [Álvarez del Vayo 1926: 335; Álvarez del Vayo 1929: 13–16; Vila 1926: 133–134]. В первой редакции своего текста де лос Риос нейтрально относится к НЭПу, однако позже, в 1926–1927 годах, обвиняет его в «усугублении ситуации» (исп. situación angustiosa), имея в виду голод 1926 и 1927 годов [De los Ríos 1970: 20].

Сразу после объявления о провале НЭПа в 1927 году были введены пятилетние планы. Испанские авторы считали их героическим подвигом, освященным поистине религиозным рвением, в результате которого атеистическая Россия «возлагает все надежды на будущее, принося в жертву все настоящее» (исп. condensa todas las esperanzas para el futuro y todos los sacrificios para el presente) [Hoyos Cascón 1933: 219]. Вместе с тем эти планы понимались как «героический миф», позволивший нарастить промышленное производство, однако не принесший значимых успехов в сельском хозяйстве [De los Ríos 1970: 29–36].

Монтеро выделял множество проблем, связанных с первым пятилетним планом: производственные нормы ориентировались на рекордные показатели вместо производственных нормативов, действовала уравниловка в зарплате рабочих; к ним были приставлены политические активисты, не занятые в производственном процессе; новые производственные стандарты, позже ставшие нормой, внушали неподдельный страх. Все это вызвало разочарование рабочего класса, который зарабатывал все меньше и меньше, хотя трудился все больше и больше [Montero 1935: 197–199].

> Así, pues, durante el primer *Plan quinquenal*, lejos de haber aumentado, ha disminuido el poder adquisitivo de los salarios obreros, siendo quizá la causa primordial la depreciación del rublo, que está a merced del Gobierno. Es decir, que el salario, en realidad, ha bajado y el ritmo del trabajo ha sido notablemente acelerado [Montero 1935: 199].

> [Следовательно, за первую пятилетку покупательная способность заработных плат рабочих не только не увеличилась, но даже уменьшилась в силу обесценивания рубля, основной причиной которого, по-видимому, следует считать действия правительства. Другими словами, реальный уровень заработной платы уменьшился, а интенсивность работы заметно выросла.]

Ни НЭП, ни пятилетки никак не повлияли на культурные процессы в Испании, однако умы испанцев занимали главным образом экономические вопросы, тесно переплетенные с проблемами общественных классов и политикой. В своем романе о событиях Октябрьской революции «La revolución fué así: Octubre rojo y negro» («Лики революции: красный и черный Октябрь») Мануэль Бенавидес приходит к следующему заключению: «Разжиганию революции способствует наличие в стране экономической системы, отрицающей принцип равенства» (*исп.* Las revoluciones suelen fomentarse bajo el imperio de una economía que niega los principios de la equidad) [Benavides 1935: 207].

В своем путевом дневнике Эренбург проявляет неподдельный интерес к испанской экономике, особенно к большому экономическому неравенству среди населения. Этот вопрос он исследует в главе «Лас-Урдес», экранизированной в печально известной документальной ленте Луиса Бунюэля «Земля без хлеба» (*исп.* «Las Hurdes: Tierra sin pan»), повествующей о проблемах общества. Вопиющая нищета этого региона резко контрастирует с изобилием богатейшей Саламанки. Именно такую картину Эренбург рисует в главе «Лас-Урдес» [Эренбург 1990–1991, 4: 353–356].

Электрификация, индустриализация и урбанизация

Электрификация и промышленность, необходимые условия экономического роста, привлекали внимание испаноязычных авторов, надеявшихся способствовать техническому прогрессу в своих странах. Ликвидация безграмотности, проведенная в период правления Ленина, также была тесно связана с электрификацией. И действительно, разработанный советским вождем в 1920 году план предусматривал возведение в наиболее индустриализированных областях Советского Союза тридцати электростанций, которые должны были способствовать ускоренной индустриализации страны [Vila 1926: 124]. Также существовали смелые планы создания более развитой промышленной инфраструктуры, которая должна была заменить устаревшую модель, созданную в царской России, и позволить стране выйти на уровень промышленного производства, характерный для капиталистического мира [Álvarez del Vayo 1926: 447–448]. В качестве одного из примеров социалист Хулиан Сугасаготия приводит описание титанических масштабов строительства Днепрогэса и трудностей, связанных с ее возведением [Zugazagoitia 1932: 153–175]. Однако испанские авторы также понимали, в какие ограничения упираются создатели подобных проектов. Например, де лос Риос отмечал нехватку опытных рабочих. По его словам, подавляющее большинство работников заняты отнюдь не в промышленности, как можно было бы ожидать, но в сельском хозяйстве [De los Ríos 1970: 186–187]. Тем не менее, по мнению Альвареса дель Вайо, стремительный рост темпов электрификации и индустриализации, характерный для послереволюционных десятилетий, был немыслим при царизме. «Несомненным и очевидным <...> представляется одно — благодаря революции Россия за двадцать лет добилась такого прогресса, какой был труднодостижим при царском режиме» (исп. Una cosa <...> nos parece evidente e innegable gracias a la revolución, Rusia habrá recorrido en veinte años una etapa de progreso que difícilmente hubiese alcanzado bajo el zarismo) [Álvarez del Vayo 1926: 424]. Заводы, тесно связанные с темами урбанизации и индустриализации, привлекали внимание испанцев, которые записывали свои впечатления об этих рабочих пространствах, имевших первостепенное значение для молодой Страны Советов. Сугасагойтия, один из немногих авторов путевых дневников, происходивший из рабочего класса, посетил московский завод «Красный пролетарий», выпускавший дизельные двигатели и токарные станки [Zugazagoitia 1932: 37]. Он также заглянул на тракторный завод в Харькове, о котором упомянул в дневнике, что тот имеет в новой России «статус храма» (исп. la categoría de un templo) [Zugazagoitia 1932: 142–143]. Находясь в Москве, автор наблюдал молодых рабочих из числа коммунистов, «воспламененных невероятной страстью, одержимых истинным творческим рвением» (исп. inflamados de una passión extraordinaria, poseídos de una verdadera fiebre creadora) [Zugazagoitia 1932: 40].

Аналогичным образом данное Сендером метафорическое описание ленинградского металлургического предприятия, несмотря на все оговорки, поэтизирует пролетарский храм технологий в своеобразной манере, напоминающей Маяковского и русских футуристов. Для Сендера на смену легендарным белым ночам Санкт-Петербурга, которыми славится Россия, пришла «красная ночь» коммунизма. Рассуждения об этом мы находим в главе «Красные ночи, или Новые белые ночи промышленного производства» (исп. Noche roja, o sea la nueva noche blanca, de la producción) [Sender 1934b: 104].

Las noches blancas de Leningrado tienen menos interés poético que las otras noches blancas del trabajo nocturno en los grandes centros de producción. Hemos visto los grandes talleres de metalurgia — una verdadera ciudad — iluminados durante la noche con centenares de reflectores que desde lugares estratégicos envían hasta los rincones más escondidos una suave claridad. El efecto de esta iluminación en lugares donde se trabaja al aire libre, en una extensión a veces de kilómetros, con toda clase de máquinas excavadoras, perforadoras, industrias auxiliares de hierro y cemento <...> es verdaderamente fantástico [Sender 1934b: 104].

[Ленинградские белые ночи пробуждают меньше поэтического интереса, чем другие белые ночи, связанные с ночными сменами в больших промышленных городах. Мы видели гигантские металлургические комбинаты — самые настоящие города, — освещенные по ночам сотнями прожекторов, стратегически расставленных таким образом, чтобы доносить мягкий свет до самых потаенных уголков. Эффект этого освещения там, где работа совершается на открытом воздухе, на пространстве многих километров, с разнообразными экскаваторами, буровыми установками, со вспомогательными площадками для работы с металлом и для производства цементных заготовок <...>, поистине невероятный.]

Затем Сендер прослеживает связь между рабочим пространством и государственным проектом ликвидации безграмотности. «Новые советские поэты великолепно умеют сужать круг своих эмоций, подгоняя их под размер всего этого громадного механизма творения. В сферу влияния этих красных ночей прекрасно вмещается результат труда целого поколения писателей» (*исп.* Los nuevos poetas soviéticos pueden muy bien limitar el círculo de sus emociones a todo este formidable aparato de creación. Dentro del radio de influencia de estas noches rojas cabe perfectamente la obra total de una buena generación de escritores) [Sender 1934b: 104].

Схожий интерес к проектам модернизации, таким как электрификация, индустриализация и создание заводов, проявляет

Эренбург. Подтверждение этому мы находим в его обсуждении строительства электростанции Saltos del Duero рядом с городом Самора.

> Será la central más potente de Europa. En las orillas rocosas del Duero brotó una ciudad americana: dólares, ingenieros alemanes, Guardia civil, huelgas, planos, números, millón y medio de metros cúbicos de energía para exportar, emisión de nuevas acciones, llamas, estruendos, fábricas de cemento, puentes maravillosos. ¡No es el siglo xx, es el siglo xxi! [Ehremburg 1976: 17].

> Это будет «самая мощная станция Европы». На скалистых берегах Дуэро вырос американский город: доллары, немецкие инженеры, гражданская гвардия, забастовки, чертежи, цифры, полтора миллиона кубических метров, энергия за границу, выпуск новых акции, огни, грохот, цементные заводы, диковинные мосты, не двадцатый, но двадцать первый век! [Эренбург 1990–1991, 4: 323].

Сильное впечатление от посещения завода отнюдь не помогает Эренбургу избавиться от уныния при виде громадного неравенства в Испании, проявляющегося в контрасте между развитыми и отсталыми регионами. Эта тема перекликается с его дискуссией вокруг урбанизации.

> A menos de 100 kilómetros de esta central eléctrica no es difícil encontrar pueblos donde la gente no sólo no ha visto nunca una bombilla eléctrica, sino que ni siquiera tiene idea de lo que es un barco de vapor. Vegetan en una atmósfera tan arcaica, que allí se olvida uno completamente del curso del tiempo [Ehremburg 1976: 17].

> [В ста километрах от электрической станции можно найти деревни, где люди не только никогда не видали электрической лампочки, но и где они не имеют представления об обыкновенном дымоходе; они копошатся в чаду столь древнем, что легко вообще забыть о ходе времени [Эренбург 1990–1991, 4: 323].

Урбанизация и склонность к городской жизни, тесно связанные с темой электрификации и индустриализации, обнаруживаются во множестве испанских путевых дневников. Этот факт едва ли удивителен, если вспомнить о том, что большинство их авторов принадлежали к обитающей в крупных городах культурной элите. Лишь некоторые авторы не упоминают о своих впечатлениях от громадных мегаполисов, будь то Москва как «социалистический метрополис и город будущего» (*исп.* la urbe socialista y la ciudad del porvenir), или Ленинград, бывшая столица и конкурирующий культурный центр, или же растущая урбанизация Советского Союза в целом [Vallejo 1965: 11].

> Pero, además de ser Moscú un conjunto de ruinas prerrevolucionarias y un conjunto de escombros de la revolución, es la capital del Estado proletario. La urbanización obrera se acelera con ritmo sorprendente. Esta urbanización abraza dos actividades: construcción de casas totalmente nuevas y transformación de las antiguas en alojamientos colectivos para obreros. Una tercera parte de la ciudad es ya nueva [Vallejo 1965: 17].

> [Москва является столицей пролетарского государства, даже будучи нагромождением дореволюционных руин и собранием теней революции. Урбанизация рабочих нарастает с удивительной скоростью. Она заметна в двух видах деятельности: в возведении совершенно новых домов и в преобразовании старых в коммунальные квартиры для рабочих. Город уже обновился на треть.]

Некоторые испанцы, посетившие страну, обращали внимание на серьезные повреждения отдельных городских строений, однако это не портило великолепного впечатления от новой волны домостроительства и от духа урбанизма, который пронизывал советское общество сверху донизу. Этот дух находил отражение в линейной «рациональности» и современном облике архитектуры.

> El caso de Stalingrado, ciudad creada después de la revolución, que hoy tiene medio millón de habitantes, era uno de los más notables hasta hace poco. Hoy posee ya el ritmo habitual de las

grandes ciudades, rectilínea y joven, colectivizada en la forma y en el espíritu. Esa ciudad, como otras que están naciendo, son las primeras del mundo que se construyen racionalmente [Sender 1934b: 104].

[Что касается Сталинграда — города, созданного после революции, — то он получил большую известность лишь недавно. Сейчас в нем проживает полмиллиона горожан. Расчерченный на прямоугольники и бесконечно юный, коллективный в облике и в духе, сегодня он живет в привычном ритме крупного города. Этот город, как и остальные его собратья, родящиеся на наших глазах, — первенцы мира, которому надлежит быть построенным рационально.]

Темы урбанизации, электрификации и индустриализации затрагивались во многих произведениях нового романтизма, хотя отношение испанских писателей к новым технологиям выглядит довольно противоречивым. Среди таких произведений можно упомянуть романы «La turbina» Сесара Арконады, «La fábrica» Алисио Гарситораля и «Mosco-Strom» Росы Арсиньеги.

Если испанцев интересовали всевозможные советские программы развития страны в целом, то Эренбург проявлял огромный интерес к проектам урбанизации и отдавал предпочтение городской тематике перед деревенской. Это очевидно из противопоставления небоскребов и сельских ландшафтов в первых двух главах его путевого дневника, где он прослеживает аналогию с классовым неравенством. Первые строки произведения «Испания. 1931–1939 гг.», описывающие вопиющую нищету испанской глубинки, отражают дихотомию сельских пейзажей Лас-Урдеса и городских ландшафтов Мадрида. «Камни, рыжая пустыня, нищие деревушки, отделенные одна от другой жестокими перевалами, редкие дороги, сбивающиеся на тропинки, ни леса, ни воды. Как могла эта страна в течение веков править четвертью мира?» (исп. Peñascos, un páramo rojizo, míseras aldehuelas separadas unas de otras por crestas severas, caminos angostos que acaban en senderos <...> Ni bosques, ni agua. ¿Cómo pudo este país gobernar durante varios siglos una cuarta parte de la tierra?) [Эренбург

1990–1991, 4: 319; Ehremburg 1976: 11]. Этот суровый ландшафт противопоставляется урбанистическому облику панорамы Мадрида.

> La aparición de Madrid es de un mal efecto teatral. ¿De dónde han salido estos rascacielos, en pleno desierto? Aquí no hay ni la majestuosa incongruencia de la remota capital del Norte, que ha llenado tantos tomos de literatura rusa. No hay más que incongruencia [Ehremburg 1976: 13–14].

> Появление Мадрида кажется дурным театральным эффектом. Откуда взялись эти небоскребы среди пустыни?.. Здесь нет даже великолепной нелепости северной столицы, которая заполнила столько томов русской литературы, здесь просто нелепость [Эренбург 1990–1991, 4: 321].

Пожалуй, Барселона была единственным испанским городом, который нравился Эренбургу: «Словом, это Европа» (*исп.* En una palabra, Barcelona es ya Europa) [Эренбург 1990–1991, 4: 425; Ehremburg 1976: 158]. Барселона, не избегшая острых критических стрел Эренбурга, казалась писателю «аванпостом» Испании, готовым к принятию коммунизма: «Здесь уже незачем философствовать, здесь надо организовывать ячейки и делить план города на столько-то боевых участков: это наш, двадцатый век» (*исп.* Aquí es ya inútil teorizar. Aquí ya no hay más que organizar células, dividir el plano de la ciudad en tantos sectores de combate. Es nuestro siglo xx) [Эренбург 1990–1991, 4: 430; Ehremburg 1976: 164].

Кроме интереса к урбанизации, обе страны объединяла и аграрная проблема, обусловленная громадным социальным неравенством, характерным для Испании и дореволюционной России. Путешествовавшие по России испанцы могли лично наблюдать такие эксперименты, как коллективизация, колхозы, совхозы, а также бедственное положение русского мужика. При этом они соотносили увиденное с необходимостью проведения реформ в своем отечестве, а многие из них (например, Маричалар) подробно рассматривали коллективизацию [Marichalar 1931: 61–65]. Анализируя советские сельскохозяйственные инновации, они обращали внимание на случаи голода, имевшие место в 1920-е годы, и на процесс коллективизации в целом. Предметом этих путевых дневников часто становился «кулак», что неудивительно, если вспомнить обширные латифундии и класс богатых землевладельцев в некоторых районах Испании. Озабоченность проблемами фермерства и судьбой российских крестьян была, вне сомнения, связана с острой необходимостью сельскохозяйственной реформы в начале XX века — реформы, которая стала одной из величайших неудач Второй республики.

Монография «Russie» («Россия») Анри Барбюса, переведенная и опубликованная в Испании в 1931 году, вскрыла важность крестьянина для советского искусства. Он анализирует немой фильм С. М. Эйзенштейна «Генеральная линия», называя его «живописным эпическим полотном», описывающим трудности крестьян, которые им пришлось преодолеть на пути к коллективизации[7].

> Su asunto es el drama inmenso de los campos: las nuevas orientaciones de las masas campesinas hacia el trabajo colectivo de la tierra. <...> Es la epopeya pintoresca y animadora de la comunidad en el esfuerzo lo que se dibuja y brilla ante la mirada y nos atrae y nos empuja [Barbusse 1931: 164].

> [В качестве темы он берет грандиозную драму, которая разворачивается на полях: переориентацию крестьянских масс на коллективную обработку земли. <...> Режиссер разворачивает перед нами живописное и воодушевляющее эпическое полотно отважного сообщества, сияющее своим великолепием прямо у нас перед глазами, влекущее и побуждающее идти вперед.]

Аграрная реформа также привлекала внимание Эренбурга. И здесь мы снова наблюдаем крушение иллюзий: значимые перемены обошли Испанию стороной. Эренбург пишет о несоот-

---

[7]   Барбюс снял этот фильм в России совместно с Эйзенштейном в период между 1927 и 1930 годами, в год опубликования романа «Russie». Впервые Барбюс посетил Россию осенью 1927 года и затем снова приехал в июне 1928 года, когда посещал конгресс Шестого интернационала [Николаев 1954: 108, 111].

ветствиях между заявлениями республиканцев и реальностью. В главе «Херес» он отмечает, что крестьяне жили бедно, несмотря на уверения республиканцев в обратном.

> Los campesinos no tienen ni un palmo de tierra. Las habitaciones en esta región son caras y no pocas veces los campesinos tienen que pagar por una casita 500 pesetas al año. El jornalero cobra seis pesetas diarias, pero sólo trabaja seis meses, de modo que gana <...> 1.000 pesetas al año. La mitad se le va en pagar su alojamiento. Con las 500 pesetas restantes tienen que vivir él y su familia. No come carne más que dos o tres veces al año. Anda con los zapatos rotos [Ehremburg 1976: 110].

> У крестьян вовсе нет земли. Комнаты дороги, сплошь да рядом крестьянин должен платить за помещение пятьсот песет в год. Батраку платят по шести песет в день, в год он работает всего шесть месяцев, следовательно, в год он вырабатывает никак не больше тысячи песет. Половину он уплачивает за комнату. На остальные пятьсот песет он должен прожить с семьей. Мясо он ест два-три раза в год [Эренбург 1990–1991, 4: 393].

Изменение морального климата, произошедшее после революции, также часто становилось темой путевых дневников в обеих странах, лежавших на противоположных концах Европы. Интеллектуалов заботили такие вопросы, как свободная любовь, развод и аборты, равно как и ограничение церковной власти. Большинство авторов испанских путевых дневников охотно принимали эти изменения. Исключением стали консервативно настроенные путешественники, видевшие в них угрозу для института семьи. Испанские левые (например, Аседево), зачастую стоявшие на резко антиклерикальных позициях, тщательно изучали секуляризацию советской общественной жизни и разрушение механизмов церковной власти. Столь пристальное внимание к этому процессу объясняется их озабоченностью богатством и влиянием церкви в Испании. Оба этих вопроса стали распространенной темой художественных произведений в 1930-е годы [Acevedo 1923: 51–53]. Анархист Перес Комбина восхищался законодательством, регулирующим браки и разводы, и ролью государства, которое заменило церковь в качестве института, официально санкционирующего и то и другое. Здесь заметен резкий контраст с аналогичным испанским законодательством, где гражданский развод был невозможен до 1930-х годов.

En este dominio, la revolución rusa realizó una labor verdaderamente notable, puesto que suprimió de raíz todos estos absurdos, dando satisfacción y plena libertad al hombre y a la mujer, sin distinción ni restricciones de ninguna especie. Basta que uno de ellos manifieste el deseo en un sentido u otro, para que la unión o la separación se realice sin más trámites. Se comprende que, en la unión, el consentimiento debe ser mutuo [Pérez Combina 1932: 170].

[В этом отношении русская революция произвела поистине внушительную работу, ибо отменила все эти абсурдные установления, дав удовлетворение и полную свободу мужчинам и женщинам, устранив всяческие различия между ними и наложенные ограничения. Достаточно, чтобы желание к созданию или разрыву подобного союза, выраженное тем или иным способом, претворялось в жизнь без лишних формальностей. Не подлежит сомнению, что брак должен опираться на взаимное согласие.]

В ответ на обвинения в недостаточно благоприятном моральном климате внутри России и замечания о высоком проценте разводов в этой стране Феликс Рос опубликовал в 1936 году свой путевой дневник. В нем он отмечает, что такие явления, как сексуальная распущенность и высокая доля разводов, характерные для послереволюционного периода, уже заметно сократились. Уменьшить число разводов во многом помогла забота государства о благополучии детей [Ros 1936: 222–223].

Эренбург в своей книге проявляет интерес к социальной реформе, осуждая и ничем не сдерживаемую половую распущенность испанских мужчин, и применяемый к женщинам строжайший моральный кодекс, а также необходимость для последних одеваться подобающим образом. Вместе с тем он видит причину нескромного интереса к противоположному полу в строгих правилах, регулирующих ухаживания [Эренбург 1990–1991, 4: 407–412]. Книга пронизана критикой плотских излишеств, которым предаются представители верхушки испанского общества, их привычки сорить деньгами, а также свободной доступности проституток для высших классов испанского общества, которым это явление казалось привычной частью жизни. Эти тренды весьма четко выражены в его критике архетипа «кабальеро» (*исп.* caballero), который оказался переведен на испанский как «сеньорито» (*исп.* señorito, богатый юноша), чтобы полнее выразить презрение Эренбурга к таким людям [Эренбург 1990–1991, 4: 327–330; Ehremburg 1976: 23–27].

Эренбург рассматривает церковь как еще один аспект отсталой испанской морали. Он находит изъяны в католической церкви и считает ошибочной веру современных ему испанцев в чудеса, происходящие прямо здесь и сейчас. (Для коммуниста и урожденного еврея это неудивительно.) Здесь он снова высказывает убеждение, что перемены затронули Республику недостаточно глубоко, ведь церковь сохранила влияние на повседневную жизнь. Подвергая жесткой критике открытую пропаганду церкви против «богопротивной республики», он стремится исправить это положение дел [Эренбург 1990–1991, 4: 348–353]. Однако иногда замечания Эренбурга оказываются на редкость двусмысленными. Например, он одновременно отдает дань уважения пылкости и драматизму испанской католической веры и вместе с тем старается выставить эти особенности национального самосознания в дурном свете. «Каждый нищий — это трагик, сдержанный и величавый. Он умеет протянуть руку так, как будто перед ним не улица с прохожими, но пять ярусов театра. Католицизм понял эту страсть и всячески ей потворствовал» (*исп.* Cada mendigo español es un trágico sobrio y majestuoso. Extiende la mano con el mismo gesto que se hallara no ante los vulgares transeúntes de una calle, sino ante las cinco gradas de un teatro. El catolicismo [español] supo comprender esta pasión y la fomentó por todos los medios) [Эренбург 1990–1991, 4: 332; Ehremburg 1976: 31]

La catedral de Burgos. Una capilla oscura. De repente se encien-
den las candilejas. En el fondo, un Cristo afeminado, cubierto de
sangre de bermellón y adornado con rosas de papel. En los
cuadros de Zurbarán y de Ribera, los santos ensayan monólogos
patéticos. Las procesiones de Semana Santa en Sevilla y Málaga
recuerdan un poco los números de un cuerpo de *ballet* [Ehrem-
burg 1976: 31].

Собор Бургоса — темная часовня, вдруг вспыхивают огни
рампы, в глубине женственный Христос, покрытый рипо-
линовой кровью и бумажными розами. На картинах Сур-
барана или Риберы святые репетируют патетические моно-
логи. Процессии Севильи или Малаги в Страстную неде-
лю — это, скорей всего, номера кордебалета [Эренбург
1990–1991, 4: 332–333].

Еще одна рефреном повторяющаяся тема, связанная с моралью
и общественными институтами, — равенство полов. Практически
все цитируемые здесь испанские авторы поражались отношению
в России к женщинам, которые пользовались равными правами
с мужчинами. Иного мнения придерживается Перес Комбина:
мужчины и женщины Страны Советов теоретически пользовались равенством зарплат (при условии одинаковых должностей),
однако де-факто мужчины зарабатывали больше. Причину он
усматривает в том, что мужчины и женщины занимают разные
должности в составе одних и тех же организаций, а их зарплаты
зависят от должности [Pérez Combina 1933: 83–88].

Ему вторит Монтеро, говорящий о фактическом равенстве
полов, однако видящий это явление в негативном свете:

La mujer es la principal víctima de aquella brutalidad de las
masas en el ir y venir constante; jamás he visto a un hombre
que la cediese galantemente el paso, ni que se detuviese para
apreciar su belleza, su gracia o su donaire. <...> Hoy sólo
existe una brutalidad de campesinos y una especie de espíritu
espartano. A la mujer se la trata sencillamente como a un
hombre, sin admirar sus encantos, sin darse cuenta de que son
ellas la dulzura y la gracia, y el encanto de este mundo [Mon-
tero 1935: 18–19].

[Женщины являются главными жертвами этой жестокости народных масс в их постоянном движении туда-сюда; мне не приходилось видеть, как мужчина галантно уступает дорогу или останавливается, чтобы полюбоваться женской красотой, грацией и очарованием. <...> На сегодняшний день остались только крестьянская грубость и своего рода спартанский дух. С женщинами обращаются как с мужчинами, отнюдь не отдавая дань присущим им чарам и даже не понимая, что они являются воплощением грациозности, доброты и очарования этого мира.]

Как отмечал социалист Сугасагойтия, женщины-работницы, напоминавшие ему дюжих крестьянок с фотографий на пропагандистских плакатах, упорно трудились рука об руку с мужчинами, выполняя любую работу, кроме, быть может, самой изнурительной [Zugazagoitia 1932: 143]. Сендер также отмечал удивительно необычное и тем примечательное равенство полов.

Son absolutamente iguales a los hombres en la ciudadanía y se desenvuelven en el mismo plano. Tienen, naturalmente, las diferencias que exige la maternidad y una legislación que las protege de los accidentes de la vida sexual. El aborto voluntario, controlado por la sanidad pública; las obligaciones de asistencia paternal, previstas. Por lo demás, mujeres y hombres participan por igual en las funciones de la vida social y de la vida oficial [Sender 1934b: 59].

[Они полностью уравнены в гражданских правах с мужчинами и вращаются в одних и тех же кругах. Как правило, они различаются в том, что касается брачных требований и законов, ограждающих от неприятных инцидентов сексуальной жизни. Добровольные аборты взяты под контроль общественными организациями здравоохранения; обязательства по материальному обеспечению детей облечены в законодательные нормы. Во всех других отношениях мужчины и женщины на равных правах участвуют во всех аспектах общественной и государственной жизни.]

Альварес дель Вайо отмечал интеллектуальную интеграцию женщин в русское общество, которая заметно отличалась от тертулий (*исп.* tertulias, «интеллектуальных собраний») в Испании, где присутствие женщин считалось «неуместным».

> Era una reunión interesantísima de hombres y mujeres, educados en esa sociabilidad típicamente rusa tan espontánea y natural que acepta a ambos sexos sin distingos y donde la mujer no resulta, como en la mayoría de las tertulias intelectuales de nuestros países, un elemento inoportuno y desconcertante [Álvarez del Vayo 1926: 227].

> [Было весьма интересно встречать мужчин и женщин, выросших в русском обществе, таком естественном и спонтанном, принимающем оба пола без каких-либо различий и в котором женщины, в отличие от большинства интеллектуальных собраний в нашей стране, вовсе не являются неуместным и обескураживающим элементом.]

Исидоро Аседведо также был поражен тем, какое место занимает новая советская женщина в политической жизни. Оплакивая участь испанских женщин, он замечает следующее: «Перед моим мысленным взором пронеслись образы других умных и храбрых женщин, таких как Алисия Богаеровская <...>. И я ощутил бесконечную грусть, вспомнив женщин Испании» (*исп.* Por mi imaginación desfilaron otras mujeres inteligentes y valerosas como Alicia Bogajeroskaya <...>. Y sentí una tristeza infinita al acordarme de las mujeres de España) [Acevedo 1923: 67].

Эренбург, целиком и полностью разделяющий этот взгляд на испанских женщин, раз за разом критикует двойные стандарты, повсеместную распространенность проституции и бессодержательную риторику испанских политиков. Он буквально жалуется, что испанские жены сохранили старый жизненный уклад, напоминающий жизнь в гареме [Эренбург 1990—1991, 4: 323—324].

Одним из ключевых вопросов межкультурного диалога также было образование. Авторы испанских путевых дневников практически единогласно слагают панегирики принятым на территории всего СССР образовательным программам, куда входило обязательное школьное образование (до 14 лет), а также чрезвычайным усилиям, предпринятым для ликвидации безграмотности в масштабах всей страны. Однако эти авторы не были осведомлены о политических последствиях данных программ и о том, как они использовались для политического воспитания новых поколений рабочих.

> La revolución de octubre quiso llevar obreros a la Universidad. Se encontró con que carecían de preparación para seguir con provecho los estudios universitarios. Los pobres trabajadores no habían podido seguir paso a paso los siete cursos de la escuela única. Había que darles una preparación abreviada. Surgieron entonces las universidades obreras, las Rabfaks, donde rápidamente, en tres años, adquieren esa preparación. Hay 62. A ellas asisten 35.922 estudiantes [Llopis 1930: 141–142].

> [Октябрьская революция попыталась привлечь рабочих в университеты. Вскоре выяснилось, что для успешного обучения им не хватает подготовки. Несчастные рабочие не имели даже семи классов образования, поэтому им пришлось предложить сокращенную подготовку. Так и возникли рабочие факультеты, так называемые рабфаки, где рабочие проходят такую подготовку в сжатые сроки, всего за три года. Сейчас насчитывается 62 таких факультета, где обучается 35 922 человека.]

На удивление широкий спектр программ по борьбе с неграмотностью и повышению культурного уровня граждан, реализованных при финансовой поддержке советской власти, не только позволил резко нарастить средний уровень грамотности, но и способствовал проникновению культуры во все аспекты советской общественной жизни: «Одной из целей, наиболее настойчиво преследуемых вождями русского народа, является уничтожение неграмотности, подъем культурного уровня народных масс и их ориентация на коммунизм» (*исп.* Uno de los objetivos más insistentemente perseguidos por los directores del pueblo ruso, es la desaparición del analfabetismo, la elevación cultural de la masa y la orientación de ésta hacia el comunismo) [Vila 1926: 217]. При заводах открывались библиотеки, театры и оперные залы, причем театральные и оперные постановки становились возможны исключительно благодаря финансовой поддержке предприятия. На колесах советских поездов театр приехал в самые глухие деревни, чтобы показаться крестьянам, совсем как театральная труппа «La Barraca» и движение «Teatro del pueblo» («Народный театр») в Испании.

Испанские путевые дневники демонстрируют не только высокий образовательный уровень, но и прекрасную осведомленность авторов о русской литературной и театральной жизни. Путешественники соприкасались с новейшими трендами советской литературы, включая творчество разнообразных поэтов, драматургов и романистов, среди которых В. В. Маяковский, А. А. Блок, А. А. Ахматова, Е. И. Замятин, Л. М. Леонов, В. В. Иванов и Б. А. Пильняк. Особый интерес для этих авторов представляло драматическое искусство и, в меньшей степени, кинематографическое. Они вели интересные дискуссии о Московском художественном театре, о Московском государственном еврейском театре и о фильмах Эйзенштейна. Эти люди упоминаются здесь не для того, чтобы отметить заслуги каждого из них, но, скорее, чтобы предложить обобщенный образ наиболее популярных русских и советских авторов, которые переводились и публиковались в Испании и которые становились предметом рецензий в либеральной испанской прессе в 1920-е и 1930-е годы. Такие авторы получали признание критиков, а их работы ложились в основу литературных трудов политически ангажированных испанских авторов.

Аналогичный интерес и схожую глубину понимания демонстрирует Эренбург, в ходе своей одиссеи по Испании обсуждавший и «El libro de buen amor» («Книгу благой любви»), и строфы Хорхе Манрике, и «Дон Кихота», и даже Гомеса де ла Серну наравне с Пикассо и Гойей [Эренбург 1990–1991, 4: 422–425]. Однако он также разделял скептический взгляд на то, каким образом испанское новаторское искусство откликалось на проблемы общества.

Изобилие путевых дневников, написанных в 1920-е и 1930-е годы, указывает на интерес испанцев к новым советским экспериментам. Путевой дневник самого Эренбурга также свидетельствует о его неподдельном интересе к Испании в целом. Однако подобные работы, как правило, несут на себе печать сильного влияния собственных культурных норм и предубеждений индивида, выступившего их автором. В книге «Routes» («Маршруты») Джеймс Клиффорд предупреждает, что современная этнография как научное направление «обращает все большее внимание на определенные стратегии локализации в связи с возникновением и репрезентацией "культур"» [Clifford 1997: 19]. Аналогичным образом Карен Каплан подвергает сомнению объективность путевых дневников, приводя в качестве контрпримера следующее утверждение: «...путешествие может смущать и путать, расстояние может быть иллюзорным, и все различия весьма зависят от личной точки зрения» [Kaplan 1996: X]. Поскольку оба ученых, скорее, озабочены диалогом между развитыми и развивающимися странами, их комментарии описывают состояние этих двух весьма разных народов, живущих на периферии Европы. Они напоминают читателям, что путевой дневник отражает не только экзотические места, посещенные автором, но и его личность.

Изучение путевых дневников за 1930-е годы показывает, что испанцы обратились на Восток в поисках ответов на сложнейшие вопросы, вставшие перед Республикой. Эренбург, напротив, считал Испанию местом, где сбылись его худшие страхи: «Республика закрыла короны тряпьем, она переименовала улицы, она переменила бутафорию. Актеры те же. Им даже незачем разучивать новые роли» [Эренбург 1990–1991, 4: 338].

Образ Испании в русском восприятии

Последующие главы мы посвятим изучению того, каким образом испанцы адаптировали идеи и примеры для подражания из советской литературы. Впрочем, происходил и обратный процесс. Существовали и русские переводы испанских произведений, пусть и не столь многочисленные. Особенно сильно влияние пиренейских форм заметно в отдельных направлениях культурной жизни, таких как театр, кинематограф и художественная литература. Следует отметить, что русское заимствование испанских форм отнюдь не подразумевало слепое копирование. Происходило переосмысление воспринятого. Творцы культурных ценностей зачастую смотрели на мир сквозь призму революции. Они искусно преобразовывали и смешивали формы, темы и идеи, отбирая из них наиболее соответствующие особенностям советского восприятия и русским традициям.

Особый интерес для советских кругов представляли следующие периоды развития литературы и литературные течения: поколение 98 года и поколение 27 года, золотой век испанской литературы и Средневековье. В частности, советская пресса благожелательно относилась к писателям левых взглядов и вообще ко всем авторам, работы которых отражали левые идеи. Первое заметно в принятии советским обществом Альберти, который совершил два путешествия по России в 1930-х годах вместе со своей женой Марией Тересой Леон, писавшей репортажи о международном театральном искусстве для газеты «Heraldo de Madrid» [Marrast 1984: 15]. Поэзия Альберти печаталась в советском журнале «Интернациональная литература» в 1933, 1934 и 1935 годах [Ланский 1969: 589, 591, 597]. В России высоко ценились и работы Валье-Инклана, особенно «Tirano Banderas» («Тиран Бандерас»), хотя этот автор и не был коммунистом. Причиной тому, вне сомнения, была жесточайшая критика, с которой он обрушивался на латиноамериканские диктатуры, и ярко политизированные обертоны его произведений [Sender 1934b: 143–144].

Тексты произведений золотого века испанской литературы, насквозь пронизанные духом национализма, зачастую трактовались в духе идеалов революции. Дореволюционные классики, такие как А. С. Пушкин, часто подвергались вольной интерпретации. Неудивительно, что данный процесс благоприятствовал созданию пьес, в которых критиковались аристократия, церковь и злоупотребление властью, а также освещались проблемы общества и пролетариата. Эта тенденция, зародившаяся до революции, продолжилась и после нее. Например, в сезон 1911–1912 годов Н. Н. Евреинов поставил множество спектаклей по пьесам Педро Кальдерона де ла Барка, Лопе де Веги, Тирсо де Молины и Мигеля де Сервантеса, тогда как в период между 1917 и 1925 годами Московский камерный театр озаботился только пьесой «Жизнь — это сон» (1914–1915). Известнейший Большой театр подарил зрителям «Дон Кихота» (сезоны 1917–1918, 1918–1919, 1919–1920 и 1921–1923 годов), а в репертуаре московского Театра Революции значилась пьеса «Fuenteovejuna» [Carter 1925: 271–276; Gorchakov 1957: 78]. По мнению К. Л. Рудницкого, революционное прочтение произведений и пьес встречалось весьма часто. В качестве примера он приводит переделанную К. А. Марджановым пьесу «Овечий источник» (*исп.* «Fuenteovejuna»), в концовке которой правящей чете не удается восстановить старые порядки [Rudnitsky 1988: 49]. Внесенные Марджановым правки перекликаются с заключительными сценами другой версии той же самой пьесы, поставленной труппой «Балаган» (*исп.* «La Barraca») под руководством Лорки.

Еще одну важную область диалога между испанскими способами культурного производства и советским полем культурного процесса мы находим в работах С. М. Эйзенштейна. Помимо стабильного интереса к мексиканской культуре (вспомним, например, театральную версию рассказа «Мексиканец», написанного Джеком Лондоном, и кинофильм «Да здравствует Мексика!» (*исп.* «Que Viva México!») 1979 года), кинематографисты также демонстрировали хорошую осведомленность об испанском искусстве, включая изобразительное. В частности, как отмечал де ла Вега, кинорежиссер Эйзенштейн считал, что работы Эль Греко предвосхищают кинематографический монтаж [De la Vega Alfaro 1997: 12; Lindgren 1972: 5][8]. Сам Эйзенштейн отмечал

---

[8] Вскоре после начала съемок Эйзенштейн превысил бюджет картины и разругался с Эптоном Синклером — меценатом, на деньги которого велись съемки. Спорный фильм Синклера, созданный на основе отснятого Эйзенштейном материала и претерпевший множество правок, был выпущен в прокат в кинотеатрах Испании под названием «Буря над Мексикой» (*исп.* «Tempestad sobre México»). Лента «Que viva México!» [sic] была завершена в 1979 году, через несколько десятилетий после смерти Эйзенштейна. Окончательный монтаж фильма выполнил ассистент знаменитого кинорежиссера Г. В. Александров.

важность впечатляющей эстетики Эль Греко для кинофильма
«Иван Грозный» [Eisenstein 1977: 263]. Высокий, элегантный
и драматичный Иван, блестяще сыгранный Н. К. Черкасовым
в ленте Эйзенштейна, во многом напоминает вытянутые фигуры
на полотнах Эль Греко. Другие фильмы Эйзенштейна также отмечены печатью знакомства с испанским искусством. Например,
монахи-капуцины в ленте «Да здравствует Мексика!» словно
сошли с картин испанских мастеров, таких как Сурбаран[9]. В другом месте Эйзенштейн также признается в любви к творчеству
кубиста Хуана Гриса, особенно к его манере работать с цветом
[Эйзенштейн 2004: 281].

Что касается русской литературы 1920-х и 1930-х годов, то
особенно сильный интерес к испанским формам можно проследить в работах И. Г. Эренбурга. Он лично знал многих испанских
литераторов и художников (таких как Рафаэль Альберти, Мария
Тереса Леон, Мануэль Альтолагирре, Луи Арагон, Антонио Ма-
чадо, Рамон Гомес де ла Серна, Пабло Пикассо и Сальвадор Дали).
Как отмечает Дж. Лайчук, Эренбург пользовался известностью
в Международной ассоциации писателей и на Конгрессе писателей в 1936 и 1937 годах [Laychuk 1992: 26]. Он много раз бывал
в Испании по разным поводам, начиная с 1931 и заканчивая
1939 годом, работая военным корреспондентом газеты «Изве-
стия» в ходе Гражданской войны в этой стране [Ehrenburg 1963:
136, 186, 309, 344, 345, 414, 455]. Испания и все испанское, захва-
тившие воображение Эренбурга, отразились в таких его работах,
как «No pasarán» (1936) и «Guadalajara: una derrota del fascismo»
(1937), а также в его переводах Гонсало де Берсео, Хорхе Манрике, Николаса Гильена и Пабло Неруды[10].

Огромное количество работ Эренбурга также было переведено на испанский в конце 1920-х и в 1930-х годах. Среди его художественных произведений — фарсовый плутовской роман под
названием «Необычайные похождения Хулио Хуренито и его

---

[9] П. Ю. Барскова в неформальной дискуссии с автором настоящей книги
упомянула о связи между монахами Эйзенштейна и испанскими полотнами.

[10] Подробнее об этой теме см. [Laychuk 1992].

учеников». Как видно из следующей рецензии, последний был воспринят в Испании на ура:

> [*Julio Jurenito*] me ha deleitado, me ha encantado, me ha emborrachado. Es como un cock-tail originalmente elaborado por un genio de estas mezcolanzas. Agrada al paladar, se bebe sin sentir, paladeándolo con lentitud; alegra y se sube a la cabeza [Castrovido 1929: 1].

> [[«Хулио Хуренито»] обрадовал, очаровал и опьянил меня. Он словно коктейль из выдумок и вымыслов, смешанный гением. Его приятно дегустировать, не замечая градуса и медленно смакуя, а затем он внезапно ударяет в голову, наполняя душу безудержным весельем.]

Критики также отмечали непочтительный тон «Хулио Хуренито», имея в виду его антибуржуазную критику, которая также прослеживается в испанском авангарде и в произведениях таких писателей, как Валье-Инклан.

> Su burla es corrosiva, y no se detiene ante ninguna idea, institución, poder, costumbre. La guerra por la libertad y el derecho, la Iglesia, la cultura y el orden alemanes, la revolución rusa, el arte nuevo, la moral, el pueblo y las clases dominantes, todo cae triturado por esta implacable máquina demoledora [Castrovido 1929: 1].

> [Его донельзя едкая насмешка не обходит собой никакую идею, институт, орган власти или обычай. Борьба за свободу и закон, церковь, немецкая культура и порядок, русская революция, новое искусство, нравственность, простой народ и правящие классы — все становится жертвой этой неумолимой машины разрушения.]

Будучи произведением ранних лет творчества Эренбурга, которое он сам высоко ценил, «Хулио Хуренито» представляет собой авангардный роман с фрагментарной структурой, изображающий престарелого мексиканского господина в кругу морально разложившейся аристократии периода Первой мировой войны. Описывая с изрядной долей иронии революцию, политику и общество, «Хулио Хуренито» включает разбитое на несколько эпизодов путешествие, повествование о котором ведется от лица Эренбурга, выступающего в роли вымышленного рассказчика и одного из учеников главного героя. Роман демонстрирует знакомство автора с разнообразными биографическими и литературными источниками, такими как мифы о Дон Жуане или Казанове, Мефистофель, испанские пикаро, жизнь мексиканского художника Диего Риверы, авестийский Заратустра и даже христианские Евангелия вкупе с агиографией[11]. Намеренно используя образ Дон Жуана и жанр плутовского романа, автор подразумевает сознательный диалог с испанскими архетипами. Однако это далеко не первое их появление в русской литературе. Вполне возможно, они проникли в Россию окольным путем. В частности, пьеса А. С. Пушкина «Каменный гость», написанная в 1830 году и опубликованная в 1839-м, до сих пор служит предметом нескончаемых споров между исследователями. Они пытаются выяснить, что именно легло в ее основу: опера Моцарта и Лоренцо да Понте «Дон Жуан», новелла «Дон Жуан» Э. Т. А. Гофмана или «Дон Жуан, или Каменный пир» Мольера, «Севильский озорник, или Каменный гость» Тирсо де Молины или, возможно, как утверждает Шенгольд, пьеса Виктора Гюго «Эрнани» [Everist 2001–2002: 182; Shengold 1999: 329–330][12]. По меткому замечанию Дэвида Хермана, это произведение весьма напоминает вторую половину пьесы «Севильский озорник, или Каменный гость» Тирсо де Молины, а Марк Эверист отмечает особое внимание Пушкина к сценам обеда и кладбища, где появляется Каменный гость. Они также играют заметную роль в опере «Дон Жуан»

---

[11] Если верить Жуже Хетени, Эренбург ориентировался на образ Мефистофеля, тогда как Дина Комисаренко отстаивает мнение о том, что эта часть романа опирается на Диего Риверу, одного из персонажей книги. Хетени упоминает множество источников, включая Евангелия и плутовские романы, хотя и не указывает среди них архетип Дон Жуана [Gimpelevich 1996: 104; Хетени 2000: 317; Comisarenco 1996: 34].

[12] МХТ поставил мольеровского «Дон Жуана» за десять лет до появления «Хулио Хуренито».

[Everist 2001–2002: 182; Herman 1999: 4]. На самом деле именно эти сцены перекликаются и с «Хулио Хуренито».

Лишенный заметной доли лоска, присущего традиционному Дон Жуану, Хулио Хуренито проявляет характерные черты этого испанского архетипа, многие из которых применимы ко всем сластолюбцам без исключения. На словах буддийский аскет, на деле Хулио пользуется репутацией «развратника» с «нечеловеческой похотью». «Злая молва утверждает, будто Хуренито развратник, растлевает девочек и возит с собой в специальном сундукешкафу какое-то чудовище, полуженщину, найденную им на вершине Анд, для удовлетворения своей нечеловеческой похоти» (*исп.* Las malas lenguas afirmaban que Jurenito era un libertino, que violaba a las muchachas, y que llevaba consigo en un baúl especial una especie de monstruo, mitad mujer, hallado por él en la cima de los Andes, para satisfacer su sobrehumana concupiscencia) [Эренбург 1990–1991, 1: 259–260; Ehrenburg 1987: 49] Вымышленный Эренбург отрицает эти слухи прямо на страницах произведения и отмечает следующее:

Sobre el amor carnal y sobre las pasiones, el Maestro habló siempre con tranquilidad, limpieza y facilidad, sin turbación, sin risitas ahogadas, silencios y palabritas babosas. Con la misma atención observaba a una colegiala de quinto curso bajo cuyo mandil sobresalía un pecho incipiente <...>, que el colosal espectáculo de la cópula de dos toros rabiosos y de ojos sanguinolentos [Ehrenburg 1987: 49].

О плотской любви и о страсти Учитель говорил всегда спокойно, чисто и легко, без смущения, хихикания, пауз и слюнявых словечек. С равным вниманием глядел он на гимназистку пятого класса, у которой под передником только начинают тесниться груди <...>, и на грандиозное зрелище случки кровоглазых бешеных быков [Эренбург 1990–1991, 1: 260].

Однако скандальный флер лишь способствует застреванию подобного рода гипербол в голове читателя. Светлый образ Хулио как подвижника-аскета портят и многие другие неприглядные факты: речь вымышленного Эренбурга звучит так, словно он в стельку пьян, а острый меч его иронии разит без разбора, заставляя сомневаться в надежности самого рассказчика. Свойственная Хулио приверженность философии свободной любви оставляет у читателя впечатление, будто в жизни главного героя нет вообще ничего, кроме плотских излишеств.

Важной частью архетипа Дон Жуана является пренебрежение границами и кодексами поведения. Согласно Шошане Фелман, сущность Дон Жуана состоит не только в том, что он развратник, но и в том, что он при таком поведении нарушает обещания [Felman 2003: 12–13]. Здесь видна перекличка с описанием, которое Эренбург дает вымышленному Хулио: «Нарушая запреты всех существующих ныне кодексов этики и права...» (*исп.* Infringiendo las leyes de todos los códigos de ética y derecho existentes en nuestra época) [Эренбург 1990–1991, 1: 220; Ehrenburg 1987: 8]. Такое описание применимо к любому сластолюбцу, однако в личности Хулио Хуренито есть один аспект, выходящий далеко за рамки образа совратителя и клятвопреступника. Этот аспект можно обнаружить в парадигме Каменного гостя, которая стала общеизвестной благодаря пьесе «Севильский озорник, или Каменный гость» (*исп.* «El burlador de Sevilla y convidado de piedra») Тирсо де Молины, опере «Дон Жуан» Моцарта, пьесе «Дон Хуан Тенорио» Сорильи и пьесе «Каменный гость» Пушкина. Согласно интерпретации, которую дает Лайчук, в первой главе книги Хулио выступает в роли Мефистофеля, появляясь со спиленными рогами и с длинным хвостом. Однако возможно и другое прочтение: перед нами одновременно и Дон Жуан, и разоблаченный Каменный гость, при котором вымышленный Эренбург подменяет собой Дон Жуана, намекая на собственные развратные наклонности и амурные похождения. С этим перекликается сцена совместного обеда в кафе, ставшая популярной в Испании на День Всех Святых благодаря постановкам пьесы «Дон Хуан» за авторством Хосе Сорильи. И верно: затуманенный абсентом взгляд автодиегетического рассказчика, сидящего в кафе «Ротонда», напоминает макабрическую тональность сцены на кладбище и последующей сцены ужина в «Дон Хуане». Теснящиеся вокруг кафе лавки торговцев напоминают круги ада, и ощущение от прочтения такое, словно за нами гонятся полчища самого Вельзевула [Эренбург 1990–1991, 1: 222]. Это впечатление только усиливается благодаря описанию поведения окружающих рассказчика людей (например, мы видим жирного обнаженного испанца, на коленях которого сидит юная девушка). Насквозь сюрреалистическая сцена размывает непрочные границы между двумя персонажами, Лией и Хулио. Словно Дон Жуан, Лия приглашает дьявола присоединиться к их трапезе; однако за обед Лии платит именно Хулио, играющий роль Дон Жуана, хозяина [Эренбург 1990–1991, 1: 221–226].

Структура романа «Хулио Хуренито» состоит из вступления и 35 глав, описывающих множество фрагментированных эпизодов. Это произведение также находится в диалоге с плутовским романом как таковым. Оставаясь верным своей оригинальной иронии и социальной сатире, Эренбург берет за образец романы «Lazarillo de Tormes» («Ласарильо с Тормеса») и «La vida del buscón» («Жизнь великого скупердяя») и переворачивает их в духе бахтинской карнавализации, заменяя ученика или главного героя, переходящего от хозяина к хозяину, абсолютно непочтительным учителем из плутовского романа, который меняет учеников как перчатки, ничуть не заботясь об их обучении[13]. «Я называю Хулио Хуренито просто, почти фамильярно "Учителем", хотя он никогда никого ничему не учил; у него не было ни религиозных канонов, ни этических заповедей, у него не было даже простенькой, захудалой философской системы» (исп. Llamo a Julio Jurenito, de forma sencilla, casi familiar, "Maestro", aunque nunca le enseñara nada a nadie; no tenía ni cánones religiosos, ni preceptos éticos, ni siquiera poseía un sencillo e insignificante sistema filosófico) [Эренбург 1990–1991, 1: 219; Ehrenburg 1987: 7].

Еще одним наглядным примером жанра плутовского романа в русской литературе служат роман «Двенадцать стульев» Ильфа

---

13 Выражаю благодарность Оралии Пребл-Ниеми за ее комментарии относительно романа «Хулио Хуренито» и предложенного Бахтиным понятия «карнавализация».

и Петрова (1928) и его продолжение — «Золотой теленок» (1931). Выведенный в них авантюрист Остап Бендер сам себе хозяин. Это первостатейный аферист, бодро шагающий от одного приключения к другому в погоне за наживой. В первом романе главный герой ищет клад, спрятанный в одном из двенадцати стульев, некогда принадлежавших аристократическому семейству и конфискованных после революции советским правительством[14]. Принято считать, что этот роман представляет собой критику НЭПа, однако перед нами, скорее, занимательный фарс, обнажающий коррупцию и алчность церкви и аристократии, а также неэффективность и бюрократизм советской власти. При этом, по остроумному замечанию Шейлы Фицпатрик, он сохраняет критический взгляд на общество, свойственный плутовскому роману. Его предшественников можно увидеть во многих произведениях с плутовскими мотивами, начиная с романа Рене Лесажа «Жиль Блас» и заканчивая «Приключениями Гекльберри Финна» Марка Твена, а также в источниках на русском и идише, таких как роман Эренбурга «Хулио Хуренито» [Fitzpatrick 2002: 537; Шкловский 1934: 3].

Появление в 1920-х и 1930-х годах русских переводов и путевых дневников совпало с особенно благоприятным временем для разнообразных диалогов, которые буйным цветом расцвели в политике и литературе. Принимая во внимание схожесть социально-экономических особенностей Испании и России, испанцы искали в примере Советского Союза возможные решения социальных проблем своего общества. Это происходило как при консервативной диктатуре Примо де Риверы, так и в либеральную эпоху Второй республики. Выход на авансцену путевых дневников и переводов русско-советских произведений совпал по времени с усталостью испанской интеллигенции от дегуманизированных экспериментов авангарда, что сделало возможным регуманизацию испанской литературы.

---

[14] Илья Ильф и Евгений Петров — псевдонимы И.-Л. А. Файнзильберга и Е. П. Катаева (младшего брата писателя В. П. Катаева).

Переводы и путевые дневники того времени решали сразу несколько задач: они акцентировали внимание на интересовавших испанцев социальных, политических и культурных экспериментах, отражали изменчивый ландшафт моральных норм и помогали глубже погрузиться в полемику вокруг художественной жизни. В результате эти произведения не только способствовали формированию испанской идентичности и социальной политики, но и оказали заметное влияние на принятые в стране способы культурного производства. Это с особой очевидностью проявилось в модели политически ангажированного искусства, отражавшего политизацию искусства в Советском Союзе, которая сохранялась многие десятилетия после большевистской революции. Революционные испанские писатели, такие как Сендер, Диас Фернандес и Арконада, заимствовали отдельные аспекты советской модели политически ангажированного искусства, внедряя их в свои работы, наряду с другими тропами и темами из переводов и путевых дневников, а также собственными традициями. Все это вкупе с невероятным количеством газетных и журнальных статей о советской культуре дало толчок активному диалогу между Испанией и Россией, который вылился в более разнообразную и многоголосую литературную форму, способную отразить уникальные потребности и проблемы испанского общества.

Глава 2
Роман сознания: Горький, Диас Фернандес, Ардериус и Бенавидес

Gorki ha encontrado en la clase obrera un arquitecto de la vida nueva, y mucho tiempo antes de la victoria de la Revolución de octubre se hizo mensajero de la revolución proletaria [El 60º aniversario 1928: 16].

[Горький узрел в рабочем классе архитектора новой жизни и сделался вестником пролетарской революции задолго до победы Октябрьской революции.]

Романы сознания — это богатейший источник советской и испанской политической литературы. Они представляют собой в своем роде роман воспитания (*нем.* Bildungsroman), где герой становится новым человеком, достигая пробуждения своего общественного или политического самосознания. Такую модель, и в особенности ее революционный аспект, можно обнаружить в русской литературе начала XX века. В Испании по этому образцу было создано немало художественных произведений. Причин тому множество, и не последняя из них — длительная история развития религии в этой стране. Исторический фон способствовал заимствованию религиозных моделей даже в случае резко негативного отношения авторов к церкви. Вероятно, ключевую роль в установлении русской традиции сыграл Максим Горький

(Алексей Максимович Пешков, 1868–1936), ставший автором первого прообраза соцреалистического романа — «Мать» (1906)[1]. Вклад в регуманизацию испанской литературы внесли многочисленные произведения испанских авторов, вышедшие в конце 1920-х и в 1930-е годы. Строго говоря, к их числу можно отнести большинство художественных произведений нового романтизма. Сюда же можно причислить так называемые романы сознания (*исп.* novelas de conciencia), включая «La Venus mecánica» («Механическую Венеру») Хосе Диаса Фернандеса, «La espuela» («Шпору») Хоакина Ардериуса и «Un hombre de treinta años» («Мужчину тридцати лет») Мануэля Д. Бенавидеса.

В этой главе мы рассмотрим развитие общественного самосознания на примере отдельных, наиболее показательных романов. Мы детально изучим литературную рецепцию Горького в Испании и те способы, с помощью которых новый романтизм создавал авангардную модель искусства, объединяя в характерных для него способах литературного творчества политическую вовлеченность с модернистской эстетикой. Это достигалось отчасти путем сознательного диалога с русско-советской литературой, в ходе которого в ткань испанской литературы вплетались некоторые ее аспекты, такие как тенденциозность, агиографические тропы, актуальные время и место. Сюда входит и деперсонализация персонажей, также характерная для модернистской прозы Испании. Впрочем, испанские художественные произведения демонстрируют и важные различия, которые обнаруживаются в диалектике спонтанности и осознанности, в отрицании аскезы (в большинстве случаев) и в особенностях эстетической направленности. Кроме того, хотя обе традиции структурированы посредством бахтинского буднично-бытового хронотопа, но лишь испанские романы обычно содержат хронотоп авантюрного времени.

---

[1] Роман «Мать», впервые увидевший свет «в американском журнале в 1906 году, затем был издан в Нью-Йорке и Лондоне в виде книги». Русский текст был опубликован в Берлине без купюр, однако вышедшая в России первая редакция подверглась цензуре и была недоступна читателю во всей полноте до 1907 года [Troyat 1989: 106–107].

Значение Горького для России и Испании

Будучи революционным новатором от литературы, а также заметной фигурой рубежа XIX и XX веков, Горький как писатель имел чрезвычайно важное значение для развития русского нарратива XX века [Dinega 1998: 77][2]. С этим мнением трудно спорить. Как до революции, так и после Горький задавал тон русской литературной сцене, участвуя в деятельности таких объединений, как общество «Знание», серия «Библиотека поэта», журнал «Летопись» и ежедневная газета «Новая жизнь» [Gourfinkel 1960: 82; Troyat 1989: 96–98, 125]. Большую часть 1920-х годов знаменитый писатель провел за границей, зачастую находясь в непростых отношениях с большевистским правительством. Несмотря на это, Горький вел обширную переписку со множеством литературных деятелей и оставил неизгладимый след в советской литературе. Как указывает Гомес де Бакеро, испанцам об этом было прекрасно известно: «На мой взгляд, преобладающее влияние русского романа можно связать с именем Горького, произведения которого пользовались успехом и до революции» (*исп.* A mi parecer, la influencia dominante en la novela rusa sigue siendo la de Gorki, la misma que imperaba antes de la revolución) [Gómez de Baquero 1929b: 1]. Отзвуки этого представления слышны и в испанской прессе:

Si nosotros examinamos la literatura post-revolucionaria, no podemos olvidar que toda una pléyade de escritores contemporáneos que han sido revelados por Gorki; muchos de entre ellos son sus discípulos o han recibido la influencia bienhechora de su maestro genial. En una palabra: Gorki está unido a la literatura soviética contemporánea por millares de nudos [El 60º aniversario 1928: 17].

[При изучении послереволюционной литературы нельзя не обратить внимание на следующий факт: Горький явил миру целую плеяду современных писателей. Многие из них были

---

[2]   Историк литературы Вон Джеймс отмечает роль Горького как связующего звена между XIX и XX веками, равно как и его важность для более молодого поколения писателей [James 1973: 26].

либо его учениками, либо людьми, подпавшими под благотворное влияние своего выдающегося учителя. Одним словом, Горький связан с современной советской литературой миллионами нитей.]

В 1928 и 1929 годах Горький посетил Советский Союз, куда навсегда вернулся уже в 1931 году по приглашению советского правительства. Через несколько лет после окончательного возвращения он был назначен главой Союза писателей СССР. Это назначение доказывает его существенное влияние на советскую литературу, которое сохранилось вплоть до самой смерти писателя в 1936 году [Troyat 1989: 165–187]. Об этих обстоятельствах испанцам также было хорошо известно.

Casi en vísperas de la Revolución de 1917 [Gorki] regresó a Rusia para tomar parte activa en el nuevo movimiento revolucionado <...>. Después del establecimiento del régimen comunista, por cuya implantación tanto luchó Máximo Gorki, los dirigentes de la nueva política rusa apartaron al gran escritor de toda actividad. Gorki se marchó al extranjero francamente dolorido. Y en el extranjero vivió muchos años, dedicado por completo a su labor literaria. Poco tiempo antes de morir regresó a Rusia, se reconcilió con los hombres más destacados del Gobierno soviético y los trabajadores le colmaron de honores y agasajos [Pintado 1937: 26].

[[Горький] вернулся в Россию практически накануне революции 1917 года, чтобы принять участие в революционном движении <...>. После установления коммунистического режима, ради победы которого Максим Горький отдал столько сил, политические лидеры новой России удалили великого писателя от всякой общественной деятельности. Оскорбленный в своих лучших чувствах, Горький покинул страну. Много лет он прожил за рубежом, посвятив себя труду исключительно на литературном поприще. Незадолго до своей смерти он вернулся в Россию, примирился с высшим советским руководством, а трудящиеся осыпали его почестями и наградами с ног до головы.]

Горький пользовался славой великого литературного деятеля и у себя на родине, и за рубежом. Эта слава принесла ему множество приверженцев в Испании, особенно во времена Второй республики. Первые произведения Горького появились еще в XIX веке, когда вышел в свет роман «Фома Гордеев», переведенный на испанский язык в 1880 году Аугусто Риерой. Как отмечает Диес Канедо, всемирная популярность автора и его тиражи заметно выросли после того, как свет увидела критическая статья «Maxime Gorky: l'oeuvre et l'homme» («Максим Горький: творчество и человек»), написанная французским критиком Эженом-Мельхиором де Вогюэ [Díez-Canedo 1918: 5]. Горький свободно публиковался в течение 30-х годов, работая в разнообразных жанрах. Из-под его пера выходили поэтические произведения, романы, короткие рассказы, драматургия, эссе и даже биографические труды. Его литературная деятельность совпала с периодом активнейшего распространения русских произведений в Испании[3]. Его пьеса «На дне» (1902) увидела свет на испанском и каталонском языках как «Albergue de noche (En los bajos fondos)» в 1906 и 1911 годах, а затем как «Alberg de Nit» в 1937 году [Schanzer 1972: 89–90; Terras 1985: 181]. Постановкой этой пьесы занималась труппа «Teatro», игравшая в Пражском национальном театре (1932). Спектакль, вышедший под названием «Asilo de noche», принес Горькому славу «известного, одного из самых известных» (*исп.* popular, entre los más populares) [Fernández Almagro 1932: 3; Polanco 1932: 7][4]. Впрочем, произведения Горького и без того привлекали всеобщее внимание. Некоторые из них переиздавались многократно. Так, роман «Мать» (*исп.* «La madre»)

---

[3] Авторы большинства ранних переводов русских произведений на испанский язык использовали в качестве источников именно французские издания, хотя некоторые переводчики, такие как Хулиан Худериас, Соломон Кахан, Алексис Марков, Хуан Осес Идальго, Габино А. Пальма и Н. Тасин, переводили напрямую с русского на испанский [Schanzer 1972: 6, 91, 92, 99].

[4] В статье Абрахама Поланко упоминается Московский художественный театр. Впрочем, Фернандес Альмагро и Диас Регт указывают, что Пражский национальный театр много взял у МХАТа, не поддерживая непосредственных рабочих контактов, но выступая своего рода «учеником» [Fernández Almagro 1932: 3; Polanco 1932: 7; Díaz Regt 1932: 7].

выдержал минимум шесть переизданий, вышедших в Испании в период между 1915 и 1938 годами [Rev. of La madre 1915: 5; Schanzer 1972: 89–103][5].

Вместе с тем в испанской периодике (например, в газетах «Espana», «Octubre», «El Sol» и «Nueva Cultura») выходило множество эссе и статей, связанных с Горьким. Сюда входят как работы самого мастера, так и посвященные ему критические тексты. Данный процесс, начавшийся на рубеже веков, продолжался до конца 1930-х годов. В этих произведениях заметны многие особенности, которые мы уже обсуждали в данной главе. Например, испанские критики считали Горького и романтиком, и реалистом (или натуралистом) одновременно, что ничуть не удивительно, особенно на фоне мнения современных нам ученых, прослеживающих связь его работ с революционным романтизмом, реализмом (натурализмом) и соцреализмом. Например, Араухо указывает: «Горький — романтик с головы до пят» (исп. Gorky es romántico de pies á cabeza). Это мнение перекликается с цитатой из Вогюэ: «Даже в крайних проявлениях своего реализма Горький был и остается закоренелым романтиком» (фр. Jusque dans les outrances de son réalisme, Gorky demeure un romantique impénitent) [Araujo 1901: 177; Vogüé 1905: 38]. Испанцы также видели в созданных Горьким ярких описаниях нижних слоев общества весьма убедительные архетипы, взятые из реальной жизни и резонирующие с реализмом или натурализмом рубежа веков.

---

[5] Если верить Георгу Шанцеру, первая публикация романа «Мать» на испанском относится к 1922 году, однако есть указания, что самое первое издание увидело свет в 1915 году или ранее. В 1915 году в газетах «La Epoca» и «El Liberal» вышли рецензии на двухтомное испанское издание романа «La madre». Роман имел успех, поэтому рецензии оказались хвалебными. По мнению Шанцера, вероятная дата публикации первого двухтомника относится к 1930 году. Как сообщает газета «La Epoca», его переводом занимался Э. Торральба Беси, а публикацию взяло на себя издательство «Jaime Rates». Эти сведения соответствуют информации, которая доступна для этих томов, вышедших без указания даты. Дополнительное подтверждение этой точки зрения мы находим в еще одной статье, напечатанной в газете «El Liberal», где в качестве переводчика двухтомника указан Э. Торральба Беси [Schanzer 1972: 98; Rev. of La madre 1915: 5; La mejor obra 1915: 4].

Помимо тщательного анализа особенностей художественного стиля Горького испанцы также отдельно писали о романе «Мать» еще в 1907 году, когда он был по частям опубликован в одной из нью-йоркских газет [Lo que hace Gorki 1907: 1]. Горкин (Хулиан Гомес), посмотревший в парижском кинотеатре выполненную в 1927 году В. И. Пудовкиным экранизацию этого романа, так прокомментировал увиденное: «Не хочу кратко пересказывать содержание этого произведения, и так всем известного» (*исп.* yo no quiero reseñar el argumento de la obra, de sobra conocido) [Gorkin 1927: 12]. Также имеются указания, что он осознавал склонность автора к деперсонализации героев и к превращению коллективизированных народных масс в единого положительного героя произведения: «Условные персонажи "А" и "Б" исчезают, растворяясь в гармонии целого» (*исп.* El personaje 'a' o 'b' desaparece, se esfuma en la armonía del conjunto) [Gorkin 1927: 11]. По его замечанию, в фильме играли простые люди, взятые буквально с улицы и изображающие собственные типажи (*исп.* tipos). Профессиональных актеров в фильме почти не было. Согласно Дюамелю, это придает картине достоверность.

> En mi opinión, [*La madre*] es una obra maestra de propaganda, porque se muestra tan moderada, se limita tan sobriamente a seguir la crónica, es decir, la verdad, que incluso a los espectadores poco sensibles a los artificios de la pantalla, les es imposible reprimir, una gran emoción. Lo que me produce más asombro, desde el punto de vista técnico, es que los personajes, con sólo dos o tres excepciones, no son actores profesionales. Sus tipos son escogidos, con cuidado, en la misma vida [La opinión 1927: 12–13].

> [По моему мнению, «Мать» — это шедевр пропаганды. Ее величайшая скромность и самоограничение, включая стремление следовать принципу исторической хроники, то есть говорить правду, полностью обезоруживает даже тех зрителей, которые не слишком чувствительны к кинематографическим трюкам. Ее сильнейшее эмоциональное содержание буквально сбивает зрителей с ног. Но с технической

точки зрения самое удивительное другое: никого из персонажей, за двумя или тремя исключениями, не играют профессиональные актеры; это простые люди с тщательно подобранными типажами.]

Кроме того, уже в самых ранних рецензиях политические аспекты романа «Мать» увязываются с агиографией благодаря отсылкам к апостолам русского социализма. «Действие этого романа происходит в эпоху первых апостолов русского социализма, во времена правления Александра II» (*исп.* La acción de la novela ocurre en la época de los primeros apóstoles del socialismo ruso, en el reinado de Alejandro II) [Lo que hace Gorki 1907: 1]. Также следует заметить, что критичное отношение к соцреализму Анхеля Герры не помешало ему весьма точно передать речь Горького на Первом съезде советских писателей [Guerra 1935: 5].

Вполне предсказуемо и то, что верность социальной теме в творчестве Горького явилась причиной как критики, так и восхвалений писателя в испанской прессе [Juderías 1907: 105–106; Rolland 1936: 10]. Например, Герра ставил литературные достоинства романа «Мать» ниже выведенных Горьким образов бродяг и «бывших людей». «Чего стоит роман "Мать", эпическое произведение русского соцреализма, художественно более слабое и бедное, чем любые другие его работы, или даже одни только образы бродяг и "бывших людей" с их мучительным переживанием жизни?» (*исп.* ¿Qué vale su novel *La madre*, epopeya del socialismo ruso, desmayada y pobre, en comparación de cualquiera de sus otras obras de vagabundos y de ex hombres atormentados?) [Guerra 1935: 5]. Статья доктора Д. В. Философова, вышедшая в журнале «Русская мысль» и кратко пересказанная Худериасом, также содержит критику Горького.

El drama *Los bajos fondos* fué el cénit de la productividad literaria de Gorki. Concebido ese [sic] drama, empezó á decaer, y profunda trivialidad, á la más pretenciosa retórica. <...> Ahora esa misma multitud acoge con indiferencia sus últimas producciones [Juderías 1907: 105].

Драма «На дне» была высшая точка творчества Горького; после нее начинается падение. По всей Европе, можно сказать по всему земному шару, распространяются произведения Горького, даже самые неудачные, и весь мир видит, как писатель все ниже и ниже падает, как он лежит почти «на дне» невероятной банальности и претенциозной риторики. <...> Теперь же, когда Горький сел на мель, когда помощь ему нужна больше, чем когда-либо, критика от него равнодушно отвернулась [Философов 1997: 697–698].

Напротив, Ромен Роллан в своей статье в журнале «Nueva Cultura» (ранее вышедшей в газете «L'Humanité») по случаю смерти Горького рукоплескал его политической ангажированности, эхом повторив сказанное Арахуо и Худериасом тремя десятилетиями ранее [Rolland 1936: 10]. Сторонник этого мнения, Диас Фернандес рассматривал Горького как провозвестника новой эпохи революционного литературного творчества[6].

Las formas artísticas son, pues, con relación a la vida social, unas preformas, una anunciación de las posibles reformas. Basta una ojeada superficial por la historia para convencerse de esta realidad. Las transformaciones políticas son casi siempre posteriores a las variaciones artísticas. Antes de la Revolución francesa ¿no se advierte el clamor del Romanticismo literario? Y antes de la Revolución rusa ¿no están Dostowiesky, Chejov, Stanislawsky y el mismo Gorki? [Díaz Fernández 1930c: 19].

[Если рассмотреть связь между художественными формами и общественной жизнью, то первые выступают в роли прообразов, предвестников возможных преобразований. Чтобы убедиться в справедливости этого утверждения, достаточно бросить взгляд на историю. Политические преобразования почти всегда следуют в кильватере изменений, связанных с художественным искусством. Разве нельзя заметить бум литературного романтизма, за которым

---

6 Пожалуй, мне не хватит бумаги, чтобы выписать все комментарии о революционных тенденциях в творчестве Горького. Любознательному читателю достаточно изучить монографию Пардо Басан о русской литературе. В своих позднейших работах она особо подчеркивает этот аспект его творчества [Pardo Bazán 1901: 60].

последовала Французская революция? И разве Достоевский, Чехов, Станиславский и Горький не выступили предвестниками революции русской?]

Политическая агиография

Меткое наблюдение Диаса Фернандеса о тесной связи между политикой и литературой перекликается с путевым дневником Сесара Вальехо: «В этом мире нет никакой аполитичной литературы, и никогда не было, и никогда не будет. Русская литература защищает и восхваляет советскую политику» (*исп.* No hay literatura apolítica; no la ha habido ni la habrá nunca en el mundo. La literatura rusa defiende y exalta la política soviética) [Vallejo 1965: 89]. Роман Горького «Мать» стал примером революционной и политической литературы, могущей служить образцом для испанских писателей. И действительно, статья В. И. Ленина под названием «Партийная организация и партийная литература» предвосхищает внимание к социальным проблемам Горького. Согласно Джеймсу, она вышла в 1905 году в журнале «Новая жизнь», редактором которого был Горький. В некотором отношении эта статья знаменует отход Ленина от замечаний Энгельса [Engels 1999a: 39; James 1973: 12; Ленин 1968].

> Литература может теперь, даже легально, быть на 9/10 партийной. Литература должна стать партийной. <...> социалистический пролетариат должен выдвинуть принцип *партийной литературы*, развить этот принцип и провести его в жизнь в возможно более полной и цельной форме [Ленин 1968: 100] (выделено в оригинале).

Как и советская литература, произведения нового романтизма поддерживают идеологическую точку зрения, которая четко просматривается в каждой из трех работ, рассматриваемых в настоящей главе. Однако эта точка зрения зачастую проявляется у них не столь выпукло, как у Горького, и эти авторы не всегда настаивают на необходимости политизации литературы. Например, роман Арконады «La turbina» («Турбина») транслирует идеи просвещения, связанные со светом и с прогрессом, вместе с тем искусно маскируя политические взгляды своего автора. Следует заметить, что единство политической позиции отнюдь не характерно для большинства испанских писателей. Они, скорее, выражали целый спектр разнообразных идеологий левого толка. Более того, в одном и том же произведении автор мог проповедовать несколько идеологий одновременно [Soria Olmedo 1999: 303]. Например, главный герой романа «Un hombre de treinta años» участвует в различных политических движениях (таких как анархо-синдикализм, марксизм и социализм) и делает окончательный выбор в пользу марксизма [Benavides 1933: 270, 288]. Впрочем, в предпоследней главе этого произведения левацкие организации (FAI, CNT и т. п.) объединяются для борьбы с Гражданской гвардией, тем самым обозначая единство своих нравственных ценностей [Benavides 1933: 273–301]. Аналогичным образом социалист Диас Фернандес рисует образ лицемерного коммуниста в своем рассказе «El hombre integral» («Целостный человек»), тогда как в рассказе «La largueza» («Щедрость») описано благородство истинного большевика [Díaz Fernández 1989: 163; Díaz Fernández 1931a].

С другой стороны, русско-советские работы левого толка имели много общего. По мнению Манфреда Кетса де Вриеса, анархизм был и остается повсеместно распространенной склонностью русского общества, проявляясь по-разному, включая культурный процесс. Этот вопрос мы обсудим в следующих главах, когда будем говорить о романе Гладкова «Цемент» и о художественных произведениях А. М. Коллонтай [Kets de Vries 2001: 585–593]. Если верить критикам модерна как литературного направления, таким как Стэнли Митчелл, прозе Горького также порой был не чужд и анархизм [Mitchell 2009: 12]. В Испании таких же взглядов придерживался Лопес Барбадильо. Впрочем, тому времени был свойственен широкий плюрализм взглядов. В частности, газета «Alrededor del Mundo» называла Горького меньшевиком, тогда как публиковавшийся в «El Sol» Корпус Барга утверждал, что Горький не большевик, не меньшевик и не социал-демократ довоенного периода, но, скорее, независимый социалист, своеобразный «марксист-толстовец» [Barga 1918: 2; El mutismo 1919; López Barbadillo 1903: 4].

Хотя вольность политических взглядов и могла казаться подозрительной читателям из СССР, данный феномен только способствовал популярности этих писателей в Испании. Особо этому содействовала их связь с анархизмом, которая шла в кильватере древней традиции индивидуализма и анархизма, что можно проследить до средневековых фуэрос (исп. fueros). Как бы то ни было, политизированность русско-советской «социально ангажированной литературы» стала поводом для разнообразных атак на соцреализм и его предшественников, как отмечал Е. А. Добренко в своем известном эссе «The Disaster of Middlebrow Taste» («Катастрофа посредственного вкуса») [Dobrenko 1997: 135]. Несмотря на всю неприязнь литературных критиков в отношении политического содержания, во многих текстах русского реализма и у его предшественников можно найти немало особенностей, ранее пропущенных исследователями и поэтому требующих пристального внимания в наши дни. По мнению Динеги, роман «Мать» не просто банальный пропагандистский текст. В нем можно обнаружить большую «интертекстуальную сложность», которая перекликается с художественной манерой Толстого [Dinega 1998: 77–78]. Весьма неожиданный поворот, особенно если учесть крайне политизированное содержание романа, направленного против аристократии и религии.

Будучи беллетризованным описанием исторического события, роман «Мать» изображает современника автора, революционера П. А. Заломова (Павла Власова) и его мать Анну Кирилловну (Пелагею Ниловну). Как известно, Заломов был приговорен к пожизненной ссылке за организацию первомайской демонстрации в селе Сормово 1 мая 1902 года. Это история о постепенном пробуждении политического самосознания женщины из рабочего класса, находящейся под опекой своего сына [Семашкина 1986: 1066–1067][7]. И в романе «Мать», и в испанских произведениях

---

[7] Это обстоятельство было известно испанской прессе, как видно из статьи, опубликованной в газете «El Sol» в декабре 1934 года. В ней обсуждалась пьеса, поставленная в Париже по роману «Мать» [Escenas 1934: 2].

социальной направленности, таких как «La Venus mecánica», «Un hombre de treinta años» и «La espuela», пробуждение политического самосознания происходит благодаря росту сознательности, в процессе которого главный герой переживает как бы обращение в иную веру. Впрочем, это, скорее, политическое, нежели религиозное обращение, поскольку в результате герой (или героиня) становится новым человеком. Превращение героя в нового человека с новым самосознанием обычно достигается в рамках отношений «учитель — ученик», насыщенных агиографическими обертонами [Clark 2000: 49–51]. Катерина Кларк далеко не единственная, кто указал на религиозный подтекст в романе «Мать». Маргарет Циолковски, проследившая связь Павла с православной традицией монахов-иосифлян, также много писала о религиозности в новой русской литературе [Ziolkowski 1988: 191–192]. Троп религиозного возрождения служит символом процесса изменения политических взглядов, в результате которого положительный персонаж становится новым человеком (или новой женщиной)[8]. Однако новый человек, находящийся в центре этого нового литературного жанра, выступает отнюдь не как индивид, но как представитель коллектива. Как правило, он умирает или подвергается тем или иным мучениям во имя блага народных масс (например, как Пелагея Ниловна).

Путь к сознательности

Как считает по поводу Горького Катерина Кларк, его главные герои переживают пробуждение политического самосознания или кардинальное изменение своих взглядов, проходя путь к сознательности до конца.

---

[8] Выдержка из эссе Горького под названием «О новом человеке» (*исп.* «Sobre el hombre nuevo») была опубликована в журнале «Nueva Cultura» в 1936 году. Она посвящена стахановскому движению и затрагивает тему нового человека лишь мельком [Gorky 1936: 11]. В своем путевом дневнике Барбюс уделяет время обсуждению этого эссе М. Горького, обозначая тему возрождения нового человека, в процессе которого он становится политически сознательным существом [Barbusse 1931: 188–189].

Сюжетная формула, найденная Горьким в этом романе (ученик, добиваясь сходства со своим учителем, обретает сознательность), оказалась эффективной для структурирования романа-иносказания об историческом прогрессе, ставшего основным в литературе социалистического реализма [Clark 2000: 65].

Мария Франсиска Вильчес де Фрутос обращала внимание на аналогичный феномен в произведениях нового романтизма. По ее мнению, отправной точкой для многих произведений служит именно зарождение сознательности.

El nacimiento de la conciencia de su situación es el arranque de muchas obras. El paulatino conocimiento de los resortes de su estado a través de algún miembro de la colectividad venido de fuera o el descubrimiento por parte de ciertos sectores progresistas de otras capas sociales de las condiciones de vida de los anteriores, son el origen de una acción novelesca, que, en bastante momentos, se trunca para dejar paso a disertaciones de índole política o moral, que rompen el hilo de la narración y recuerdan en gran medida las narraciones moralistas de la prosa didáctica de los siglos xiii y xiv en España[9] [Vilches de Frutos 1982: 41].

[Зачином многих произведений служит зарождение сознательности, происходящее в результате преодоления определенной жизненной ситуации. Основой романического действия является постепенное осознание развития своего внутреннего состояния, достигаемое при помощи внешних усилий со стороны другого члена сообщества или в ситуации, когда отдельные представители прогрессивных кругов обнаруживают вокруг себя другие социальные уровни в общественной иерархии. Это действие зачастую бывает сокращено, уступая место рассуждениям политической или нравственной природы, нарушающим нить повествования и во многом напоминающим моральные нарративы испанской морализаторской прозы XIII и XIV веков.]

---

[9] В качестве примера Вильчес де Фрутос цитирует три испанских произведения, рассматриваемых в этой главе, а также роман Сесара Арконады «La turbina», который мы обсудим ниже, в главе третьей [Vilches de Frutos 1982: 41–42].

Кларк прослеживает отношения «учитель — ученик» не только в агиографических мотивах, но и в традиции русского эпоса [Clark 2000: 49]. Кстати, именно ей приписывают установление взаимосвязей между соцреализмом и героями средневековых легенд и сказок [Günther 1994: 32]. Что касается романа «Мать», то Павел выступает здесь в роли учителя своей матери, которая поначалу отнюдь не горит желанием учиться. Однако и «Мать», и другие предтечи этого движения заметно отличаются от соцреализма периода развитого сталинизма. Первое такое отличие: учитель и ученик не являются оба мужчинами. Второе: Павел присутствует на большей части страниц произведения. Вторая особенность также свойственна испанским художественным произведениям социальной направленности[10].

Большинство религиозных тропов романа «Мать», за исключением аскезы, очевидно и в большинстве художественных произведений нового романтизма, и особенно в следующих романах: «Un hombre de treinta años» Бенавидеса, «La Venus mecánica» Диаса Фернандеса и «La espuela» Ардериуса[11]. В каждом из них

---

[10] Желание автора сделать героинями женщин — наставниц или учениц — прослеживается не только в романе «Цемент», но и в художественных произведениях некоторых писательниц (например, А. М. Коллонтай).

[11] В романе Арконады «La turbina», текст которого менее ангажирован политически, схожие личные качества персонажей встречаются очень часто. Лейтмотивом произведения является свет, который противопоставлен тьме. Оба они: и свет, и тьма — служат весьма очевидными метафорами прогресса, городской жизни и либерализма, которые противостоят невежеству, грубости и реакционным взглядам [Santonja 1975: 12]. Большинство жителей городка постепенно смиряются с происходящим строительством электростанции. Антонио Руфар, молодой технический специалист, испытывает трансформацию характера, превращаясь из донжуана в мужчину, способного отвечать за свои поступки [Arconada 1975: 125–126]. Вместе с тем сам город испытывает параллельную трансформацию — постепенное принятие научно-технического прогресса, связанного с либеральной политической идеологией. Два «непримиримых брата», Росендо и Артуро (один консерватор, другой либерал), выступают представителями реакционных взглядов, с одной стороны, и прогрессивных — с другой; однако в конце концов консервативный Росендо приходит к принятию просвещения [Arconada 1975: 34].

можно найти троп кардинального изменения политических взглядов, происходящего благодаря движению к сознательности в рамках отношений «учитель — ученик», тему нового человека, а также ту или иную разновидность ритуальной жертвы. Виктор, главный герой «Механической Венеры», журналист либеральных взглядов, переживает постепенное изменение сознательности. Оно вызвано любовью к Обдулии, которая вынуждена самостоятельно зарабатывать на жизнь после разорения своего отца: «Виктор тогда находил основу своего бытия в том, что в его жизни была Обдулия, как если бы она наполняла его самой жизненной сутью» (*исп.* Víctor vivía ya de la presencia de Obdulia, somo si fuera ella quien le comunicase la conciencia de la vida) [Díaz Fernández 1989: 50]. Выступая в роли танцовщицы, девочки по вызову и путешествующей модели, Обдулия набирается жизненного опыта, необходимого для изменения ее политических взглядов, и сталкивается с дегуманизацией трудящихся, которая становится очевидной в гротескно искаженном образе борделя: «В этом ужасном, чудовищном доме Эсперансы, с паноптикумом приходящих туда дегенератов, я бы умер, если б мне и дальше пришлось вжиматься в эту ходящую ходупом постель» (*исп.* En la casa de Esperanza, horrible, monstruosa, con su desfile de hombres degenerados. «Me hubiera muerto allí si sigo en aquella cama turbulenta») [Там же: 73]. По иронии судьбы дом Эсперансы является не обителью надежды (по-испански *esperanza* и есть «надежда»), но юдолью отчаяния и отчуждения.

Эта тема отчуждения перекликается с последующим родом занятий Обдулии. Становясь путешествующей моделью, она выступает в роли механической Венеры и в результате переживает разделение тела и души, словно и в самом деле является человекоподобным механизмом. В ключевой главе этого романа под названием «Проклятие манекена» (*исп.* «Imprecación del maniquí») вездесущий гетеродиегетический рассказчик уступает место Обдулии как автодиегетическому рассказчику. Она именует себя механической Венерой, человеческим манекеном и актрисой; идеей, воплощенной в словах, связанных с актерской игрой: «Я притворяюсь, лицедействую и суфлирую» (*исп.* finjo, escenario и apuntador). В результате становится очевидным отчуждение, вызванное эксплуатацией ее молодости и тела. Вместе с тем Обдулия обрушивает жесточайшую критику на малодушную буржуазию и католическую церковь [Díaz Fernández 1989: 78–79].

> Yo, Venus mecánica, maniquí humano, transformista de hotel, tengo también mi traje favorito, mi elegancia de muchacha que sabe vestir para la calle, para el teatro y para el "te dansant". Conozco el color que arrastra a los hombres y el que impresiona a las mujeres. Finjo que voy a las carreras <...>. Soy una actriz de actitudes, una pobre actriz de trapo, que no puede siguiera llevarse las manos al corazón para hacer más patético el verso que dicta el apuntado [Там же: 78]

> [Я, механическая Венера, человеческий манекен, артист гостиничного жанра быстрой смены образа. У меня есть свой любимый костюм, моя девичья элегантность, подсказывающая мне, как одеться на улицу, в театр и на танцевальный вечер. Мне известно, какой цвет привлекает мужчин и какой впечатляет женщин. Я делаю вид, будто хожу на скачки <...>. Я актриса, играющая своими чувствами, актриса погорелого театра, даже не находящая в себе силы, положа руку на сердце, произнести вслух самую жалкую строчку, которую подсказывает суфлер.]

Образ Обдулии как символ отчужденного или объективизированного труда согласуется с прочтением этого романа Сьюзан Ларсон, которая усматривает в нем тему превращения человека в товар. В частности, она отмечает, что воплощенный в Обдулии образ «новой испанской женщины» пронизан «тревогой относительно роли женщины в обществе и растущим взаимопроникновением общественной и частной жизни» и эти проблемы роман «оставляет без решения» [Larson 2002: 275]. Ларсон в своем исследовании определяет главного героя Виктора как «мужчину, который относится к женщинам потребительски». Она отмечает, что женщины рассматриваются как продукты потребления в прямом смысле этого слова. Это подчеркивается дискурсом о моде и двумерным образом женского тела [Larson 2002: 276–277].

Здесь Диас Фернандес документально фиксирует, что «новая женщина» состоит не из плоти и крови, но из геометрических форм, пластиковой пленки, чувственного ореола и верхней одежды. Сочетание этих элементов и формирует образ современной женщины как продукта (здесь — в самом буквальном смысле этого слова). Именно против этого синтетического, поверхностного, дегуманизированного свойства и борется героиня романа «*La Venus mecánica*» Обдулия, пытаясь убежать от мира, где этот новый тип женщины принято считать позитивным результатом влияния новых технологий и социальных ценностей [Larson 2002: 277].

Обдулия спасается от своей жизни подиумной модели бегством только затем, чтобы обнаружить себя снова объективизированной, теперь уже в качестве любовницы дона Себастьяна, который безжалостно эксплуатирует шахтеров на своих рудниках. Как указывают Ларсон и Боуч, обнаружение героиней беременности приводит ее к осознанию всей глубины своей дегуманизации [Boetsch 1985: 121; Larson 2002: 293]. Как бы то ни было, в результате она получает возможность завершить трансформацию собственных политических взглядов. «Она не желала дитя рабства, дитя ненависти, зачатого во мраке. Она хотела ребенка, зачатого в любви, сотканного из полотна ее сердца прежде, нежели он облечется плотью; ребенка, которого она научит любить свободу и ненавидеть несправедливость» (*исп.* Ella no quería un hijo de la esclavitud, un hijo del odio, concebido en tinieblas. Quería un hijo del amor, sembrado en su corazón primero que en su carne; un hijo a quien habría de enseñar a aborrecer la injusticia y amar la libertad) [Díaz Fernández 1989: 135]. Обдулия хочет, чтобы ее ребенок был плодом любви, сыном чистого мужчины [Виктора], который также станет новым человеком, полным новых идей и полностью отделенным от буржуазии.

Le [al hijo] contemplo ya convertido en hombre, señor de un pensamiento nuevo, de una voluntad soberbia, de una conducta sin desfallecimiento. Lo que yo no tengo, lo que no tiene Víctor.

Pienso que un hijo puede justificar de algún modo mi paso por
la tierra, mi paso trémulo, que no acaba de atravesar la frontera
de los deseos [Díaz Fernández 1989: 158].

[Теперь я вижу его зрелым мужчиной, повелителем новой
мысли и носителем гордой воли, чье поведение не знает
слабости. Вижу его наделенным всеми качествами, которых
нет ни у меня, ни у Виктора. Наверное, ребенок способен
отчасти оправдать мой земной путь, исковерканную колею
моей судьбы, изрезавшей границы плотских желаний вдоль
и поперек.]

Отсюда видно, что Виктор и Обдулия — прозелиты новой
веры, живущие надеждой увидеть тех самых новых людей в своих детях. Впрочем, Испания еще не вполне готова к новому человеку. Гибель первенца молодой пары делает его подобием ритуальной жертвы, как это происходит в романе Гладкова «Цемент»,
а вовсе не мучеником, которого мы находим в романе Горького
«Мать».

Как и «La Venus mecánica», роман Бенавидеса «Un hombre de
treinta años» также описывает рост сознательности либерального
репортера Рамона Ариаса. В результате он задается вопросом о том,
отвечает ли существование республики насущным потребностям
текущего момента, и ставит под сомнение буржуазные ценности,
которые исповедуют его жена и семья. Переживая кризис сознательности, Рамон оставляет свою жену и отправляется в своеобразное путешествие по либеральным фракциям, меняя свои политические взгляды в каждом эпизоде. Окончательное изменение
его политических воззрений происходит под влиянием отношений
с Кармен, телефонисткой поразительной красоты, — он становится социалистом [Vilches de Frutos 1984: 258].

Аналогичное справедливо и для Амалии, героини романа
Ардериуса «La espuela». Социальная сознательность этой буржуазной девицы пробуждается в ходе непостоянных и зачастую
разрушительных отношений с другим героем, Луисом Моратой.
Прочитав отрывок из романа Л. Н. Сейфуллиной, Амалия переживает социальную трансформацию, в результате которой она

становится добровольной участницей тайного мира либеральной политики, где уже активно действует Луис. Описание этого явления, приведенное в рецензии на роман, перекликается с выделенным Катериной Кларк путем к сознательности.

Sólo falta ahora — mi querido Arderíus — que este gran pueblo nuestro, dormido al borde de la ruta, despierte y se levante y aporte a tus manos materiales vivos para la construcción de ese vibrante drama social que, entre dolores inefables, se está incubando en tu cerebro [Balbontín 1927: 13].

[Не хватает лишь одного, мой дорогой Ардериус, — чтобы наш великий народ, спящий на обочине Истории, однажды пробудился, поднялся и предал в ваши руки живой материал для создания столь колоритной общественной драмы, которая уже зарождается в вашей голове посреди неизъяснимых скорбей.]

Под влиянием Луиса Амалия становится новой женщиной и признает это сама.

Creo en ocasiones que soy dos mujeres: una, la de siempre, la que tú conociste y que después has tratado, y otra, una nueva, a veces triste y a veces irascible, que odia este mundo y ansia el nacimiento de otros. ¡En esta última mujer soy solamente espíritu! ¡Y eres tú el que lo has engrendrado! [Arderíus 1990: 157].

[Иногда я убеждена, что как женщина едина в двух лицах: одна, обыкновенная, которую вы встречаете, а затем проходите мимо, и другая, новая женщина, иногда печальная, иногда гневливая, ненавидящая этот мир и пекущаяся о рождении новых людей. И эта новая женщина — только мой дух! И вы, именно вы пробудили его во мне!]

Диалектика спонтанности и сознательности

И в русско-советских, и в испанских романах трансформация политического самосознания возникает в результате отношений «учитель — ученик». Это происходит благодаря диалектике спонтанности и сознательности, которая также служит мощной структурирующей силой романа, проявляющейся в ритуализированной трансформации из одного состояния в другое. Анна Крылова дает такое определение «спонтанности — сознательности».

> В советских исследованиях большевики обычно рассматривали идентичность рабочего класса сквозь призму парадигмы «спонтанность — сознательность». Согласно этой парадигме, идеальные рабочие-большевики, по необходимости, являются сознательными творцами истории, успешно преодолевающими спонтанную неудовлетворенность условиями своей жизни при капитализме — хаотичную, не до конца осознанную и толкающую на неверный путь. В отличие от рабочих, ведущих себя спонтанно, сознательные рабочие понимают свое классовое положение и свою историческую миссию. Именно сознательность помогает им разрушить капиталистическую систему и буржуазный уклад жизни [Krylova 2003: 1].

Катерина Кларк оперирует несколько иным определением «спонтанности — сознательности».

> В этой диалектической модели «сознательное» означает политическую деятельность, которая подчинена дисциплине. Над ней осуществляется руководство, ее контролируют. «Стихийность» служит синонимом деятельности, лишенной всякого политического руководства. Она носит спорадический, нескоординированный и даже анархический характер (например, спонтанные забастовки, массовые восстания и т. п.). Такая деятельность больше соотносится с широкими неперсонализированными историческими силами, чем с сознательными действиями [Clark 2000: 15].

Это диалектическое отношение не только помогает структурировать сюжет, но и «служит движущей силой прогресса», созданной путем «синтеза». Этот процесс «приближает человека к окончательности коммунизма» и в конце концов приводит к урегулированию «застарелого конфликта между индивидуумом и обществом» [Clark 2000: 16].

Диалектика спонтанности и сознательности служила движущей силой многих русско-советских нарративов, однако в испанской литературе сюжет движет именно стремление к сознательности, а ее прямое противопоставление спонтанности, импульсивности и инстинкту зачастую отсутствует. В этом отношении произведения нового романтизма теснее связаны с «Цементом» Гладкова. По замечанию Катерины Кларк, он полон своеволия и анархизма, возможно, даже более примитивен или сильнее подчинен безотчетным импульсам (как указывает Эрик Лорсон, «больше подвержен влиянию инстинктов») [Clark 2000: 80–82; Laurson 2006: 67]. В испанских социальных романах сознательность чаще всего переплетается с романтической побочной линией сюжета, отнюдь не выглядит статичной и, как правило, разнообразна в своих проявлениях. Например, в главе «Magdalena roja» из романа «El blocao», написанного Диасом Фернандесом о марокканских военных кампаниях Испании, импульсивность постепенно обуздывается и преодолевается рассудком, когда главный герой отказывается участвовать во второй бомбовой атаке, не получив соответствующий приказ командования [Díaz Fernández 1976: 78–85]. Ардериус, напротив, часто отдает предпочтение импульсу и инстинкту, принося разум в жертву. В этом отношении некоторые произведения нового романтизма тяготеют, скорее, к Глебу из романа «Цемент» или Василисе Малыгиной из одноименного романа Коллонтай, вскрывая склонность авторов к анархизму или к тому, что Крылова называет «классовым инстинктом» [Krylova 2003: 1]. Вместе с тем они продолжают героизировать страсть, ставя ее выше интеллекта. Это согласуется с настроениями испанского авангарда, и в особенности сюрреализма, как можно видеть в трагедии «Bodas de sangre» («Кровавая свадьба») Федерико Гарсиа Лорки[12].

Описывая эстетические тенденции Горького, испанская пресса также указывала на его резкую неприязнь к превосходству инстинкта или импульса над рассудком. В статье, вышедшей

---

[12] Колеккья отмечал важное место инстинкта и страсти в театральных постановках Гарсиа Лорки [Colecchia 1968: 38].

в мадридской ежедневной газете «ABC» во время Первой мировой войны, Горький предупреждает своих сограждан о том, как опасно действовать, повинуясь импульсам и инстинктам [Casanova 1917: 5]. В своем путевом дневнике, переведенном и опубликованном в Испании, Барбюс также подчеркивает важность, которую Горький придавал логике и разуму:

> La revolución es una fuerza lógica, pero es asimismo una fuerza armoniosa y moral. Se alimenta de la reflexión y del entusiasmo: los dos a la vez, porque es una fuerza viva y la vida es una y no se divide en dos partes entre la cabeza y el corazón [Barbusse 1931: 189].

> [Революция — это логическая сила, но аналогичным образом и сила гармонизирующая, и сила нравственная. Она взращивается размышлением и энтузиазмом: оба ингредиента требуются одновременно, а суть жизни — в цельности, ее нельзя разъять на две части, распределив между сердцем и разумом.]

Противоречие между аскезой и земной любовью

Новый романтизм и роман «Мать» объединяет то, что преобразование политических взглядов в этих произведениях происходит в процессе обретения сознательности и благодаря крепким связям между наставником и учеником. Тем не менее природа этих связей и структура соответствующих романов различны. Одним из аспектов агиографического тропа в романе «Мать» является аскеза, в данном случае — отсутствие личной жизни. Хотя Горький вряд ли согласился бы с этим, доведись ему такое услышать, Эрик Найман все же прослеживает в русской литературе тему аскетизма, связывая ее с русскими философскими убеждениями, бытовавшими на рубеже веков, и с «религиозно-утопической враждебностью к деторождению», в которой «и рождающий, и рождаемый подвержены тлению и несовершенны» [Naiman 1997: 29]. По утверждению Наймана, против самого процесса размножения выступали не только философы, но и русская интеллигенция, которая в поисках «формирования коллективного тела» увидела в половом сношении разделяющую силу.

> Соловьев, Бердяев и Федоров разделяли широко распространенное представление о любви как о деятельности, которая должна каким-то образом связывать индивида со своим народом, однако они не считали половое сношение удовлетворительным средством достижения этого единства. Соитие настолько же разделяет людей, насколько и объединяет, если не больше [Naiman 1997: 30–31].

В отличие от них испанские нарративы, за редким исключением, пренебрегают аскезой и превозносят романтическую любовь. Отброшенными зачастую оказываются и эротизм, и псевдотрадиционная нуклеарная семья, создание которой иногда сопряжено с трудностями, однако желанность этой цели не ставится под сомнение. Такой подход решает сразу несколько задач: во-первых, он помогает структурировать роман и создать интерес; во-вторых, романтические узы служат еще одним средством изменения политических взглядов. Кроме того, он помогает включить женщину в ту модель отношений, которая при Сталине примет патриархальный облик.

Пример побочной сюжетной линии романтического характера поджидает нас в романе «La Venus mecánica», где любовь Виктора к Обдулии заставляет первого пережить трансформацию сознания. Результатами этих отношений становятся гражданский брак и рождение ребенка. Далее их семья подвергается угрозе: Виктора сажают в тюрьму, а ребенок умирает. Впрочем, это, скорее, реверанс в адрес возможности существования подобной нуклеарной семьи при социализме, а отнюдь не отрицание самого понятия семьи. Аналогичная ситуация возникает в романе «La espuela», где Луис и Амалия открывают для себя платонические отношения, позже перерастающие в романтические. Его трансформацию едва ли можно назвать нравственной (он уже обратился в новую веру, решив участвовать в политической борьбе), а вот ее трансформация сугубо политическая. Тем не менее судьба уготовила влюбленным расставание [Vilches de Frutos 1984:

226–227]. Рамон Ариас, герой романа «Un hombre de treinta años», достигает политической сознательности благодаря отношениям с молодой синдикалисткой по имени Кармен, однако позже убеждается, что «марксизм моногамен» (*исп.* El marxismo es monógamo) [Benavides 1933: 258, 270].

Наряду с романтическими отношениями эти тексты также содержат эротические элементы, резко контрастирующие с пуританством таких художественных произведений, как «Мать» и романы соцреализма, созданные в эпоху развитого сталинизма. Впрочем, если в русско-советских произведениях социальной направленности часто не найти ни любви, ни брака, то эротизм исключен из них далеко не всегда, особенно до середины 1930-х годов. В таких романах, как «Цемент» Гладкова, «Конармия» Бабеля и «Бронепоезд 14-16» Иванова, мы находим примеры зачастую насильственных половых сношений, напоминающие фрагменты из Ардериуса. Впрочем, вряд ли именно эти романы были источниками эротического содержания произведений нового романтизма. У тех были вполне конкретные предшественники в испанской литературе.

Как отмечают Бакли и Криспин [Buckley, Crispin 1973: 349], в романе «La espuela» мы находим очевидные примеры мазохистского (а иногда и непристойного) эротизма. Он бросается в глаза в тех отрывках, где читатель подглядывает за персонажами. Например, в любовной сцене в такси с участием обоих главных героев, где едва не доходит до насилия, и при их первом исступленном половом сношении на лестнице пансиона [Arderíus 1990: 106, 120–122]. Эротические эпизоды можно найти и в двух других испанских романах, но им не хватает откровенной жестокости текстов Ардериуса. Они, скорее, развиваются в русле советских романов 1920-х годов. Основное отличие испанских произведений от советских состоит в следующем: ось отношений «учитель — ученик» чаще всего показана с помощью эротической или романтической связи (как минимум в романах авторов нового романтизма — мужчин — в отличие от писательниц). В результате возникает любопытное переплетение любви и политики, знаменующее серьезный отход от аскетической парадигмы Горького.

Хронотопы

Изучение этих текстов сквозь призму работы Бахтина «Формы времени и хронотопа в романе» позволяет вскрыть и приводные механизмы романтического побочного сюжета в новом романтизме и в структуре романа воспитания (*нем.* Bildungsroman), ведь в новом романтизме применяется именно эта структура. Бахтин предлагает три типа хронотопов (хронотоп в дословном переводе — «времяпространство»). Этот термин служит для описания «слияния пространственных и временных примет в осмысленном и конкретном целом» [Бахтин 1975: 234–235]. Для настоящего исследования важны два хронотопа: авантюрного времени, берущий начало в греческом романе, и буднично-бытовой, в центре которого — решающие моменты жизни человека[13]. Первый описывает статичного героя или героиню, которые находятся внутри сюжета, состоящего из серии случайных встреч и исчезновений. Все действие такого произведения происходит между первой встречей молодых людей и их вступлением в брак. Случай разъединяет влюбленных, а затем, после долгого времени, они объединяются снова, возвращая в роман необходимое равновесие [Бахтин 1975: 237–239, 257]. Во втором хронотопе персонаж переживает «метаморфозу», ведь именно «на основе метаморфозы создается тип изображения целого человеческой жизни в ее основных переломных, *кризисных* моментах». Это изображение необходимо, чтобы показать, «*как человек становится другим*» [Бахтин 1975: 266] (выделено в оригинале).

Изучая «Мать» и романы нового романтизма с применением хронотопов Бахтина, можно обнаружить, что русское произведение представляет собой роман второго типа. В нем персонажи переживают трансформацию, которая напоминает смерть и перерождение. Предвестником трансформации служит религиозная

---

[13] Третий тип хронотопа, площадь («агора»), то есть время, связанное с биографией или автобиографией, не имеет прямого отношения к произведениям, рассматриваемым в этой главе.

риторика [Бахтин 1975]. Напротив, в произведениях нового романтизма мы наблюдаем слияние обоих хронотопов, а именно — авантюрного времени и будничнобытового. Следовательно, в этих романах можно обнаружить множество нарративных приемов, которые мы находим в характерном для греческого романа хронотопе авантюрного времени, пусть и претерпевших значительные изменения (например, таких как происхождение, невинность, брак и т. п.).

> Юноша и девушка *брачного возраста*. Их происхождение *неизвестно, таинственно* <...>. Они *неожиданно* встречаются друг с другом <...>. Они вспыхивают друг к другу *внезапной и мгновенной* страстью, непреодолимою, как рок <...>. Однако брак между ними не может состояться сразу. Он встречает препятствия, *ретардирующие*, задерживающие его. Влюбленные *разлучены*, ищут друг друга, находят; снова теряют друг друга, снова находят. Обычные препятствия и приключения влюбленных: похищение невесты <...>, *несогласие родителей* <...>, покушение на невинность героя и героини <...>, *продажа в рабство* <...>, искушения целомудрия и верности, ложные обвинения в преступлениях <...>. Кончается роман благополучным соединением возлюбленных в браке [Бахтин 1975: 237–238].

Многие из этих элементов встречаются в некоторых романах, рассматриваемых в данной главе, или даже в каждом из них. В романе «La Venus mecánica» мы находим завязку романтических отношений, которые по прошествии времени превращаются в нечто напоминающее брак. Есть здесь и типичные осложнения, характерные для романтического сюжета: юноша теряет девушку, происходит покушение на невинность героини (в данном случае успешное), Обдулию буквально продают в рабство в качестве наложницы и модели (манекена, «механической Венеры»). Многое в романе происходит по воле слепого случая, особенно поначалу, и ничуть не зависит от осознанных решений главного героя. В романе «Un hombre de treinta años» парадигматическая пауза между встречей двух молодых людей и их женитьбой становится промежутком между усталостью Рамона от своей жены (и поисками самого себя) и возвратом к ней, чтобы посвятить себя своему браку и недавно обретенному политическому самосознанию. В романе «La espuela» мы обнаруживаем случайную встречу Луиса и Амалии в пансионе. Мизогиния Луиса и расставания, вызванные отношениями Амалии с вымышленным Раймундо, заметно осложняют эти отношения. Можно утверждать, что нестойкие чувства Луиса к Амалии — это колебания между аскезой и любовью, которые разрешаются в пользу последней. Впрочем, еще более точным представляется другое утверждение: это война со свободной любовью, которую проповедуют анархисты. Если Павел Власов в романе «Мать» отвергает романтические отношения, чтобы посвятить свою жизнь политической борьбе, то Луис сначала желает лишь плотских отношений с женщинами, что отнюдь не чуждо советской литературе. Например, роман «Цемент» также содержит отдельные, полные страсти эпизоды, изображающие романтическое влечение мужчин и женщин. Мы не находим здесь никаких постоянных отношений, способных отвлечь персонажей от служения священному делу коммунизма. Если считать «La espuela» первым романом сознания в новом романтизме, то его можно рассматривать как спор о преимуществах аскезы, анархической свободной любви и любви традиционной, буржуазной. Этот вектор напряженности остается очевидным во многих романах подобного рода[14].

---

[14] Роман «La duquesa de Nit» («Герцогиня ночи») Ардериуса, первое произведение нового романтизма, в некоторых аспектах является архетипичным для всех романов сознания (исп. novelas de conciencia), при этом не будучи чрезмерно политизированным. Герцогиня обретает искупление через любовь к своему бывшему слуге, и их обоих можно рассматривать как представителей двух враждующих классов общества. Это самое настоящее пробуждение политического самосознания, которое заключается в слиянии двух общественных классов, а также в подспудной критике современной классовой разделенности общества. Тем не менее во многих других аспектах данное произведение отходит от этой модели.

Деперсонализация

Главные герои романа «Мать» и нового романтизма не соответствуют ни реалистической, ни натуралистической традиции, основное стремление которых — описать психологическое развитие и сложный внутренний мир героя[15]. Эти герои, скорее, показывают пример того, как должен действовать новый человек. Здесь они примыкают к тестимониальной литературе и агиографии, предлагающим образец христианской жизни[16]. Как указывает Кэрил Эмерсон, в русско-советской литературе положительный герой был «чем-то вроде святого аскета православной церкви» [Emerson 1999: 274][17]. Для Катерины Кларк он служит образцом «нового человека», примером для подражания, который символизирует «то, что должно быть», в отличие от «менее значимых положительных героев или иногда даже отрицательных героев», которые изображают «то, что есть» [Clark 2000: 46].

Эти тенденции были предсказаны еще в 1888 году Энгельсом в его письме к Маргарет Гаркнесс по поводу ее романа «Городская девушка». Автор письма замечает: «Если я что-либо и могу подвергнуть критике, то разве только то, что рассказ все же недостаточно реалистичен. На мой взгляд, реализм подразумевает, помимо правдивости деталей, правдивость воспроизведения типичных характеров в типичных обстоятельствах» [Энгельс 1965: 35]. Это письмо служит источником для одной из частей формулы соцреализма, объединяющей в себе достоверное и типичное в жизни. Впервые она была высказана Ждановым в его речи на Первом всесоюзном съезде советских писателей:

---

[15] По замечанию Н. Л. Гурфинкель, Павел Власов из романа «Мать» представляет собой «схематичную, безжизненную фигуру» [Gourfinkel 1960: 74].

[16] На самом деле испаноязычные издания этого произведения вышли в Аргентине, поэтому они не являются испанскими в полном смысле этого слова.

[17] Для Гурфинкель герои Горького и Достоевского — жертвы набирающих силу капиталистических систем. Главный герой первого — «деклассированный крестьянин или мастеровой», связанный с «коллективностью» и «набирающим силу классом пролетариата». Главный герой второго — бывший представитель аристократии, утративший свой социальный статус и несущий на своих плечах «личную трагедию» [Gourfinkel 1960: 72–73].

> Товарищ Сталин назвал наших писателей инженерами человеческих душ. Что это значит? <...> Это значит, во-первых, знать жизнь, чтобы уметь ее правдиво изобразить в художественных произведениях, изобразить не схоластически, не мертво, не просто как объективную реальность, а изобразить действительность в ее революционном развитии [Жданов 1953: 4].

Далее в своей речи Жданов говорит буквально следующее: советская литература должна быть тенденциозной и должна «уметь показать наших героев» такими, какими они должны быть: литература «должна уметь заглянуть в наше завтра», а не показывать героев такими, какие они есть сейчас [Жданов 1953: 9]. Также следует отметить, что в этом отрывке Жданов упоминает Горького: «...в этом отношении неоценима помощь Алексея Максимовича Горького, которую он оказывает партии и пролетариату в борьбе за качество литературы, за культурный язык» [Жданов 1953: 10]. Для Добренко именно Горький, а не Жданов выступает автором формулы соцреализма.

> Нет, не Жданов изобрел формулу соцреализма, высказанную им в своей речи на Первом всесоюзном съезде советских писателей. Не он первым заявил о необходимости «правдиво... изобразить действительность в ее революционном развитии», когда призвал писателей «заглянуть в наше завтра». Эта чеканная формула принадлежит Горькому <...>. Всего за четыре года мысли Горького перековались в отточенные формулировки, легшие в основу Устава Союза писателей СССР [Dobrenko 2001: 364].

Как бы то ни было, в аргументации Катерины Кларк есть один недочет, а именно — выделяемые ею периоды. Обратимся к замечанию Реджина Робина.

> Чтобы изучить прообраз советской художественной литературы сталинской эпохи, Кларк предприняла анализ романа, появление которого предшествовало окончательному формированию модели и самого понятия о романе после-

военного периода. Это влечет за собой определенные проблемы. Многих советологов отнюдь не заботит периодизация литературных форм. <...> Лично я не разделяю такую точку зрения. Для меня периодизация была и остается вопросом первостепенной важности [Robin 1992: 255].

Тем не менее, несмотря на трудности периодизации, лишь единичные критики расходятся с оценкой Катерины Кларк: многие особенности этого движения просматривались еще в романах «Мать» и «Цемент», включая характеризацию.

В отличие от главного героя реалистического романа персонажи Горького «деперсонализированы» или, скорее, даже коллективизированы. Они символизируют типичных революционеров, членов партии и т. п. Типичность дает возможность преувеличить черты персонажа в том аспекте мимесиса, который свойственен, скорее, Платону, нежели Аристотелю[18].

Положительный персонаж, представленный в виде идеала, а не фактического образа, символизирует собой народные массы или коллективное сознание. В результате художественное произведение с дидактической нагрузкой учит людей вести себя как главный герой, который жертвует собой ради политической борьбы (в прямом или переносном смысле). В результате возни-

---

[18] Платон предлагает идеализированную концепцию мимесиса, поскольку «постулирует наличие трех уровней реальности, таких как уровень идеальных или архетипичных форм, онтологическая достоверность которых не может подвергаться сомнению; уровень наблюдаемых объектов или феноменов, представляющих собой не более чем бледные отражения идеальных форм; а третий уровень состоит из образов, которые составляют миметические искусства в целом и литературу в частности, и образцом для них служит воспринимаемая реальность, которая, в свою очередь, является несовершенной копией более подлинного бытия. Следовательно, прямая литературная имитация лежит двумя уровнями ниже истинной природы вещей, и по-настоящему честолюбивое реалистическое искусство должно подниматься над сплошь и рядом зыбким материальным миром, дабы приблизиться к идеальной реальности, отличной от его внешнего облика» [Villanueva 1997: 6–7]. Взгляд Аристотеля противоречит «строго миметичному принципу концепции Платона. Аристотель отождествляет его [*мимесис*] с *репрезентацией реальности*» [Villanueva 1997: 7] (выделено в оригинале).

кает преувеличение отдельных сторон положительного или отрицательного персонажа. Причину этого Кларк видит в том, что персонажи служат «символическим средством», с помощью которого реализуется диалектика «спонтанности — сознательности» [Clark 2000: 46–47].

> Диалектика мысли и чувства, которая в ранних романах раскрывалась через категорию самости, в «Матери» переросла во внеличностную диалектику (между стихийностью и сознательностью), где характеры являются символическими проводниками [Clark 2000: 57].

В этой связи она дает следующий комментарий:

> Портрет Павла в романе не единственный: он деперсонализирован и в большей степени является функцией его политической идентичности, чем личностной. Все сознательные революционеры в «Матери» наделены сходными, в высшей степени формализованными портретами.

Применение этого литературного приема она прослеживает до средневековых сказаний о князьях и святых [Clark 2000: 58]. Согласно теории Нины Гурфинкель, женские персонажи Горького, за некоторым исключением, были «двуликими существами», имевшими «душу и матери, и святой одновременно». По ее мнению, предшественников этих персонажей мы находим в прозе Достоевского [Gourfinkel 1960: 74–75]. Очевидно, Пелагея Ниловна из романа «Мать» полностью соответствует этому стереотипу.

Можно утверждать, что аналогичная разновидность характеризации определяет облик положительных и отрицательных персонажей нового романтизма, которые благодаря деперсонализации могут представлять свой класс или конкретную политическую идеологию. Вильчес де Фрутос рассматривает их сквозь призму монографии Нортропа Фрая «Anatomy of Criticism», воспринимая как персонажей одного из двух типов, таких как «эйрон» или «алазон». При этом критик отмечает, что первый термин наделяет персонаж своеобразным ореолом, характерным для мифических и эпических героев.

Los "ieron" se caracterizarán por su bondad y valor frente a las condiciones adversas, lo cual les transmitirá un carácter mítico propio de los héroes de la épica. Son personajes representativos, cuyas acciones y vivencias son el símbolo de las de cada individuo que forma la colectividad [Vilches de Frutos 1982: 40–41].

[Возможно, основные черты характера «эйрона» — доброта и смелость перед лицом неблагоприятных обстоятельств. Он наделен мифическими свойствами, характерными для эпических героев. Это репрезентативные персонажи, жизнь и деятельность которых символизируют жизнь и деятельность каждого индивида в составе общества.]

Писатели нового романтизма, озабоченные регуманизацией литературы, не спешили полностью отказываться от сугубо человеческой сложности своих персонажей, что можно наблюдать в романе Горького «Мать», романах соцреализма 1930-х годов или даже в испанских авангардных романах. Личностное развитие персонажей романов «La espuela», «La Venus mecánica», «Un hombre de treinta años» позволяет им занять место выше героев «Матери». В этом аспекте они, скорее, напоминают персонажей «Цемента». Например, в романе «La espula» читатель зачастую проникает в сокровенные мысли Луиса, когда следит за внутренним монологом героя с его колебаниями и раздумьями над идеей увезти Амалию в Париж, чтобы оградить ее от влияния Раймундо [Arderíus 1990: 180]. Данный текст, львиную долю которого составляют внутренний монолог и диалог, дает массу информации о персонажах, пусть его телеграфный стиль и отличен от традиционного художественного текста. У читателя возникает впечатление, будто его бомбардируют короткими фрагментами, однако при этом каждый персонаж предстает перед ним вполне рельефно, вместе со своими многочисленными недостатками. Персонажи романа «La Venus mecánica» также отличаются большей глубиной проработки, нежели персонажи «Матери». Возьмем для примера нарративы от первого лица, передающие впечатления Обдулии от объективизации. Их легко найти в уже ставшей канонической главе «Imprecación del maniquí» (уже цитировавшейся выше). Эти нарративы эффективно решают задачу донесения до читателя внутреннего состояния героини. Глубину и жизненность персонажу также придают депрессия и двойственные чувства, обуревающие Обдулию после аборта. Согласись она лечь на операцию без малейшего сожаления, это выглядело бы неправдоподобным. Романтические и политические слабости Рамона Ариаса, ревность его жены к служанке и неуверенность и ошибки Кармен наделяют роман «Un hombre de treinta años» также более весомым жизненным правдоподобием и психологизмом. Следовательно, даже будучи чертой нового романтизма, деперсонализация не столь иконографична, как в русских произведениях. Последние, если верить Катерине Кларк, опираются на агиографических и сказочных героев, укладывающихся в четкие формулы. Кроме того, положительные герои испанских романов иногда проявляют более выраженные негативные черты, чем персонажи романа «Мать», положительные герои которого окружены более ярким орсолом святости; впрочем, первые в этом отношении иногда напоминают Глеба из романа «Цемент».

Более того, следует заметить, что деперсонализация в новом романтизме отнюдь не означает отхода от того способа изображения персонажей, который присущ испанским авангардным романам. Зачастую последние оказываются еще более схематичными. Густаво Перес-Фирмат в своих статьях отразил характерную для испанской авангардной прозы склонность к схематизации персонажей. Художественные тексты многих писателей, среди которых Бенхамин Харнес, Педро Салинас и Антонио Эспино, указывали на «исчезновение» традиционной для романистов «озабоченности созданием правдоподобных персонажей. Вместо них мы находим зыбкие, почти невесомые фигуры» [Pérez-Firmat 1982: 99]. Можно смело утверждать, что новый романтизм заимствовал склонность испанского авангарда к деперсонализации ради создания «нечетких» персонажей, символизирующих целые классы общества.

Новый романтизм отходит от большинства русско-советских работ, изображая вместо рабочих масс городскую интеллигенцию. Почти половина главных героев рассматриваемых в этой книге произведений относятся к рабочему классу. Это романы «La fábrica» Гарситораля, «La turbina» Арконады, «Tea Rooms» Карнес, отдельные рассказы Леона и роман Сендера «Imán», тогда как романы «Mosko-Strom» Арсиньеги, «La espuela» Ардериуса, «Un hombre de treinta años» Бенавидеса, «El blocao» и «La Venus mecánica» Диаса Фернандеса изображают интеллектуалов. В этом можно увидеть точное отражение разнообразных тенденций, характерных для Советской России в 1920-е и в самом начале 1930-х годов, еще до того, как соцреализм прочно утвердился в качестве преобладающей романной формы. Главные герои этих произведений могут принадлежать к рабочему классу (например, как у Горького и Гладкова) или же быть представителями интеллигенции (как у Бабеля). Авторами этих произведений могли выступать попутчики — примкнувшие к революции интеллектуалы наподобие Маяковского — или же пролетарские писатели, произведения которых были менее выдающимися с точки зрения эстетики.

Пространство и время

При описании положительных персонажей как примеров для подражания авторам обычно приходилось помещать их в контекст текущего времени. Из этого правила есть несколько примечательных исключений. Например, романы «Los principes iguales» («Равные принцы») (1928) Ардериуса и «Три толстяка» (1928) Ю. К. Олеши представляют собой политические сказки, действие которых происходит в вымышленном месте и времени. Впрочем, оба текста несут в себе ярко выраженный революционный запал. Еще одна особенность соцреализма и его предшественников состоит в выборе места действия произведений. Чтобы иметь возможность напрямую обращаться к проблемам, стоящим перед обществом, писатели всегда помещают своих героев в контекст современного мира. Роман «Мать» содержит беллетризованное описание событий, имевших место в действительности. Большинство раннесоветских текстов также повествуют о реальных местах и либо реальных, либо типичных событиях, так или иначе происходивших (например, о строительстве заводов, о Гражданской войне и т. п.). Среди примеров можно выделить художественные произведения о Гражданской войне, такие как «Конармия» 1924–1926 годов И. Э. Бабеля («La caballeria roja», 1927) и «Железный поток» 1924 года А. С. Серафимовича («El torrente de hierro», 1930), а также два романа о НЭПе, «Двенадцать стульев» 1928 года И. Ильфа и Е. Петрова («Doce sillas», 1930) и «Зависть» 1927 года Ю. К. Олеши, которые не публиковались в Испании в 1920-е или 1930-е годы, однако получали вполне благосклонные рецензии.

Та же самая предрасположенность к изображению актуального времени и места очевидна в большинстве романов нового романтизма. Как указывает Мария Вильчес де Фрутос, место действия почти всех произведений, за исключением некоторых исторических работ, совпадает с историческим периодом жизни и деятельности их авторов [Vilches de Frutos 1984: 39]. Связь с текущим временем и местом подчеркивает социальный посыл этих произведений. Этот посыл, по меткому замечанию Вильчес де Фрутос, можно связать с творчеством Горького [Vilches de Frutos 1982: 36].

Действие романов «La espuela», «La Venus mecánica» и «Un hombre de treinta años» происходит в современном автору Мадриде: первый рассказывает о событиях 1926 года, второй повествует о периоде незадолго до Республики, а третий — после ее создания. В их текстах можно найти множество названий улиц и конкретных мест, таких как Аточа, Гран Виа, Орталеса, Ла Сибелес. Их мгновенно узнает всякий, кто хоть раз бывал в Мадриде. Это придает каждому из данных произведений огромную степень достоверности. Более того, становится очевидной и актуальность всех происходящих событий. Например, в романе «La Venus mecánica» обсуждаются текущие политические и исторические события. Опубликованный в 1933 году роман «Un hombre de treinta años», фоном которого служат события периода Республики, представляет собой мрачное предсказание кровопролитной Гражданской войны, разразившейся три года спустя.

Безусловно, столь пристальное внимание к подробностям современной жизни было отнюдь не в новинку для испанской литературы. Предшественников подобного метода можно найти в пьесе «Luces de Bohemia» («Огни Богемии»), где описаны кафе и улицы Мадрида, а также настоящие люди (например, близкий друг автора Рубен Дарио). Цикл Гальдоса «Novelas contemporaneas» («Современные новеллы») и ранние романы Барохи, такие как «La busca» («Поиск»), также содержат реалистичное описание современного автору Мадрида. Тем не менее очевидно и другое: новый романтизм сильнее акцентирует внимание на актуальных политических событиях, чем произведения более ранних испанских писателей. Гальдос, наряду с другими писателями реалистического и натуралистического направлений, практикует завуалированную критику общества, тогда как Валье-Инклан обходится с этой темой без обиняков. Взять, например, высказывания об Испании Макса Эстрельи, одного из персонажей пьесы «Luces de Bohemia», или критику коррумпированных латиноамериканских диктатур, которая затрагивает и Испанию, в романе «Tirano Banderas». Новый романтизм практикует неприкрытую критику и преследует сугубо дидактическую цель — научить, наставить общество, тем самым претворив в жизнь социальные изменения. Здесь он следует примеру советской литературы.

Эстетика

Еще одно существенное различие между авторами нового романтизма и Горьким затрагивает область эстетики и писательского мастерства. В частности, роман «Мать», где Горький отходит от использования более привычных образов бродяг и босяков, пресса восприняла в штыки. Несправедливость подобного отношения очевидна. Оно вырастает из пренебрежения многими литературными феноменами, которые имеют место внутри текстов Горького, из желания свести их к неказистым и тенденциозным притчам об изменении политических взглядов. Аналогичной критике иногда подвергались авторы нового романтизма, большинству которых по очевидным политическим причинам заткнули рот при режиме Франко (1939–1975). Однако верно и то, что многие из авторов нового романтизма удостаивались высоких оценок за свои достижения в области эстетики, и в особенности — упомянутая в этой главе троица авторов. Высокое мастерство произведений нового романтизма становилось предметом внимания многих критиков [Bosch 1971: 59–60; Esteban, Santonja 1987: 11; Fuentes 1980: 54–55; García de Nora 1962: 12; Vilches de Frutos 1982: 43–57]. В частности, Бенавидес нередко удостаивался похвалы за высокое качество его художественных произведений [Corrales Egea 1971: 28; Fuentes 1980: 62; García de Nora 1962: 22–23]. Те же самые критики восхваляли объективность и эстетическую привлекательность произведений Диаса Фернандеса [García de Nora 1962: 25–27]. Нарочито туманные тексты Ардериуса иногда редуцируются до чистого диалога, который проносится мимо читателя в сугубо футуристической манере. Отвергая дегуманизирующий аспект авангардной литературы, эти авторы не отбрасывали ее эстетические тенденции. Стоит отметить, что Диас Фернандес превозносил знаменитого футуриста Маяковского, называя его символом того, чем должна быть испанская авангардная литература.

Диас Фернандес вовсе не пренебрегал стилизацией дегуманизированного искусства, а лишь указывал на отсутствие в нем референции к человеку. Произведения нового романтизма имеют множество особенностей, связанных с эстетическими тенденциями авангарда. Сюда входят метафикциональная рефлексия, формальная фрагментация, телеграфный язык, кинематографический монтаж, сюрреалистические образы и расширенные метафоры. Ортега-и-Гассет подчеркивал роль, которую играют стилизация и дегуманизация, а также важную роль метафоры. Согласно его определению, современная поэзия — это «высшая алгебра метафор» (*исп.* el algebra superior de las metáforas) [Ortega y Gasset 1967: 46]. Такой взгляд резко расходится с пониманием метафоры Диасом Фернандесом (по мнению которого метафора должна быть общеизвестной), однако отчасти объясняет, почему последний продолжил многие из стилистических тенденций авангарда.

El arte nuevo, es precisamente una fuga de lo real, una interpretación de las propias ideas, que son la propia irrealidad. <...> El instrumento más eficaz para [desrealizar o deshumanizar] es la metáfora, tan útil al arte moderno. La metáfora es la figura real, plástica, estilizada, sintética de la idea. Y el pueblo es el gran señor de las metáforas, de los símiles, de las comparaciones, hasta el punto de que lo entenderá todo por medio de la metáfora. El "folk-lore", idioma artístico del pueblo, es una pura metáfora [Díaz Fernández 1927a: 8].

[Новое искусство — это не что иное, как бегство от реальности, интерпретация тех самых идей, которые целиком и полностью реальности противоречат. <...> Самое эффективное средство для этого — метафора, весьма полезная в современном искусстве. Метафора — это подлинное, пластичное, стилизованное, синтетическое описание идеи. А простой народ — это великий повелитель метафор, сравнений, сопоставлений, вплоть до того, что применяет метафору для объяснения всего на свете. Фольклор, то есть художественный язык фольклора, представляет собой метафору в чистом виде.]

Авторы нового романтизма также разрабатывали в своих романах темы, связанные с эстетикой авангарда, такие как футуристические машины и механизмы, городской космополитизм, стремительный темп жизни, кинематографичность, игривость, игры и сны. Эти инновации стиля и темы кардинально отличаются от наблюдаемых в романе «Мать», хотя и преобладают в некоторых других движениях современной советской литературы в 1910-е и 1920-е годы. Многие из этих элементов можно найти в романе «La espuela», однако, возможно, наиболее ошеломительный из них — невротический и сюрреалистический стиль Ардериуса. Он заметен в сцене сна, где Луис объясняет смысл шпоры — охватывающего весь текст метонимического средства, именем которого названа книга.

Y, después de pensar eso, [Luís] entornaba los ojos y veía una amazona con una enorme espuela cabalgar por una cuesta arriba. La amazona era Amalia; el caballo, sangrándose los ijares él; y la espuela iba repujada con caras gemelas de un ser desconocido [Arderíus 1990: 180].

[Наконец, закончив размышлять об этом, [Луис] прикрыл глаза, и перед его внутренним взором предстала амазонка с огромной шпорой верхом на лошади. Амазонкой была Амалия; лошадью с окровавленными боками был он сам, а на шпоре была чеканка — два профиля неизвестного человека.]

Для создания этого аллегорического образа используется множество разных слов: амазонка, шпора и окровавленные бока лошади выражают тревогу и бессилие Луиса, как если бы он был раненым животным с окровавленными боками, на котором восседает терзающая его амазонка. Сюрреалистический подтекст его видению (или сну) придают шпора, на которой выгравированы два профиля неизвестного мужчины, и громадный размер самой амазонки.

Помимо метафорических и сюрреалистических элементов, структура этого произведения содержит весьма короткие, фрагментированные главы, во многом состоящие из диалогов или свободной прямой речи, оформленной в виде коротких фрагментов в телеграфном стиле. Доступная читателю скорость прочтения этих отрывков вкупе с натуралистически откровенным и нарочито туманным стилем текста создает впечатление бешеной скачки сквозь время. Отдельные главы имеют объем от менее чем половины страницы до целых тринадцати, а параграф иногда сжимается до одного предложения или даже до отрывка предложения. Это хорошо заметно в главе 26-й, которую мы приведем ниже:

No había duda, Amalia y Luís tenían los espíritus enlutados.
Alguien se les había muerto y sufrían su ausencia.
A ella y a él se les aparecía de vez en cuando el espectro del difunto.

Pero ninguno de los dos revelaba la sombra de ultratumba y la ocultaban en el mayor secreto.

Como el agua para los juncos, era necesaria para el amor de la pareja aquella vida apagada.

Seca el agua, se agotaron los juncos.

Muerto... Raimundo, el caballo, aquél que veía Luís, se entregó en la carrera, y el jinete, desvalido en el suelo, suspiraba reclinado en la grupa.

¡Y el espectro de la espuela rodando por los corazones! [Arderíus 1990: 233]

[Без сомнения, то была скорбь души Амалии и Луиса. Некто близкий умер, и они оплакивали его отсутствие.

Временами дух умершего являлся и ей, и ему.

Но никто из них двоих не стремился пролить свет на загробное бытие усопшего, сохраняя его в величайшей тайне.

Эта истаявшая жизнь была необходимой основой их любовной связи, словно вода для тростника.

[Когда] вода уйдет, тростник увянет.

Мертв... Луис видел Раймундо, лошадь, павшую в дикой скачке. Ее обессилевший наездник лежал на земле, откинувшись к лошадиному крестцу и хватая ртом воздух.

И по орбите вокруг их сердец летел призрак шпоры!]

Этот отрывок, также разбитый на фрагменты (см. последнюю строку), продолжает аналогию лошадей и шпор. Персонажи одушевляются и объективируются: вымышленный Раймундо — это и шпора, и лошадь, которая затем умирает. Луис — это и всадник, лежащий на земле и ловящий ртом воздух, и лошадь, в бока которой вонзаются шпоры Амалии (амазонки). Эти образы сливаются воедино, изображая смерть вымышленного Раймундо. Шпора служит символом их отношений, а также конца любовной связи, которая увяла, как высохший тростник.

В романе «La Venus mecánica» Диас Фернандес также использует охватывающий весь текст метонимический прием, а именно механическую Венеру. Автор применяет его для описания объективации Обдулии до пробуждения ее политической сознательности. Машинерию, которая имела позитивную коннотацию в более раннем авангарде, это поколение теперь связывает с дегуманизацией. Пример чрезвычайно фрагментированного отрывка мы находим в конце 16-й главы. Затем точка зрения меняется: вместо экстрадиегетического рассказчика мы имеем вездесущего рассказчика, которому ведомы чувства Обдулии. Потом фокализация сдвигается в сторону Обдулии, и читатель «слышит» текстовый монтаж случайных комментариев, которые градом обрушиваются на персонажа.

Obdulia hubiera huido de entre baúles y muestrarios, rompiendo la valla de señoras fofas y de muchachitas impertinentes que la curioseaban a ella mucho más que a los vestidos que exhibía.
— Ese color no me gusta. Vuélvase usted, haga el favor...
— Claro... Con ese cuerpo, todos los vestidos parecen bien.
— A mí me agradaría el mismo corte en azul. ¿No es verdad que parece demasiado sencillo? [Díaz Fernández 1989: 78]

[Обдулия легко бы увернулась от нее, скрывшись в лабиринте распакованных тюков и вытащенной из них одежды, между которыми теснилась плотная толпа из пышнотелых женщин и нагловатых девушек, проявлявших куда больше интереса к ней самой, чем к ее показам платьев.
— Мне не нравится цвет. Вернитесь, пожалуйста.
— Да, конечно... На вашей фигуре любое платье смотрится великолепно.
— Мне нужен такой же фасон, только синего цвета. Вам оно не кажется простоватым?]

Фокальным персонажем этого отрывка является Обдулия. Вездесущий рассказчик, которому ведомы ее чувства и поступки в тех или иных ситуациях, лично описывает, что она должна слышать. Сразу вслед за этим отрывком идет переход к автодиегетическому голосу Обдулии в главе «Проклятие манекена» (исп. «Imprecación del maniquí»), где внутренний монолог применяется для передачи ее чувства отчужденности и ощущения объективации [Díaz Fernández 1989: 78].

Первый параграф главы 18-й под названием «Легенда о гостинице» (исп. «La leyenda del hotel») демонстрирует нам образный язык прозы Диаса Фернандеса, особенно его умелое использование сравнений, метафор и персонификаций. В этом отрывке он сравнивает гостиницу Обдулии с финикийским городом и плывущим в море кораблем, создавая живописные поэтичные образы, необычное столкновение и сочетание которых, скорее, характерно для сюрреализма. Например, «горизонт, колыхаемый ветрами, подобно отрезу материи, тщательно прибитый (усмиренный) гвоздями (блестящими шляпками) звезд».

> [E]l mejor hotel, el "Majestic", estaba sobre el puerto, y la estancia allí daba muchas veces la sensación de buque. Desde el comedor se veía el mar estriado, movedizo y largo: el horizonte, como una tela combada por vientos de trasmundo, bien sujeta por los clavos de las estrellas. <...> Los viajeros presenciaban desde allí las maniobras de las embarcaciones y veían las flexiones hercúleas de las grúas en las faenas de carga y descarga. Pasaban cogidas de las manos las vagonetas, se oía la tos gaseosa de los motores, y a ciertas horas, los marineros, vestidos de mahón, cruzaban dando bandazos con sus botas de agua, sus botas de mil leguas (de mil millas, porque esas botas cuentan su camino por singladuras). Estar en el hotel "Majestic" era como estar de paso en un puerto. Las noches de mar fuerte, el mar salpicaba las ventanas como las claraboyas de los camarotes, y la luna se abría en el interior sus venas de mercurio. <...> Los diálogos eran un "cock-tail" de modismos ultramarinos, con azúcar de tango y zumo de vidalita [Там же: 80].

> [«Маджестик», лучшая из местных гостиниц, располагался прямо над портом. Находясь в своем номере, вы легко могли вообразить, будто находитесь на борту корабля. Из обеденной залы виднелось море — то беспокойное, бурлящее, расчерченное полосками пены, то, наоборот, вялое и неподвижное. Горизонт напоминал кусок материи, трепещущей под ветрами со всех концов земли, удерживаемой золотыми шляпками звезд, словно гвоздями. <...> Отсюда путешественники могли наблюдать маневры пассажиров и грузов, видели геркулесовы усилия кранов, производивших погрузку и разгрузку. Изредка они проезжали мимо, уловленные открытыми автомотрисами; до нас доносился надсадный кашель моторов, а иногда моряки, одетые в хлоп-

ковую униформу, проходили перед нами, пошатываясь, словно при качке, обутые в моряцкие сапоги, прошедшие тысячи и тысячи лиг (или тысячи миль, ведь эти сапоги вели счет времени в морских сутках). Жизнь в «Маджестике» напоминала прогулку в порту. Ночью, при яростном море, его брызги долетали до наших окон, словно до освещенных изнутри иллюминаторов первого класса, и луна вскрывала перед нами его ртутные вены. <...> Мы проводили время за беседой, приправленной сладостным танго и соком видалиты.]

Многие фигуры речи, используемые в этом отрывке, чаще принято связывать с поэзией. Отель «Маджестик» описан как плывущий по морю корабль, у которого в парусах плещется ночь (сшитая из ветров парусина, пронизанная звездами), а льющийся из его иллюминаторов мягкий свет напоминает свечение ночного неба. Происходит персонификация различных машин и механизмов. Мы видим геркулесовы усилия (*исп.* flexiones) подъемных кранов, слышим надсадный кашель моторов, луна вскрывает перед нами ртутные вены бурного моря и т. п. В последнем предложении возникает синестезия на грани сюрреализма, где звуки проступают сквозь их словесное описание, затрагивающее не только сам звук, но и вкус, и даже иногда цвет, ведь испанское прилагательное *ultramarino* может означать как цвет — ультрамариновый синий (*исп.* azul ultramarino), так и «находящийся за морем». Эти беседы (диалоги) описаны как коктейль (смесь) иностранных оборотов с зарубежными идиомами с примесью сладостного танго и сока видалиты, латиноамериканской народной песни. Все это — символ слияния отдаленных мест и культур. Данный образ дополнительно подчеркнут упоминанием о моряцких сапогах, прошедших тысячи миль.

Бенавидесу также не чужда эстетика авангарда. Это заметно в том, как он изображает сцену столкновения протестующих с полицией. Описывая натиск конных полицейских, он сначала сравнивает их с внезапным наводнением, а затем — с кентаврами, среди прочего употребляя такие выражения, как «каменный дождь» и «громоподобные выстрелы».

Como una riada precipitóse calle abajo una masa amenazadora de hombres. <...> Sonó un trueno de disparos. Volaron en añicos unos cristales. Sobre los adoquines rebotaba una lluvia de piedras que lanzaban contra la policía unos centenares de sin trabajo. Los guardias de a caballo galopeaban apocalípticos. Arias vio caer a un hombre con la cabeza rota y rodar otros dos bajo los cascos de los centauros de uniforme [Benavides 1933: 39].

[Громадная масса людей, выкрикивавших угрозы и проклятия, ползла вниз по улице, как змея. <...> Рявкнула серия выстрелов. Во все стороны полетели осколки стекла. На каменную мостовую обрушился град камней, которые несколько сот безработных метнули в полицию. Конные полицейские пустили лошадей в галоп, словно вестники апокалипсиса. Ариас увидела, как человек упал с разбитой головой, а двое других очутились под копытами кентавров в стальных шлемах и униформе.]

Иногда Бенавидес берет на вооружение игривый юмористический стиль авангарда. Возьмем для примера эпизод из «Un hombre de treinta años», где происходит сожжение трех более ранних романов автора: «Lamentación» («Сетование», 1922), «En lo mas hondo» («На самом дне», 1923) и «Cándido, hijo de Cándido» («Кандидо, сын Кандидо», 192?). Рамон спрашивает: «Разве мы не можем как-то помочь бедному Кандидо?» (*исп.* ¿No podíamos hacer algo por ese pobre Candido?»). Студент отвечает: «Невозможно!» (*исп.* ¡Imposible!). И добавляет: «Невозможно. Мы не водимся с трусишками. А в двух других его книгах о плотской любви сказано столько, что их нельзя давать приличному человеку. К счастью, их почти никто не брал в руки» (*исп.* No queremos amistad con los tímidos. Y sus otros dos libros están llenos de tal preocupación sexual, que no pueden ponerse en las manos de ninguna persona decente. Por fortuna, no los ha leído casi nadie) [Benavides 1933: 232–233]. Эта сцена также служит примером рефлексии искусства над искусством. В следующем предложении упоминается Сервантес. Так читатель узнает, что Бенавидес играет в те же самые интертекстуальные игры, которыми Сервантес занимался в сцене сожжения книг из «Дон Кихота». Интертекстуальность также прослеживается в романе «La Venus mecánica», где Диас Фернандес предлагает вниманию читателя презрительное порицание авангарда, равно как и в романе «La espuela», где тоже звучит критика дегуманизации.

С точки зрения языка романы нового романтизма написаны едва ли не в поэтическом тоне, который временами бывает неясным. Напротив, роман «Мать», несмотря на романтическую гиперболизированность его персонажей, представляет собой, за редким исключением, четкий и понятный прозаический текст, написанный с оглядкой на традиционную канву реализма. Грубая речь рабочих и крестьян временами выбивается из общего поэтического мелодизма произведения. Это заметно во второй главе «Матери», где пьяный Михаил Власов возвращается домой, обкладывая все вокруг любимым ругательством «сволочь» (*исп.* canalla) [Горький 1986: 215; Gorki 1922d, 1: 11], и в диалоге между членами семьи. Ранние испанские переводы не отражают всей просторечной глубины этих словесных излияний. Неказистая, зачастую обсценная лексика придает тексту ощущение достоверности, вполне ожидаемой от миметических проектов реализма и натурализма. Следует заметить, что растяжимость и пластичность метафор, используемых Горьким в романе «Мать», все же несравнимо ниже, чем в произведениях писателей-модернистов.

> Así vivía el cerrajero Miguel Vlassof, hombre sombrío, de ojos pequeños, desconfiados y malvados, bajo el abrigo de unas espesas cejas. Era el mejor cerrajero de la fábrica y el Hércules del arrabal. Pero era grosero para sus jefes y por esto ganaba poco; todos los domingos apaleaba a alguno; todos le temían, no le quería nadie. Muchas veces habían intentado darle una paliza, pero nunca habían podido. Cuando Vlassof preveía una agresión, cogía una piedra, un tablón, una barra de hierro y, sólidamente afianzado sobre sus piernas separadas, esperaba al enemigo en silencio. Su rostro, cubierto desde los ojos hasta el cuello por una barba negra, y sus manos velludas, excitaban terror general. Se tenía, sobre todo, miedo a sus ojos penetrantes y agudos, que barrenaban a la gente como puntas de acero; cuando alguno

encontraba su mirada, se sentía en presencia de una fuerza salvaje, inaccesible al temor, dispuesta a golpear sin piedad [Gorki 1922d, 1: 9–10].

Так жил и Михаил Власов, слесарь, волосатый, угрюмый, с маленькими глазами; они смотрели из-под густых бровей подозрительно, с нехорошей усмешкой. Лучший слесарь на фабрике и первый силач в слободке, он держался с начальством грубо и поэтому зарабатывал мало, каждый праздник кого-нибудь избивал, и все его не любили, боялись. Его тоже пробовали бить, но безуспешно. Когда Власов видел, что на него идут люди, он хватал в руки камень, доску, кусок железа и, широко расставив ноги, молча ожидал врагов. Лицо его, заросшее от глаз до шеи черной бородой, и волосатые руки внушали всем страх. Особенно боялись его глаз, — маленькие, острые, они сверлили людей, точно стальные буравчики, и каждый, кто встречался с их взглядом, чувствовал перед собой дикую силу, недоступную страху, готовую бить беспощадно [Горький 1986: 214].

Более того, чрезмерно пристальное внимание нового романтизма к эстетике не исключает всех эстетических параллелей с советской литературой. Следует отметить, что многие советские произведения 1920-х и начала 1930-х годов принадлежали к модернизму, а некоторые соцреалистические тексты того периода, включая протосоцреалистические, предлагали куда больше эстетических инноваций, чем «Мать». По мнению Роберта Рассела, период модернизма в России относится к 1890–1930-м годам [Russell 1999: 210]. Некоторые из авторов, которых он причисляет к традиции модернистской прозы, публиковались в Испании в 1920-е и 1930-е годы (например, И. Э. Бабель, Андрей Белый, В. П. Катаев, Ю. К. Олеша, Б. А. Пильняк, Е. И. Замятин и М. М. Зощенко) [Russell 1999: 213–227; Schanzer 1972: 2–8, 36, 109–110, 130–131, 198–200][19]. Более того, в некоторых комментариях о Е. И. Замятине Рассел четко выделяет черты, которые можно

---

[19] Некоторые поэты русского модернизма также были хорошо известны в Испании (например, В. В. Маяковский, А. А. Блок, Б. Л. Пастернак и А. А. Ахматова).

связать с авангардом как таковым. «Злободневная беспокойная суета современной жизни требует краткости, сжатости, инновационного синтаксиса, образности и литературного словарного запаса, обогащенного провинциализмами, неологизмами, а также научными и техническими терминами» [Russell 1999: 217]. Использованная Замятиным единая главенствующая метафора напоминает шпору Ардериуса в романе «La espuela» и механическую Венеру Диаса Фернандеса.

> Замятин склоняется к использованию главенствующей метафоры. В каждом его произведении есть один ключевой образ, которому все подчинено. Впрочем, это становится ясно далеко не сразу, ввиду применяемого автором телеграфного стиля, затрудняющего рецепцию текста [Proffer et al. 1987: 4].

Высокий темп современной жизни находит свое отражение в романе «La espuela» (1927). Его также можно заметить в повести Иванова 1922 года «Бронепоезд 14-69» (*исп.* «El tren blindado 14-69», 1926), стремительный стиль которой превращает статичный текст романа в живое впечатление быстротечного времени, летящего мимо читателя с невероятной скоростью. В частности, «Бронепоезд 14-69», в отличие от «Матери», по большей части представляет собой диалог. Короткие параграфы, опущенные сочинительные связи, пренебрежение отдельными частями речи — все это напоминает произведения футуристов или прозу «La espuela». Давайте прочтем вошедшие в предисловие комментарии к испанскому переводу.

> *El tren blindado 14-69* tiene todas las virtudes de la literatura rusa: intensidad, plasticidad, un sentimiento de profunda compasión por los hombres y cosas y, al mismo tiempo, cierta incoherencia en la composición, que al pronto desconcierta al lector, pero que en breve se insinúa en su ánimo con palpitante energía. Cada capítulo constituye un cuadro separado, como enfocado desde distinto punto de vista, pero todos juntos forman las facetas de un volumen henchido de vida [Ivanov 1926: 9].

[«Бронепоезд 14-69» обладает всеми достоинствами русской литературы: интенсивностью, пластичностью, глубоким чувством сострадания к людям и вещам. Вместе с тем его композиции не хватает внутренней согласованности. Этот недостаток довольно быстро сбивает с толку читателя, однако вскоре наполняет его душу биением горячей энергии жизни. Каждая глава представляет собой отдельный краткий эпизод, показанный со своей точки зрения, но вместе они все образуют различные грани единого повествования, до краев наполненного жизнью.]

В следующем отрывке присутствует языковая пластичность и используются живописные образы: числа похожи на «снежные четки»; коротко стриженная голова, «точно огромная мясистая цифра 8», упадает «в огромные, как степные дороги, плечи».

Brillaban números ante los ojos: 85, 64 y también 0000... como un rosario de nieve: sobre las puertas del departamento, sobre el marco de la ventanilla, sobre la funda del revólver. Y en la cama suspendida, — como un 8 enorme y carnoso — la cabeza de pelo cortado al rape, hundida entre los hombros, enormes como caminos de la estepa, el suboficial Obab, ayudante del capitán Necelasov [Ivanov 1926: 11]

Цифры блестели перед глазами: 85, 64 и еще 000... как снежные четки... На дверях купе, на рамах окна, на ремне, на кобуре револьвера. Везде. Точно огромная мясистая цифра 8, на койке, упадая коротко стриженной головой в огромные, как степные дороги, плечи, — прапорщик Обаб, помощник капитана Незеласова [Иванов 1983: 9].

Регуманизаия испанской литературы

В дореволюционной и раннесоветской литературе новый романтизм обрел импульс к созданию нового литературного движения, органично сочетавшего в себе искусство и политическую ангажированность. Важным источником вдохновения для этой группы писателей служила реалистическая проза протосоцреалистов. Впрочем, процесс межкультурного заимствования из русской литературы в испанскую носил избирательный характер. Испанские авторы перенимали, переиначивали и отвергали различные аспекты русских произведений, которые, вообще говоря, отнюдь не были настолько единообразными и однородными текстами, как может показаться на первый взгляд. В числе таких заимствований можно отметить путь к обретению сознательности, политическую тенденциозность и троп перехода в иную веру. Перенимая отдельные аспекты русской литературы, испанские авторы вместе с тем отвергали некоторые из них (например, аскезу). Другие аспекты подвергались преобразованию, чтобы соответствовать испанским реалиям (например, отношения «учитель — ученик»). Однако следует также отметить, что некоторые общие для нового романтизма и таких произведений, как роман «Мать», черты можно обнаружить и в более ранней испанской литературе. Речь идет о таких явлениях, как агиографические тропы в целом, а также дехарактеризация (*исп.* descaracterización), которые были общими трендами для художественных произведений модернизма.

Однако важнее, на мой взгляд, другое: примеры для подражания, которые новый романтизм обрел в Горьком и его последователях, помогли в 1920-е годы перекинуть мост через пропасть между обществом и литературой. В этом свете неудивительно стремление критиков отнести «Мать» Горького к революционному романтизму: ведь именно это движение недвусмысленно резонирует с испанским новым романтизмом. Оба течения стремились наполнить свою литературу человечностью и способствовать сближению писателя, поэта или драматурга с полем культурного процесса. Испанские произведения 1920-х и 1930-х годов не только продолжали тренды, которые мы находим в испанской литературе (такие как романтизм, модернизм, социальные вопросы реалистических романов, таких как «Tirano Banderas» Валье-Инклана), но и обретали необходимый для регуманизации литературы импульс в таких русско-советских работах, как роман «Мать».

Глава 3

Утопия и антиутопия: нарративы о заводе

Заводские нарративы, с одной стороны, отражают революционное насилие во всей его неприглядности, а с другой — показывают читателю увлекательную гонку за показателями промышленного и сельскохозяйственного производства, характерными для капстран. И если одни деятели искусства, такие как Эйзенштейн в своем фильме «Стачка» (1924), демонстрировали разрушение капитализма, с точки зрения рабочих, то другие изображали борьбу молодого государства за построение социализма. Эта борьба проявлялась в строительстве заводов и фабрик или перевыполнении плановых норм. Тяготение ко второму подходу очевидно в романах Гладкова «Цемент» (1925) и Н. А. Островского «Как закалялась сталь» (1932–1934). Испанские писатели левого толка, поддерживая диалог с советскими историями о создании заводов, по-разному реагировали на урбанизм, технологии и машинерию как таковую. В частности, роман Сесара Арконады «La turbina» (1930) скрупулезно следует шаблонам романа «Цемент», изучая индустриализацию и электрификацию под микроскопом прогресса и просвещения. С другой стороны, роман Росы Арсиньеги «Mosko-Strom» (1933) можно рассматривать в качестве своеобразного «антипроизводственного» романа, где машины выступают в качестве дегуманизирующей силы, а городское пространство становится территорией отчуждения[1].

---

[1] Роса Арсиньега родом из Перу, однако ее произведение впервые увидело свет в Испании, и она как автор считается представительницей нового романтизма. Название ее книги «Mosko-Strom» с трудом поддается переводу.

Вместе с тем третью разновидность отклика испанских писателей мы находим в цикле рассказов Алисио Гарситораля «La fábrica» (1933). Здесь, как и в «Стачке», критикуются капиталистические способы производства, но без тени враждебности к заводам и рабочим[2]. В этой главе мы покажем, как роман «Цемент» и фильм «Стачка» были восприняты в Испании, изучим особенности этих произведений и сравним с испанскими нарративами о заводе[3]. В частности, мы исследуем характеризацию, образ завода, фокализацию и подвиг, которые помогут нам оценить реакцию испанцев на машинерию и модернизацию.

Восприятие «Цемента» и «Стачки» испанцами

Испанцы весьма пристально наблюдали за советским культурным процессом, и испанская пресса много писала об Эйзенштейне и Гладкове. Первые упоминания об Эйзенштейне в испанской прессе относятся к началу 1920-х годов, однако настоящая популярность пришла к нему только в 1930-х годах, когда он посетил США и позже Мексику[4]. По времени она совпала с прокатом его фильмов в Испании: в 1920-е годы киноленты Эйзенштейна были запрещены цензурой [Barga 1926: 1], однако клуб любителей кино «Proa-filmófono» устроил показ целой серии русских кинофильмов, среди которых — «Генеральная линия» (первоначально

В немецком языке слово Strom обозначает «электричество» или «поток» (например, реку или ручей), тогда как выдуманное слово Mosko, скорее, служит отсылкой к испанскому Moscú, немецкому Moskau или даже к архаичным испанским вариантам Moscovia или Moscobia. Все эти слова так или иначе означают Москву, хотя Арсиньега, вероятно, имела в виду Нью-Йорк.

2 Короткий рассказ «La fábrica» ранее был опубликован 30 июня 1931 года [Garcitoral 1994: 8].

3 Цикл «La fábrica» состоит из трех коротких рассказов: «La fábrica», «La compañera Virginia» и «Don Miguel de la Mancha», а также короткой пьесы под названием «Agonía». В этой главе рассматриваются главным образом рассказы «La fábrica» и «La compañera Virginia».

4 Отъезд Эйзенштейна из Советского Союза в 1929 году и его поездки в Лондон и Париж освещались в журнале «La Voz» [Nuñez de Arenas 1929: 4].

вышедшая в 1929 году под названием «Старое и новое»), «Десять дней, которые потрясли мир» (1928) и «Сентиментальный романс» (1930). Все эти киноленты демонстрировались в мадридском кинотеатре «Cine de la Ópera» в феврале 1932 года. «Генеральная линия» периодически попадала в кинотеатры в 1932–1933 годах, а вот появлялись ли другие ленты на широком экране — сказать трудно [Estudio 1932a: 3; Cabello 1932: 6]. Эйзенштейн регулярно упоминался в таких периодических изданиях, как «La Gaceta Literaria», «Heraldo de Madrid», «Popular Film», «El Sol», «La Vanguardia» и «La Voz». Подробные рецензии на «Стачку» никогда не возникали в испанской прессе в отличие от разборов более поздних фильмов Эйзенштейна. Несмотря на это, испанцы хорошо представляли себе основные особенности его режиссерского стиля, такие как коллективный главный герой, дидактическая и политизированная подача, пафос и уникальная смесь интеллектуального содержания с общедоступной формой [Álvarez del Vayo 1931: 7; Nuñez de Arenas 1929: 4; Opiniones 1933: 4]. Выбор тематики произведений (как то: революция, заводы, крестьянство и т. п.) и использование в качестве актеров простых людей, подходящих по типажу [Álvarez del Vayo 1931: 7; Ginestal 1930: 9], подчеркивают его интерес к народным массам. Испанцы считали киноленты Эйзенштейна полными героики и поэзии, и обязательно — авангардными по духу. Активно обсуждались стилистические инновации режиссера (например, современные приемы монтажа), хотя его редко называли пионером кинематографа [Álvarez del Vayo 1929: 111–120; Cabello 1932: 6; Nuñez de Arenas 1929: 4]. В печати нередко появлялись теоретические работы Эйзенштейна. Например, газета «Post-Guerra» в 1928 году напечатала его эссе «Кино для масс» [Eisenstein 1928: 8].

Вне сомнения, Альварес дель Вайо играл ключевую роль в популяризации произведений русского кинорежиссера в Испании. В статье «Rusia a los doce años» («Россия в 12 лет»), вышедшей в 1929 году, критик опубликовал множество иллюстративных фотоснимков из кинолент «Октябрь» и «Генеральная линия». Он также взял интервью у Эйзенштейна, где тот заявил, что «Стачка» стала его первым пропагандистским кинофильмом, обращенным к массам. Сказано было буквально следующее: «В "Потемкине" пригодился мой опыт работы над "Стачкой". Он научил меня, что нужно снять много плохих картин, прежде чем получится одна хорошая» (*исп.* en *Potemkin* utilicé mis experiencias de *Huelga,* mi primera película de masas. En ella aprendí. Hay que hacer bastantes cintas malas para llegar a una buena) [Álvarez del Vayo 1929: 117–118]. Кроме того, в интервью затрагивались и другие киноленты, такие как излюбленный фильм режиссера «Октябрь» и еще не законченная «Генеральная линия». Альварес дель Вайо также включил в статью иллюстративные снимки из двух последних фильмов режиссера [Álvarez del Vayo 1929: 111–120].

Первое упоминание в испанской прессе Гладкова относится еще к 1927 году, когда заметка о нем вышла в газете «Post-Guerra», однако настоящая популярность пришла к нему лишь после опубликования романа «Цемент» в 1928 году, когда он вышел на французском языке. Будучи уважаемым журналистом, Альварес дель Вайо написал предисловие к роману, что весьма способствовало популярности последнего[5]. Вторая редакция увидела свет в 1929 году, после чего вышло барселонское издание 1930 года. Четвертое издание относится к 1937 году, когда в стране бушевала Гражданская война [Schanzer 1972: 81–82][6].

В испанских газетах и литературных журналах в 1920-е и 1930-е годы вышло множество статей о Гладкове и «Цементе». Испанские критики, такие как Барко, Бельо, Фернандес-Кансела, Гомес де Бакеро и Видал, восхваляли приводимые Гладковым описания, пусть и не всегда скрупулезно точные, Гражданской войны и пе-

---

[5] «Предисловие к этому роману написал Альварес дель Вайо, признанный эксперт по славянской тематике, слово которого придало произведению дополнительный вес в глазах испанского и латиноамериканского читателя» (*исп.* La obra lleva un prólogo de Álvarez del Vayo, formidable conocedor de temas eslavos, que aumenta extraordinariamente su poder de sugestión para el lector español o hispanoamericano) [Fernández-Cancela 1931: 7].

[6] Кроме того, еще один роман Гладкова, «Новая земля» (*исп.* «La nueva tierra: apuntes de una maestra»), был опубликован в Испании в 1931 году Он имеет много общего с «Цементом», хотя и вышел слишком поздно, чтобы служить источником для испанских произведений, рассматриваемых в этой главе.

риода восстановления страны. В частности, Фернандес-Кансела назвал «Цемент» весьма современным произведением, качество которого сравнимо с работами Горького, Толстого, Достоевского и Гоголя [Fernández-Cancela 1931: 2]. Описывая «Цемент» как «наиболее выдающееся произведение современной России» (*исп.* la obra cumbre de la Rusia actual), Хулио Барко хвалил реалистический подход автора, плавность речи и стиль. По его мнению, этот роман затронул совершенно особые струны в душах испанских читателей [Barco 1929: 9]. С этим мнением перекликается отзыв Фабиана Видала, который назвал Гладкова «одним из лучших романистов нового поколения русских писателей» (*исп.* uno de los mejores novelistas de la nueva generación literaria rusa) и отмечал психологический реализм и городскую тематику «Цемента» [Vidal 1929: 7]. Гомес де Бакеро, написавший несколько статей о русском романе, рассматривал его как высший синтез демократических и аристократических идеалов. Он обнаружил, что шедевры русской литературы были преимущественно «аристократичными, что следует из благородного выбора форм и транслируемых интеллектуальных и эмоциональных ценностей; и демократичными, именно благодаря выбору наилучших шагов даже для самых грубых и простых персонажей» (*исп.* aristocráticas, por la elección feliz de las formas y de los valores intelectuales y emotivos; democráticas, pues precisamente por haber elegido lo mejor conmueven hasta a los espíritus más rudos y sencillos) [Gómez de Baquero 1929a: 2].

Вместе с тем на восприятие этих текстов испанскими читателями зачастую влияли культурные традиции последних. Гомес де Бакеро увидел «Цемент» сквозь призму статьи «El sentimiento trágico de la vida» Мигеля де Унамуно. По мнению этого критика, причина популярности романа кроется в «трагическом ощущении жизни», которое остается после его прочтения. Вслед за Пардо Басан он повторяет тезис о том, что специфика русской литературы состоит в ее романической основе. Приводя контраргументы к тезисам французского критика М. Пуаза в том, что роман является второстепенным жанром, он отстаивает противоположную мысль: роман — это основной жанр и одна из древнейших форм, которую мы находим, например, в «Селестине», «Дон Кихоте» и в плутовском романе [Gómez de Baquero 1929a: 2]. Видал в своей рецензии, опубликованной в барселонской газете «La Vanguardia», называет этот роман ярким манифестом индивидуализма, а отнюдь не социализма. Критик был близок к тому, чтобы назвать роман шедевром анархической литературы, но удержался от этого рискованного шага [Vidal 1929: 7]. И верно: на родине автора анархический подтекст всегда считался недостатком этого произведения. Он стал одной из многих причин, побудивших Гладкова несколько раз переписывать свое творение [Brown 1982: 130, 132]. Впрочем, скрытый анархизм мог лишь способствовать популярности этого романа на раздробленном политическом ландшафте Испании, и особенно в Каталонии, которая была одним из оплотов анархических взглядов и яростно отстаивала свою местную автономию. Испанцы также отмечали отдельные тенденции, такие как деперсонализация персонажей, которые становились собирательными образами своих общественных классов. Внимание критиков привлекал и сильный образ Даши, новой женщины в советской литературе [Fernández-Cancela 1931: 2].

В своих статьях критики зачастую сравнивали Гладкова с Горьким. Многие ставили прозу Гладкова выше прозы Горького, хотя некоторые консервативные авторы, такие как Хосе Бетанкур, считали всю новую советскую литературу слабее любых дореволюционных произведений (включая творчество Горького) [Barco 1929: 9; Betancort 1933: 5]. Видал сравнивал персонажей этого романа с «бывшими людьми» Горького (*исп.* ex hombres gorkianos) [Vidal 1929: 7], тогда как Барко выделял различия между ними и творчеством Горького: «Другая манера, другой стиль, другое ощущение жизни» (*исп.* La manera es otra, el estilo es otro, otro el sentido de la vida) [Barco 1929: 9].

Именно поэтому следует отметить, что после первой публикации в Советском Союзе роман «Цемент» многократно переписывался, следуя за политическим курсом и настроениями в партии. В результате текст утратил экспериментальное звучание, потерял в изысканной стилистике и лишился откровенных сексуальных сцен. Из него пропали местный жаргон и вульгаризмы, а Даша стала куда менее склонной к беспорядочным сексуальным связям [Friedberg 1954: 85–87; Lahusen 1997: 15–17]. К счастью, перевод на испанский увидел свет раньше появления многих из исправленных версий и потому отчасти сохранил экспериментальные тренды и чувственность, присущие ранним версиям романа и привлекательные для писателей нового романтизма в Испании, большинство из которых использовали те же самые художественные приемы.

Завод как храм

> Fueron dos o tres años de gigantesca lucha, de hambre y de frío, de miseria, de dolor [después de la revolución bolchevique]. Todo el esfuerzo, toda la actividad de que eran capaces los hombres que la revolución puso al frente del novel Estado, debió ser empleada en procurar el sostenimiento de millones de seres, aplastandos (sic) por la miseria y por el odio [Vila 1926: 123–124].

> [Два или три года прошли в титанической борьбе, среди голода и холода, страданий и несчастий. Все усилия и вся деятельность, на которую были способны люди, волею революции оказавшиеся на переднем крае молодого государства, следовало направить на обеспечение жизни миллионов людей, раздавленных горем и ненавистью.]

После революции завод стал интеллектуальным, экономическим и политическим сердцем Советского государства. Именно на заводе не верующие в коммунизм становились прозелитами этой веры. Именно завод содержал библиотеки и музеи, распространял грамотность, строил квартиры для трудящихся, раздавал талоны на питание и билеты в театр. Именно посредством завода, занимавшего более статусное положение, чем колхоз или совхоз, государство удовлетворяло практически все культурные, духовные (политические) и материальные потребности народных масс, проживавших в городах. Завод служил не только материальным воплощением высоких технологий и прогресса, но и метафорой построения социалистического государства. Источником вдохновения для производственного романа послужило рабочее пространство пролетариата, проникающее во все сферы жизни. На первый план этот жанр выдвинулся благодаря переходу государства к пятилетним планам. Электрификация, индустриализация и рост промышленного производства стали священными миссиями на пути к великой цели — восстановлению экономики, разрушенной Гражданской войной. В контексте метонимических отношений между религией, политической борьбой и национальной экономикой завод обрел поистине духовное значение, став подлинным святилищем коммунизма, а его строительство или восстановление начали рассматриваться как священные крестовые походы пролетариата. Значение завода как нового храма советского государства заметно и в монологе Бадьина о четвертой годовщине Октябрьской революции, который мы находим ближе к концу романа «Цемент».

— Una de esas victorias llevadas al frente económico, gran victoria sobrehumana, es la puesta en marcha de nuestra fábrica, una de las fábricas gigantes de la República. Sabéis, camaradas, cómo empezó nuestra lucha. En la primavera, nuestras fuerzas organizadas daban los primeros golpes de pico y de martillo en las rocas de la montaña. Nuestro primero golpe nos dió el Broemsberg y el combustible. Los obreros de la fábrica no abandonaron sus herramientas y forjaron, golpe tras golpe, máquinas con vida, llevando a cabo el mecanismo complicado de una maquinaria formidable. La fábrica está en marcha. La fábrica está dispuesta a rendir la plenitud de su fuerza. Festejamos hoy, cuarto aniversario de octubre, una nueva gran victoria del frente de la revolución proletaria [Gladkov 1928: 425].

— ...И вот одна из наших побед на хозяйственном фронте — победа огромная, нечеловеческая, — это пуск нашего завода, этого гиганта Республики. Вы знаете, товарищи, с чего началась наша борьба. Весною организованными силами мы впервые ударили кирками и молотами по этим горным пластам. И первый удар наш дал нам бремсберг и топливо. Рабочие профстроя не выпускали из рук молотов и удар за ударом ковали жизнь в машины, во всю сложную систему колоссального сооружения. Завод — на ходу. Завод готов к работе на полный размах. С этого дня, четвертой годовщины Октября, мы торжествуем новую победу на фронте пролетарской революции [Гладков 1927: 309–310][7].

«Стачка» Эйзенштейна, снятая в декорациях настоящего завода, аналогичным образом привлекала внимание зрителей к этому важнейшему центру советской культуры и к пролетарским массам.

В этом производственном романе структура пути к сознательности сочетается с восходящими к эпохе Просвещения взглядами на прогресс, который достигается с помощью предприятия, несущего продвижение и технологию с собой [Clark 2000: 96]. Кульминация этого крайне ритуализированого подвига — строительство завода или гонка за наращиванием объемов производства[8]. В романе «Цемент» подвиг — это реконструкция завода, который становится храмом урбанизации, технологии и прогресса в глухой деревне, тогда как другие производственные романы предлагают героическую гонку за выполнением или перевыполнением производственного плана. Как следствие, производственный роман открыто занимает сторону города и противостоит деревне, ставя шумную машинерию выше цветущего сада. Такое

---

[7] Текст редакции 1928 года (М.; Л.: Земля и фабрика) идентичен [Гладков 1928: 373]; однако в издании 1929 года, выпущенном рижским книгоиздательством «Грамату драугс», опущены этот абзац и последнее предложение предыдущего абзаца [Гладков 1929: 246].

[8] Судя по комментариям Сугасагойтии, испанцам было известно об этой стороне советской жизни: «Как и на всех русских заводах, здесь мы слышим полные энтузиазма призывы наращивать объемы и качество выпускаемой продукции. К этой точке приковано все внимание России. Мы должны интенсифицировать производство до тех пор, пока оно не сможет сознательно насыщать громадный национальный рынок. Эта задача затмевает все прочие [вопросы]» (*исп.* Como en toda fábrica rusa, no faltan, naturalmente, las llamadas gráficas al entusiasmo para producir más y mejor. Toda la atención rusa se concentra en ese punto. Necesidad de intensificar la producción hasta abastecer convenientemente el mercado nacional, el enorme mercado nacional. Esta preocupación anula todas las demás) [Zugazagoitia 1932: 38].

отношение становится очевидным с первых страниц «Цемента», когда Глеб сталкивается с вторжением деревни в священное урбанизированное пространство завода.

La argamasa y la piedra. La hulla y el cemento. Las escorias y el hollín. Las torrecillas horadadas de las transmisiones eléctricas. Las chimeneas, más altas que la montaña. Las correas de transmisión, innumerables. Y, allí mismo, los establos de los campesinos, llenos de animales. ¡Malditos muchachos! Han traído el campo hasta aquí, y ahora invade todo como una plaga [Gladkov 1928: 15].

Бетон и камень. Уголь и цемент. Шлаки и гарь. Ажурные вышки электропередач. Трубы выше гор. Бесчисленные струны проводов. И тут же — животина мужиковских хлевов. Чертовы хлопцы! Они деревню притащили за хвост, а она плодится здесь плесенью [Гладков 1927: 6][9].

Словно Иисус, изгоняющий торговцев из храма, Глеб гонит прочь с завода скотину неотесанных крестьян, восстанавливая святость завода как такового. Это одна из первых препятствий или трудностей, которые он преодолевает на пути к восстановлению завода. В результате он создает современное урбанизированное пространство там, где раньше царил деревенский хаос, принося в деревню высокие технологии и свет. Это происходит как посредством строительства завода, так и благодаря служебным полномочиям (ведь он партийный лидер). При этом герой переживает духовное (политическое) пробуждение, напоминающее пережитое главными героями романа «Мать».

Detrás de la cumbre, un poco a la derecha, había un regimiento rojo. Gleb se parecía antes a estos hombres [soldados del regimiento rojo], ¡Antes! Ahora estaba aquí, convertido en obrero de la fábrica, y siendo, además, una de las cabezas del equipo del partido. ¡La fábrica!... ¡Qué de fuerza absorbida, qué de lucha!

[9] Этот фрагмент идентичен в редакции 1928 года, за исключением просторечного «хлопцы», которое заменено чуть менее просторечным «ребята» [Гладков 1928: 19]. Данный абзац опущен в рижском издании 1929 года.

Pero la fábrica está magnífica y potente. Antes no era más que un cadáver, un despojo, una ruina, un nido de ratas. Ahora, los Diesel zumbaban, vibraban las transmisiones, cargadas de electricidad, cantaban las ruedecillas de los Broemsberg, las vagonetas tintineaban al pasar... Mañana mugiría y funcionaría, evolucionando sobre sus soportes, la primera cisterna gigante del horno giratorio, y la potente chimenea se empenacharía con copos grises — vapor y polvo [Gladkov 1928: 416–417].

Вон, недалеко, вправо, за вышкой, стоит вольно полк красноармейцев. Так же когда-то стоял и он, Глеб. Давно ли это было? А теперь вот он здесь: опять рабочий завода, да в придачу — в головке партийной братвы. Завод! Сколько положено сил, сколько было борьбы! Вот он, завод — богатырь и красавец. Был он недавно мертвец — чертова свалка, развалина, крысиное гнездо. А теперь — грохочут дизели, звенят провода, насыщенные электричеством, курлыкают ролами бремсберги и звенят вагонетками. И завтра заревет и закружится на своих осях первая великанная цистерна вращающейся печи, а вон из этой страшенной трубы заклубятся седые облака пыли и пара [Гладков 1927: 309][10].

Кроме дуализма света и тьмы, городского и сельского, технологии и отсталости, также можно выделить жизнь и смерть, которые автор делает аллюзией на роль высоких технологий для выживания молодого государства. Первое близкое знакомство Глеба с заводом подтверждает это мнение. Глеб обнаруживает себя на вонючей, заброшенной, «могильно пустой» свалке, «на руинах», где шныряют крысы [Гладков 1927: 309]. Эти описания можно противопоставить таким понятиям, как «власть» и «жизнь». Позже завод приобретает человеческий облик: он пробуждается и оживает.

La fábrica abría los ojos de sus focos eléctricos en la noche, y las bombillas frías de las habitaciones de los proletarios los alumbraban nuevamente. ¡La fábrica! Vibraba ya con un murmullo

---

[10] Издание 1928 года содержит идентичный текст [Гладков 1928: 365], равно как и издание 1929 года, за исключением типографских ошибок в последнем.

subterráneo por su fuerza oculta y sus ventanas miraban con melancolía, humanamente. Y las masas, que habían revuelto la montaña muerta en su salvajez bajo el abandono [Gladkov 1928: 213–214].

Ночью завод открыл глаза электрическими лунами, и потухшие льдистые лампочки в квартирах рабочих зажгли свои путанные нити. Завод. Он уже дрогнул, уже подземно гудит в недрах его скрытая сила, и глядит он окнами с тоскою, как человек. И массы, которые разбудили горы, умершие в одичании и плесени [Гладков 1927: 154][11].

Испанские нарративы о заводе состояли в диалоге с предложенным в «Цементе» образом завода как храма новой коммунистической религии и места кардинального изменения политических взглядов, а также с обрисованным в романе образом машинерии. Однако политическая обстановка в Испании была совсем другой, и народ реагировал на заводы и машины совершенно иначе. Роман Арконады «La turbina» перекликается с темой «Цемента», где завод является святилищем пролетариата, тогда как «La fábrica» Гарситораля повествует о неудачной попытке превратить капиталистический завод в храм пролетарской веры. Оба произведения транслируют подспудную симпатию к машинам, науке и технологии. Впрочем, далеко не все писатели благосклонно относились к механизации как таковой. Например, «Mosko-Strom» Арсиньеги демонизирует завод как место капиталистического отчуждения и эксплуатации, а машину — как дегуманизирующую силу.

Как и «Цемент», роман «La turbina» посвящен людям, несущим прогресс в сельскую местность. Здесь материальным воплощением прогресса становится электростанция[12]. Лейтмотив света и тьмы служит вполне очевидной метафорой прогресса, урбани-

---

[11] Текст издания 1928 года идентичен [Гладков 1928: 183].

[12] По мнению Сантонхи, роман «обнажает» текущий «конфликт», возникающий тогда, когда прогресс (свет) соприкасается с «секулярно невежественным миром крестьянина» [Santonja 1975: 12].

зации и либерализма, противостоящих невежеству, грубости и реакционным политическим взглядам. Эти темы отнюдь не в новинку для испанской литературы. Безусловно, многие романы XIX века и рубежа веков рассматривали диалектику городского и сельского, а также сопутствующие вопросы прогресса, просвещения, отсталости и т. п. Этой темы касались и либеральные писатели, такие как Бенито Перес Гальдос, Пардо Басан и Кларин (Леопольдо Алас), и консервативные авторы (вспомнить хотя бы роман Хосе Марии де Переды «Peñas arriba»). Данный символизм можно обнаружить и в дискурсе о просвещении, на которое намекает название движения.

Постепенное принятие сельскими жителями идеи строительства электростанции, служащей символом технологического и общественного прогресса, идет рука об руку с эмоциональным созреванием главного героя. Антонио Руфар переживает аналогичную трансформацию, превращаясь из легкомысленного повесы, который волочится за каждой юбкой, в настоящего мужчину, способного отвечать за свои действия [Arconada 1975: 110, 126]. Этим изменениям вторят общественные перемены, происходящие среди жителей городка. В отличие от многих других произведений нового романтизма движущей силой таких изменений является отнюдь не любовная связь. Дихотомию мнений — за и против прогресса, воплощенного в строительстве электростанции, — олицетворяют собой два брата, непримиримо противостоящие друг другу и неспособные найти общий язык: консервативный Росендо и либеральный Артуро [Arconada 1975: 34]. Росендо, изначально бывший против строительства электростанции, приходит к принятию идеи «света», поскольку и в нем пробуждается самосознание. Вышеуказанное разделение правильнее считать противостоянием между городским («учителем») и сельским жителем («учеником»). Трое технических специалистов из города символизируют прогресс и свет, а жители села Хинестрильяс, за ярким исключением отрицательного героя Качана, и большинство сельских обитателей постепенно соглашаются с идеей строительства электростанции, нового «храма света» посреди сельской тьмы.

В рассказе «La fábrica» описывается пасторальная атмосфера вокруг завода, во многом схожая с той, которую мы находим в романе «Цемент». Здесь она перекликается с четко артикулированной в советском произведении темой восстановления прежнего славного облика завода. Аллегория звука служит для Гарситораля средством передачи контраста между прежним обликом завода, где распоряжались его алчные хозяева, и его жизнью после перехода власти на заводе к рабочему комитету.

La gran chimenea de la fábrica lanzaba su negra y juguetona serpentina que el viento hacía colear. El gran edificio presidía el valle <...>. Pero la música sorda de la fábrica ponía un ritmo de vida — vida áspera — en todo aquello [el valle] <...>. Pero todo permanece estático, como atemorizado por el ruido sordo, taladrante, que se escapa por las ventanas. Con el ruido sordo escalónanse estridencias metálicas [Garcitoral 1994: 307–308].

[Громадная труба завода распустила по ветру свой черный игривый хвост, подобный змеиному. Над долиной нависло громадное здание завода. <...> Но унылая заводская музыка звучала в такт с биением жизни — и весьма суровой жизни — всей долины <...>. Все замерло, словно в испуге перед глухим, давящим на уши шумом, слышимым сквозь окна. Местами сквозь глухоту этого шума прорывался высокий металлический визг.]

«Свирепость» (исп. fiereza) завода, звучащего металлическим диссонансом, резонирует с описанием, которое дает заводу Гладков: «...мертвец — чертова свалка, развалина, крысиное гнездо» (исп. un cadáver, un despojo, una ruina, un nido de ratas) [Гладков 1927: 309; Gladkov 1928: 416–417]. Таким завод был до того, как в его судьбу вмешался Глеб. В свою очередь, Максимо планирует захватить молочный завод, восстановить и модернизировать его, но уже как пролетарский храм, организованный рабочим «священством» (рабочим комитетом), а не буржуазным владельцем. Здесь мы видим зеркальное отражение деятельности Глеба по восстановлению цементного завода, которую тот ведет по революционному образцу.

Mañana el ruido monótono de las máquinas será ruido cantarín. Se aclararán los rostros de los obreros. El coro de los precintadores tendrá reminiscencias viajeras. El humo de la fábrica saldrá dispuesto a cantar la buena nueva por todos los rincones. Y el viento nordeste enardecerá a todos <...> y la fábrica entera será una sinfonía potente y libre [Garcitoral 1994: 10].

[Завтра монотонный гул машин сделается переливчатой мелодией. Лица рабочих станут ясными. Хор упаковочных машин пропоет оду своему славному делу. Дым, выходящий из заводских труб, песней разнесет благую весть во все концы. Северо-восточный ветер воспламенит всех и каждого <...>, и весь завод зазвучит мощной и вольной симфонией.]

Рабочие, силой вырвавшие завод из рук алчных хозяев, делают его образцом пролетарского промышленного производства. Они успешно выполняют поистине сказочные нормы выработки, характерные для романов «Как закалялась сталь» Островского или «Время, вперед!» Катаева, тем самым создавая «мощную и вольную симфонию» на месте прежнего демонизированного пространства, наполненного стонами и хрипами людей, изнемогающих от непосильного труда.

Гарситораль написал свой рассказ «La fábrica» в неспокойные времена Второй республики. Впрочем, реформы республиканской Испании не вызвали столь же кардинальных общественных преобразований, и храм пролетариата простоял недолго. Всего через тридцать два дня революционной власти Гражданская гвардия отбивает завод у рабочих. Увидев это, Обдулия взрывает заводские корпуса, и полиция уводит ее прочь. Прервав на мгновение свой шаг, она производит на свет «корчащуюся и вопящую красную массу» (*исп.* una masa roja que chilla y bulle), а завод за ее спиной также становится сияющей «красной массой», чистым пламенем, разжигаемым северо-восточным ветром. Рождение ребенка, «очищенного» деяниями обоих родителей [Garcitoral 1994: 336–337], дает надежду на возникновение нового, чистого общества, которое похоже на северо-восточный ветер, служащий лейтмотивом всего произведения. Этот ветер, несущий с собой бунтарские идеи, вне сомнения, является отсылкой к СССР, особенно если вспомнить о географическом расположении России и Испании и о левой политической идеологии, ураганом пронесшейся по стране. Отсылки к русским и марксистским политическим фигурам, таким как Карл Маркс, Фридрих Энгельс, М. А. Бакунин, Г. В. Плеханов, Карл Либкнехт, Роза Люксембург и В. И. Ленин [Garcitoral 1994: 311, 312, 325], поддерживают это представление. Обрамляющий нарратив образ северо-восточного ветра, «революционного и неуязвимого» (*исп.* revolucionario e invincible), придает ему ощущение цельности [Garcitoral 1994: 337]. История заканчивается приходом ветра, напоминающим о цикличности времени, и повторением восстания рабочих: «Всю ночь дул северо-восточный ветер» (*исп.* Durante toda la noche no dejó de soplar el viento nordeste) [Garcitoral 1994: 337].

Следовательно, Гарситораль реагирует на машинерию позитивно, как и Гладков с Арконадой. Однако он демонстрирует двойственный взгляд на машины и механизмы: с одной стороны, перед нами внутренне противоречивый, пребывающий в несогласии капиталистический мир, нарушающий атмосферу буколического рая и во многом схожий с первым впечатлением Глеба от завода; а с другой — социалистический взгляд, согласно которому технологии и машины добавляют в идиллическую картину гармонию и экономическую стабильность.

Напротив, Арсиньега всегда рассматривает машины и технологии в негативном ключе. Если «Цемент», «La turbina» и «La fábrica» — это истории о том, как люди приносят в отсталую деревню свет и прогресс, то «Mosko-Strom» описывает дегуманизацию промышленного производства в крупном городе (Космополисе, *исп.* Cosmópolis)[13], который является и универсальным архетипичным «городом-матерью», и возможной аллюзией на Нью-Йорк. Это реакционный роман, демонизирующий урбанизацию,

---

[13] Название «Космополис» (*исп.* «Cosmópolis») также носил литературный журнал, основанный в январе 1919 года и печатавший главным образом авангардную поэзию, при этом не примыкая ни к одной из литературных группировок [Soria Olmedo 1999: 93].

прогресс и технологии. Он предлагает вернуться в деревню ради обретения подлинной жизни, совсем как в романе Переды «Peñas arriba».

В романе «Mosko-Strom» завод представляется мрачной и жаркой преисподней, царством клокочущей лавы и удушающего зноя, обиталищем ядовитых змей и чудовищных пародий на людей. Именно змея ассоциируется в сознании людей с дьяволом. Персонифицирована и громадная домна, удлиненное змеиное тело которой венчают двадцать разверстых пастей, тогда как люди лишены человеческого облика. Мы видим размытые, будто оплавленные фигуры, с головы до ног облитые потом тела, запорошенные углем лица. Это «армия крохотных циклопов», работающих в поистине адских условиях [Arciniega 1933: 71–72]. На фоне этих образов директор завода Макс «был всего лишь еще одним рабочим, циклопом посреди громадного заводского здания, похожего на жерло вулкана» (*исп.* era un obrero más, un cíclope más dentro de aquella gigantesca oficina vulcánica) [Arciniega 1933: 72]. Следовательно, для Арсиньеги завод — это царство демонов, а машины — дегуманизирующая сила, способная превратить даже верных буржуазии людей в существа с гротескно искаженным обликом.

Город при этом представляется оплотом варварства. Взяв за основу известную латиноамериканскую тему варварства и цивилизованности, эта перуанская писательница в своем романе соединяет две противоборствующие силы в одну, носящую название «высшая варваризованная цивилизация Космополиса» (*исп.* la suprema Civilización barbarizada de Cosmópolis) [Arciniega 1933: 245]. Вне сомнения, это отсылка к роману «Facundo o civilización y barbarie» («Факундо, или Цивилизация и варварство») Доминго Сармьенто, который предлагает вниманию читателя контраст дихотомического противоречия между цивилизацией (урбанизированным пространством, высокими технологиями, прогрессом) и варварством (деревенским пространством, насилием и отсталостью). Эта тема пронизывает большую часть латиноамериканской и, скорее всего, испанской литературы (например, «Doña Bárbara» («Донья Барбара») Ромуло Гальегоса, «Doña Perfecta» («Донья Перфекта») Бенито Переса Гальдоса, «Los pazos de

Ulloa» («Дом Ульоа») Эмилии Пардо Басан). Вступая в этот спор, Арсиньега превращает каждый из противостоящих друг другу трендов в свою полную противоположность, тем самым создавая иную иерархию варварской цивилизации и ее антитезу — внутренне целостное деревенское бытие. Пессимизм в отношении технологий и урбанизации мог быть следствием краха фондового рынка США в 1929 году и последующей экономической депрессии, аллюзию на которую мы находим в цитате Говарда Литтлфилда: «...один финансовый крах следовал за другим» (*исп.* cracs y más cracs financeros). Вероятно, это стало одной из причин, побудивших Арсиньегу вернуться к более простой жизни, которая лучше поддается управлению (впрочем, это спорное суждение), чем жизнь при рыночной экономике современных индустриализированных стран [Arciniega 1933: 245].

Арсиньега откликается на дегуманизацию капиталистических заводов иначе, нежели Гарситораль, который желает видеть на заводе революционные перемены. Для первой ответ на дегуманизацию капиталистического общества заключается в том, чтобы главный герой оставил должность директора завода и вернулся к доиндустриальной фермерской жизни. Восприятие завода Арсиньегой совершенно отлично от отношения других авторов, однако идеологическое наполнение романа «Mosko-Strom» не столь инаково, как может показаться на первый взгляд. Рассказанная автором история о буржуазной отчужденности в капиталистическом обществе перекликается с марксистскими идеями, равно как и остальные испанские и русские нарративы.

Согласно ранним работам Маркса, овеществление и отчуждение есть побочные продукты капиталистического способа производства. Труд рассматривается как товар, а отдельно взятый работник овеществляется. В результате возникает пропасть между работником, результатом его труда и обществом. Это вызывает чувство отторжения (отчуждения) от себя и своего труда.

Мы рассмотрели акт отчуждения практической человеческой деятельности, труда, с двух сторон. Во-первых, отношение рабочего к *продукту труда*, как к предмету чуждому и над ним властвующему. Это отношение есть вместе с тем отношение к чувственному внешнему миру, к предметам природы, как к миру чуждому, ему враждебно противостоящему. Во-вторых, отношение труда к *акту производства* в самом процессе *труда*. Это отношение есть отношение рабочего к его собственной деятельности, как к чему-то чуждому, ему не принадлежащему. Деятельность выступает здесь как страдание, сила — как бессилие, зачатие — как оскопление, *собственная* физическая и духовная энергия рабочего, его личная жизнь (ибо что такое жизнь, если она не есть деятельность?) — как повернутая против него самого, от него не зависящая, ему не принадлежащая деятельность. Это есть *самоотчуждение*, тогда как выше речь шла об отчуждении *вещи* [Маркс 1956: 564] (выделено в оригинале).

Это справедливо и для пролетариев, и для «имущего класса», которые «представляют одно и то же человеческое самоотчуждение» [Маркс, Энгельс 1955: 39][14].

В романе «Mosko-Strom» только три персонажа вызывают очевидную симпатию — это Макс, профессор и Джеки Окфурт. Они со всей очевидностью представляют собой отчужденных членов буржуазии (впрочем, родители Макса и Джеки принадлежат к рабочему классу), которые живут ненастоящей жизнью

---

[14] Дьёрдь Лукач интерпретирует это следующим образом: «...в капиталистическом отношении индивидуальный и общественный принципы, то есть функция капитала как частной собственности и его объективно-экономическая функция, находятся друг с другом в неразрешимом диалектическом противоречии. Капитал <...> есть "не личная, а общественная сила". Однако движения этой общественной силы направляются интересами отдельных владельцев капитала, которые не отслеживают общественную функцию этой силы и не заботятся о ней с необходимостью. Вследствие этого общественный принцип, общественные функции капитала могут проложить себе дорогу только через головы капиталистов, независимо от их воли, даже не осознанным для них образом. <...> Буржуазное мышление постоянно и неизбежно рассматривает экономическую жизнь общества с точки зрения отдельного капиталиста, откуда само собой возникает это резкое противопоставление отдельного человека и могущественного, надличностного "естественного закона", который движет все общество» [Лукач 2017: 152–153].

посреди коррупции и морального разложения крупного города. Давайте послушаем, что Джеки говорит Максу: «Совсем недавно ты говорил мне, что обитаешь посреди пугающей пустоты. А я живу в ней годами <...>. Теперь ты понимаешь, какой была моя жизнь <...> когда я была в двух шагах от безумия или <...> от самоубийства» (*исп.* Me decías hace poco que vives hoy en un espantoso vacío. Yo he vivido en él durante años <...>. Puedes comprender ahora lo que habrá sido para mí vivir así <...> cuando ya estaba a dos pasos de la locura o <...> del suicidio) [Arciniega 1933: 253]. Для Арсиньеги нравственное разложение Космополиса и разрушение его светлого облика служат метонимическим средством передачи образа буржуазного общества, основанного на капиталистическом принципе невмешательства. Автор указывает, что капитализм создает для интеллектуалов и представителей буржуазии, а также для пролетариата совершенно отчужденное, ненастоящее существование. Эта позиция перекликается с теориями Маркса о капиталистических способах производства.

Разделяя идеологическую ориентацию «Цемента», Арсиньега приходит к этим взглядам с совершенно иной стороны, нежели в русском производственном романе, где изображено героическое строительство коммунистического государства, а отнюдь не порожденное капитализмом отчуждение. Джеки, Макс и профессор Стэнли оказываются в ловушке, погрязнув в болоте нравственного разложения, коррупции и бессмысленной работы. Им приходится жить бок о бок с черствыми и безнравственными членами своих семей и женами (кроме Джеки: она не замужем). Отчуждение оказывается смертельным для профессора, который мог бы жить припеваючи в нравственно чистой сельской среде. Директор завода Макс, настоящий трудоголик, бежит от банальности своего буржуазного городского существования к более подлинной жизни деревенского фермера, где он живет, окруженный «любящими голосами» своей новой жены и детей. Описывая завод как дегуманизирующее адское пекло, Арсиньега выражает негативное отношение к машине как таковой и критический взгляд на технический прогресс и урбанизацию, проявляющийся в том числе в сексуальной озабоченности горожанок.

Вне сомнения, причинами разнообразных реакций на заводской роман и самого Гладкова среди испанских писателей служат расхождения между политическими системами Советского Союза и Испании, а также временами различные взгляды на технологию и машинерию[15]. Наименее политизированным из этих трех писателей можно назвать Арконаду. В своем романе он следует за предложенной Гладковым эволюционной моделью главного героя, описывая строительство храма индустриализации и технологии в дикой местности. Это произведение, созданное в 1931 году, пронизано оптимизмом и верой в успех реформ Второй республики. Гарситораль, произведение которого является наиболее политизированным из всех, вплотную следует за предложенным в «Цементе» паттерном социализации и восстановления завода, выполненным по советскому лекалу. Тем не менее эта попытка заканчивается неудачей, ведь Испания еще не вполне социалистическое государство. Арсиньега рассматривает завод как демонизированное пространство, в котором царят варварство и антиутопический капитализм. Она желает возврата к доиндустриальному состоянию — утопичное и неосуществимое на практике решение.

Различия между взглядами на технологию, прослеживаемые в работах Арсиньеги, Гарситораля и Арконады, характерны для двух диаметрально противоположных представлений, обнаруживаемых в испанской литературе 1920-х и 1930-х годов и даже раньше. Кано Бальеста называет их «антитехнологическим утопизмом» (*исп.* el utopismo antitecnológico) и «гимном машине» (*исп.* el canto a la máquina). Первое направление он сравнивает (впрочем,

---

[15] Урожденная перуанка, Арсиньега жила в Испании, участвовала в испанской литературной жизни и широко публиковалась в испанской прессе. Ее роман, опубликованный в Испании, описывает вымышленный город Космополис (*исп.* Cosmópolis), воплощенный архетип капиталистического городского пространства. Космополис универсален и вместе с тем похож на Нью-Йорк. Большинство персонажей названы так, чтобы подразумевалось гражданство США: у всех английские имена и различные европейские фамилии, не имеющие испанских корней. Это характерно для высших слоев горожан, обитавших в крупных городах США в 1920-е и 1930-е годы.

избегая рубить сплеча) с фалангистскими поэтами и идеологией,
а второе — с такими поэтами, как Рафаэль Альберти и Педро
Салинас, указывая на «El nuevo romanticismo» Диаса Фернандеса
и долг перед футуризмом, выраженный в благосклонности к машинерии [Cano Ballesta 2003: 143–160]. Описывая последнюю как
одну из разновидностей избегающего поведения, Кано Бальеста
видит в этом оптимистическую утопию наподобие идиллических
заводов и фабрик, наполняющих «Горациево прибежище» Гладкова, Гарситораля и Арконады.

> Cantor del maquinismo, adopta aires medio románticos al
> convertir al avión en héroe que abre a la humanidad horizontes
> de luz y espacios sin límite. Pero el poeta, desgarrado por la
> contradicción más íntima, a pesar de su canto a la máquina, al
> contemplar el laberinto urbano, su "simetría extraña", el ruido de
> motores y bocinas y el olor a gasolina, no puede menos de refu-
> giarse en la evasión idílica hacia parajes horacianos [Cano Ba-
> llesta 2003: 147].

> [Певец механизации создает псевдоромантическую атмо-
> сферу, превращая самолет в героя, который раздвигает перед
> человечеством горизонты полета и безграничных про-
> странств. Однако поэт, внутренне разделенный противоре-
> чием, рвущим его душу на части, несмотря на рвущуюся из
> его горла песнь машине, внимательно изучив городской
> лабиринт с его «странной симметрией», шумом моторов,
> клекотанием клаксонов и бензиновым запахом, не может
> предпринять ничего иного, чем искать убежища в идилли-
> ческих уголках, подобных тем, которые воспел Гораций.]

Фашистская поэзия, по мнению Кано Бальесты, напротив,
выражает утопичный взгляд на технологию.

> Pero la actitud antimaquinista de la Falange y de sus poetas de
> la primen generación (recordemos la clara alergia antitecnoló-
> gica del fundador de la Falange) tiene su raíz, como he indicado,
> en muy hondas convicciones de la ideología falangista y del
> tradicionalismo franquista como su antimaterialismo y antica-
> pitalismo [Cano Ballesta 2003: 160].

[Впрочем, как я указывал, неприятие машин Фалангой и ее поэтами первого поколения (а все мы помним беспримесный пафос основателя Фаланги, нацеленный против машин) уходит своими корнями в весьма глубокую убежденность, характерную для идеологии Фаланги и традиционализма времен диктатуры Франко. Я имею в виду их стремление противопоставить себя материализму и капитализму.][16]

Идеология Арсиньеги была диаметрально противоположна взглядам испанских правых. Тем не менее ее взгляд на технологию в точности совпадает с тем, который мы находим в поэзии фашизма. Особенно хорошо это заметно в крайнем неприятии материализма и капитализма, которое служит источником ее предубеждения против машинерии. Согласно Джеральду Бренану, подобное отношение господствовало в Испании длительное время. По его теории, тамошний социализм, зародившийся намного раньше завоевания и независимости Северной и Южной Америки, уходит своими корнями прямо в испанский католицизм [Brenan 1985: 253–255]. По его мнению, капитализм в равной степени омерзителен для всех классов испанского общества, которое носит «ярко выраженный эгалитарный характер» и «питает мало уважения к успеху или частной собственности» [Brenan 1985: 255–256].

Таким образом, Арсиньега, Арконада и Гарситораль исповедуют различные взгляды на высокие технологии и машинерию, которые находят свое выражение в утопических и антиутопических нарративах о заводе. Впрочем, их произведения демонстрируют схожую озабоченность проблемами современной индустриализации и капитализма. Если первый автор отрицает завод и машинерию как демонизирующие силы, действующие внутри общества, то второй, как и Гладков, рассматривает завод как священное место, где будет построено здание утопического будущего для нового социалистического государства.

---

[16] Фаланга (*исп.* Falange), как и прилагательное «фалангистский» (*исп.* falangista), обозначает консервативную политическую партию Франко.

Новый человек

В образе Глеба Чумалова мы находим новую разновидность положительного героя: это динамичный лидер и активный борец за права пролетариата, списанный с героев русских сказок и легенд и восстанавливающий завод практически в одиночку[17]. В свою очередь, Павел Власов из романа «Мать» является классическим примером героя-жертвы, который «противостоит своим противникам, а не пытается стереть их с лица земли» [Bal 1997: 132]. Глеб — это пример активного, успешного героя. Однако, несмотря на свой «социалистический подвиг титанических масштабов», он жертвует личным благополучия ради благополучия народных масс [Brown 1982: 129].

> Личная жизнь Глеба не складывается, но это далеко не самое важное. В финале романа он так и не находит способ наладить социалистические отношения с Дашей, однако по-прежнему ослеплен ревностью и злостью на ее новую жизнь, а его дочь Нюрка умирает. Лейтмотивом романа, возможно, является оптимизм перед лицом личной трагедии, и в мире Гладкова потеря отдельного дома, своего ребенка и личного счастья мало что значит. Сам Глеб ощущает, что ни один человек не имеет права присваивать себе успех в по-настоящему важном деле, таком как восстановление завода [Brown 1982: 130].

Как и большинство романов нового романтизма, «Mosko-Strom» предлагает нам положительного героя, который представляет собой разочаровавшегося интеллектуала, пребываю-

---

[17] В этой связи Катерина Кларк дает такой комментарий: «Если Павел Власов был подобен князю-жертве, который готов сложить голову за свою веру и не пытается избежать козней своих врагов, то Чумалов и Жук — богатыри, которые принимают вызов и ведут свою битву до конца. <...> Глеб перед возвращением в родной город также чуть не погиб в одном из жестоких боев, а впоследствии именно его военная закалка позволила ему повести за собой рабочих» [Clark 2000: 74]. «Новый герой партийной публицистики и литературы становится таковым не за свои политические добродетели (как Павел Власов) и даже не за экономические достижения <...>, а за фантастические подвиги. И в этом смысле Глеб, конечно же, богатырь» [Clark 2000: 75].

щего в поисках более подлинного образа жизни, который он
находит в объединении с рабочим классом. В отличие от них
новые люди в романе «La turbina» и рассказе «La fábrica» — это
пролетарские герои, которые борются за прогресс и революцию
в сельской среде. Как и Глеб, они более индивидуалистичны,
нежели персонажи романа «Мать», однако не являются «персонажами из плоти и крови» (*исп.* personajes de carne y hueso)
в полном смысле этого слова, символизируя классы общества,
к которым принадлежат, и жертвуя своим счастьем ради благо-
денствия народа.

«La fábrica» представляет собой довольно короткий рассказ,
поэтому в нем куда меньше места для полноценного развития
персонажей, чем в романе. Несмотря на это, и главный герой,
и даже некоторые из героев второго плана проработаны в нем
ничуть не хуже, чем во многих романах нового романтизма,
который в целом тяготеет к деперсонализации. Как следствие,
эти персонажи символизируют целые классы общества, хоть
и в меньшей степени, чем мы это видим в романе «Мать» или
в дегуманизированной авангардной прозе (например, в романе
«Convidado de papel» («Бумажный гость») Бенхамина Харнеса).
Вездесущий рассказчик, передающий мысли Максимо наряду
с его словами и действиями, создает образ пролетарской силы
и решимости, следующий в русле традиции, восходящей к Глебу. И действительно: Максимо, заводской рабочий, чье имя
почти совпадает с псевдонимом Горького, — это и есть новый
человек, больше всего похожий на положительного героя романа «Цемент». Как и Глеб, Максимо — человек действия, который сражается за свои идеалы. Дадим ему слово: «...там, где
я за все отвечаю, я обязан действовать в соответствии со своим
пролетарским сознанием» (*исп.* en mi radio de acción tengo que
obrar de acuerdo con mi conciencia proletaria) [Garcitoral 1994:
316]. Он изображен решительным и следующим за голосом
своей совести человеком, которому намного ближе бунт, чем
смирение и покорность [Garcitoral 1994: 312, 315]. Вместе с тем
Максимо, который в одной из сцен описан как «единый скон-
центрированный импульс» (*исп.* todo impulso reconcentrado),

как и Глеб, скорее, склонен к спонтанности, чем к рациональности [Garcitoral 1994: 316][18].

Максимо против физического насилия над людьми (но не над вещами), поэтому захват завода происходит без крови и давления. Подобное отношение своими корнями уходит в послевоенный пацифизм, пронизывавший всю испанскую литературу и очевидный в других работах нового романтизма (например, в романах «El blocao» Диаса Фернандеса и «Imán» Сендера). Следовательно, этот аспект характера Максимо можно рассматривать в контексте более масштабного диалога, прослеживаемого в европейской литературе периода между двумя войнами. Глеб, напротив, солдат Красной армии в период Гражданской войны. Он борется с белыми террористами, сражаясь на фронтах войны, которая представляется ему справедливой. Аналогичные взгляды мы находим во множестве других советских нарративов о Гражданской войне[19].

Рассказ «La fábrica» выделяется среди этих трех работ, поскольку в нем нарратив о рабочем написан представителем данного класса. Нарратив о Максимо теснее связан с проблемами рабочих и крестьян, чем многие из романов нового романтизма. Например, в фокусе романа Арсиньеги находятся интеллигенция и буржуазия. Гарситораль описывает рабочих как в позитивном, так и в негативном ключе в равной мере. Максимо, как и Глеб, отнюдь не идеален: он импульсивен и безрассуден, полагается на благоразумие своей жены; точно таким же образом порывистость Глеба контрастирует со сдержанностью Даши. Впрочем, преданность Максимо общему делу вовсе не мешает ему заключить брак и создать семью.

Роман Арконады «La turbina» также во многом схож с «Цементом» и рассказом «La fábrica». Это история о человеке по имени Антонио Руфар — герое-пролетарии, который борется за то, чтобы принести высокие технологии и прогресс в сельскую

---

[18] Диалектика спонтанности и осознанности подробнее обсуждается выше, в главе второй.

[19] Контраст между различными отношениями к войне мы подробнее обсудим ниже, в главе пятой.

местность. Впрочем, у Антонио есть общие черты и с Павлом из
«Матери»: он такой же двойственный «герой-жертва», отдающий
всего себя ради цели своего крестового похода. Один из немногих
интеллектуалов нового романтизма, героями произведений которого были рабочие и крестьяне, Арконада был потомком
фермеров и мукомолов (его отец был журналистом и управляю-
щим на электростанции), и в его работах прослеживается тесная
связь с рабочим классом. Тонкий, изящный и элегантно сложен-
ный, Антонио Руфар описан как сеньор-космополит из крупного
города, горящего миллионами огней, привилегированное положение которого неизмеримо возвышает его над тьмой сельской
местности. Впрочем, Руфар является техническим специалистом
(*исп.* montador). Как сын кузнеца, он, вполне возможно, более
культурен, чем неотесанные крестьяне, однако все же является
представителем класса высокопрофессиональных рабочих. Любовный интерес он проявляет к Флоре — девушке с крупными
грубыми чертами лица, напоминающей стилизованную кресть-
янку мексиканского художника-монументалиста Диего Риверы.
Краснощекая и пышная, с носом-картошкой, она буквально излучает грубую сексуальность сельской девушки.

> Flora no era una moza guapa; tenía una nariz chata, respingona,
> y un encarnado fuerte y mezclado de manzana en los carillos.
> Pero tenía gordura; estaba llena, redonda. La carne se revelaba
> contra los justillos, contra las chambras y los refajos. Las carnes
> jóvenes borboteaban como superficies hirvientes por los pliegues
> ajustados de la ropa. <...> Flora era una mujer un poco basta,
> fuerte, de grandes caderas y de pecho robusto. Flora era la mujer
> que se desea en el campo; para el campo: sucia, bravía, tosca,
> como para <...> tumbarla en un matorral, y besarla, y echarse
> encima de ella como sobre un blando montón de heno verde
> [Arconada 1975: 72–73].

> [Нельзя сказать, чтобы Флора была миловидной девушкой:
> вокруг ее короткого вздернутого носика теснились щечки,
> пылавшие ярким, как красное яблоко, румянцем. Ее полное,
> кругленькое тело выглядывало из-под безрукавок, блузок
> и подъюбников. Ее юные пухлые телеса бурлили, словно

кипяток, еле сдерживаемые аккуратными строчками швов на одежде. <...> Флора была слегка неотесанной, сильной, с крупными бедрами и выдающейся вперед крепкой грудью. Такую женщину, как Флора, хочется видеть в деревне; она была словно создана для деревни: сальная, энергичная, грубая <...> которую хочется завалить в кустах, и исступленно целовать, и броситься сверху, как на мягкую копну темно-желтого сена.]

Аналогичным образом выглядит идеальный мужчина, объект женского желания: мускулистый и крепко сбитый рабочий или крестьянин, а вовсе не утонченный горожанин вроде Антонио.

Su ideal de mujer siempre había sido un hombre fuerte, duro, un hombre como aquellos arrieros que iban al molino. Un hombre de espaldas anchas, de pecho alto. Un hombre que levantase los costales de trigo como se levanta una caña de pescar [Arconada 1975: 59].

[Ее идеалом как женщины всегда был сильный и грубый мужчина, подобный одному из тех погонщиков ослов, совершавших свой путь на мельницу. Мужчина с широкими плечами и большой грудью. Мужчина, способный играючи жонглировать мешками с мукой, словно они ничего не весят.]

Если присмотреться к этому описанию особенностей внешности, обычно присущих крестьянам и «синим воротничкам»: широкие, грубые черты лица и крупные, более мускулистые тела, — то можно проследить параллель с тогдашними видами пластического искусства, с образами рабочих и крестьян в Советском Союзе того времени, а также с произведениями таких художников, как Диего Ривера. Советские статуи рабочих и крестьян 1920-х и 1930-х годов, а также другие разновидности искусства (например, плакатное) изображают крупные круглые или квадратные фигуры представителей пролетариата, отчасти напоминающие механизмы. Таким фигурам свойственны грубая физическая мощь и крепкое телосложение, а отнюдь не элегантность и утонченность. Здесь видна перекличка с описанием

Глеба, его мускулистым телом и сильными руками крестьянина с грубыми ладонями [Gladkov 1928: 18]. Так автор делает эстетическое высказывание против особых привилегий элегантных и тонких черт лица, которые принято считать отличительной чертой высших классов общества, не занятых ручным трудом. Вкусы именно этих классов раньше олицетворяли собой культурную гегемонию. Здесь автор также ставит искусство на службу народным массам и наделяет его властью содействовать их интересам.

Тем не менее нельзя сказать, что Арконада изображает крестьянство только в выгодном свете. Как и многие другие представители нового романтизма, автор негативно настроен по отношению к деревне. Это неявно проступает сквозь строки романа «La turbina», где деревня представлена отсталой, неотесанной и жестокой. Такое описание перекликается с советскими взглядами на крестьянство, как в капле росы, отразившимися в комментариях Горького о мужике (русском крестьянине). В апреле 1922 года мадридская газета «El Sol» опубликовала серию статей за авторством Горького, в которых он описывал свойственную русским крестьянам жестокость и безжалостность.

> Creo que el pueblo ruso es excepcional en este concepto [el de la crueldad]; y, así como los ingleses tienen una capacidad humorística especial, los rusos poseen una crueldad instintiva, una crueldad a sangre fría, que trata de encontrar los límites extremos a que puede llegar el dolor y la resistencia humana y poner de manifiesto la tenacidad y perseverancia de las fuerzas vitales [Gorki 1922b: 1].

> Я думаю, что русскому народу исключительно — так же исключительно, как англичанину чувство юмора, — свойственно чувство особенной жестокости, хладнокровной и как бы испытывающей пределы человеческого терпения к боли, как бы изучающей цепкость, стойкость жизни [Горький 1922: 17].

Судя по тексту романа «Цемент», его автор также склонен критиковать крестьянство. Например, с первых строк становится ясно: Глеб считает вторжение на завод домашнего скота, которому место в стойле, и привычки неотесанных крестьян варварской тенденцией, противостоящей городу и машинерии. Подобное описание, безусловно, вполне подошло бы для отрицательного героя романа «La turbina», хотя оно отнюдь не ново для испанской литературы, парадигмы которой были известны по обе стороны Атлантического океана. Например, отрицательные герои романов, написанных в конце XIX века Пардо Басан, как правило, грязные, жестокие, бесчувственные и временами не чуждающиеся кровосмешения неотесанные мужланы из деревни, как в романе «Los pazos de Ulloa». С другой стороны, Гальдос в романе «Doña Perfecta» исследует столкновение городского просвещения с деревенским невежеством. Аналогичным образом Доминго Фаустино Сармьенто в XIX веке изучает дихотомию цивилизации и варварства в своем произведении «Facundo o civiliación y barbarie», используя такой же подход, как и Ромуло Гальегос в романе «Doña Bárbara» (1929).

Главный герой романа «Mosko-Strom» занимает среди других героев нарративов о заводах уникальное место. Это интеллектуал, у которого больше общего с Павлом из «Матери», нежели с беспокойным и энергичным Глебом из «Цемента». Макс не пролетарий в самом строгом смысле этого слова и вовсе не «герой-жертва» наподобие Павла, однако ему более свойственна рациональность, чем спонтанность. Это заметно по его реакции на неверность жены: перед нами отнюдь не яростная ревность Глеба, но холодное безразличие и внутренняя собранность [Arciniega 1933: 242–243].

Как и главный герой романа «Мать» (и многих произведений соцреализма), Макс переживает пробуждение самосознания. Оно, скорее, утопичное, нежели прогрессивное, которое мы наблюдаем в произведениях «La turbina» и «La fábrica». Причину этого, кроме идеологической подоплеки произведения, можно усмотреть в том, что роман следует паттерну пути к обретению сознательности, однако в нем отсутствует линия повествования, связанная с подвигом во имя просвещения (например, строительства завода). Вместо подвига мы находим сугубо реакционный поступок —

возврат в деревню[20]. Макс не стремится ни построить, ни восстановить завод, ни увеличить объемы производства. Нет, он желает сбежать от демонического влияния технологий ради чистоты, человечности и навсегда ушедшей деревенской эпохи.

В целом для персонажей романа «Mosko-Strom» характерно более сильное обезличивание, чем для героев многих романов нового романтизма, где схематичные, плоские персонажи выполняют известные действия и символизируют определенные точки зрения. Единственным исключением можно считать Макса, который выступает главным героем, фокальным персонажем и мысли которого известны вездесущему рассказчику. Оба динамичных персонажа (Макс и Джеки) постепенно эволюционируют на протяжении всего произведения. Однако изменения не обходят стороной и жену Макса Изабель: она понимает, что несчастна. Впрочем, склонность к деперсонализации, обычно связываемая с Горьким, отнюдь не в новинку для испанской литературы. Эта тенденция не обошла стороной и авангардную прозу Испании и Латинской Америки в 1920-е и 1930-е годы [Pérez-Firmat 1982: 98–99].

Новая женщина

Junto a la figura de Glieb, está la de Dascha, su mujer. Matrimonio formado con los prejuicios antiguos, que va rompiendo los lazos que lo unen en un deseo de verdad y ante la necesidad de sacrificarse para fabricar la felicidad de lo por venir [Fernández-Cancela 1931: 2].

[Рядом с фигурой Глеба стоит Даша, его жена. Старые предрассудки, некогда связавшие их брак, рвутся под действием неудержимого стремления к правде и перед лицом необходимости самопожертвования ради созидания будущего счастья.]

---

[20] У этого романа также отсутствует романтический побочный сюжет, несущий суровые испытания в рамках хронотопа авантюрного времени, что типично для нарративов нового романтизма. Хронотопы Бахтина подробнее обсуждаются в главе второй.

В романе «Цемент» утверждается идея рождения новой женщины и смерти старых отношений между мужчиной и женщиной. Вот что говорит Даша, когда их отношения с Глебом подходят к концу:

El pasado está bien muerto. Construiremos la vida nueva. Llegará un día en que construiremos otros hogares... El amor seguirá siendo el amor, Glieb, pero ahora exige otros vínculos... Todo arderá, todo pasará, y nosotros sabremos, quizá, cómo anudar nuevos vínculos... [Gladkov 1928: 423].

Прежнее сгибло без возврату... Будем строить новую жизнь... Придет время, и мы построим себе новые гнезда... Любовь остается любовью, Глеб, только она требует новой увязки... Перегорит все, утрясется, а мы поразмыслим, как быть и как завязать новые узлы... [Гладков 1927: 314][21].

Эта революционная, новая женщина — сильная, независимая, рациональная сторонница свободной любви. «Даша, женушка, которую [Глеб] оставил в слезах, когда бежал от белых, становится аморальной и эмансипированной мегерой, приучившей себя ни в ком не нуждаться» (*исп.* Dacha, la mujercita que [Gleb] dejara llorosa, cuando huyó de los blancos, es una virago amoral y emancipada que aprendió a bastarse a sí misma) [Vidal 1929: 7]. Она предана идеям политической борьбы и восстановления страны, уничтоженной Гражданской войной, а отнюдь не тесным границам своей семьи и дома. Признаки курса на феминизм, хорошо заметные в «Цементе», прослеживаются уже в «Матери», хотя там и не меняюся местами традиционные патриархальные роли. В романе Горького мужчина как главный герой служит для своей матери примером для подражания. Тем самым автор переворачивает привычный прообраз («старый учитель — молодой уче-

---

[21] Здесь перевод на испанский довольно близок к оригинальному тексту. Редакция этого текста 1928 года отличается: некоторые идентичные части исходного текста сохранены, однако опущено следующее: «Прежнее сгибло без возврату... Будем строить новую жизнь» и «Любовь остается любовью, Глеб, только она требует новой увязки» [Гладков 1928: 371].

ник») и подспудно укрепляет патриархальный порядок, ставящий ведомую женщину в подчинение более сильным и умным мужчинам. Вместе с тем роман «Мать» отражает свершившийся факт выхода женщин на политическую сцену и героизирует их вклад в политическую борьбу. Такое настроение резко отличается от более поздних произведений соцреализма, опубликованных при Сталине.

В отношениях Даши и Глеба традиционные роли мужчины и женщины часто меняются местами. По словам Видала, именно Даша стремится к независимости и сексуальной свободе. Она побуждает Глеба вступать в отношения с другими женщинами, тогда как он стремится к идеалу традиционной, нуклеарной семьи. Будучи образцом осознанности и уравновешенности, Даша кажется более рациональной, чем Глеб, который подвержен вспышкам гнева и перепадам настроения. Например, когда Глеб выходит из себя, его кровь буквально вскипает, а горло перехватывает от ярости [Gladkov 1928: 423]. Дашина слепая преданность этой борьбе контрастирует с характерной для Глеба одержимостью личными интересами. Опираясь на этот контраст, автор «Цемента» выдвигает следующий тезис: женщины могут быть сильными и рациональными лидерами, стремящимися преобразовать общество и жертвующими своей личной жизнью ради поставленной цели.

Но если женщины, подобные Даше, — это сильные и способные товарищи, то существуют и другие женщины, сохранившие за собой традиционные роли жены и матери. Они или проявляют эмоциональную слабость и зависимость, или изображаются как объекты мужского желания. Столь негативное описание усиливает позитивный облик Даши, поскольку становится понятно, какую работу должна проделать новая женщина, чтобы преобразовать себя. Этот отрывок недвусмысленно указывает: Даша — образец для подражания и наставник для других работниц. Более того, на примере ее личностного развития становится видно, как мужчины должны изменить свои отношения с женщинами. Отражением нового взгляда на новую советскую женщину и смену отношений между полами стало поэтическое произведение, предлагавшее испанцам следовать за новым советским примером для подражания. Я говорю о стихотворении «Un organillo empieza a tocar en el patio» («Шарманка заиграла во дворе»), повествующем об утопическом рае (другими словами, об СССР).

> en donde la mujer
> ya no es más tu sirvienta,
> ya no es más tu querida,
> ya no es más tu mujer, pero
> sí una mujer [Aragón 1933: 16].

> [В котором женщина
> Больше не твоя служанка,
> Больше не твоя милая,
> Больше не твоя жена,
> Но определенно — женщина.]

Из стихотворения следует, что его читатели должны считать женщин субъектами, а не объектами (матерями, слугами, предметами сексуального желания и т. п.). Феминистический уклад жизни Советского Союза, вне всякого сомнения, отражал потребность в интеграции женщин в состав рабочих масс для поддержки индустриализации и электрификации, охвативших всю страну. Вместе с тем заметная часть населения обретала при этом укладе невероятную свободу.

Следует отметить, что феминизм в романе зачастую носит двойственный характер. Возьмем для примера Дашу: она весьма безнравственна и местами даже откровенно аморальна. По мнению Видала, такой персонаж был не по душе советским женщинам, однако нравился мужчинам [Vidal 1929: 7; Dobrenko 2001: 63]. Читателя шокирует мысль, что Даша могла быть виновна в смерти своего ребенка, поскольку посвятила всю себя партии. Неудивительно, что отчаяние Глеба находит сочувственный отклик в сердце читателя, особенно после возвращения данного героя с войны. Впрочем, у читателя остается впечатление, что Даша принесла громадную жертву ради политической борьбы. Автор ясно дает понять: женщины также должны приносить свою жизнь и свои семьи в жертву революции. Причина, вероятно, кроется в том, что романтические отношения и нуклеарная семья в тот радикальный период, который предшествовал революции и длился еще некоторое время после ее завершения, считались угрозами для преданности человека идеалам политической борьбы. Кроме того, именно в данный период на историческую сцену вырвались свободная любовь и феминистские тренды, хотя позднейшие редакции этого произведения указывают на последующий ренессанс пуританства в советском обществе [Friedberg 1954: 85].

С феминизмом связан и другой неоднозначный вопрос: женщины считаются компетентными и равноправными членами общества, но вместе с тем становятся овеществленными объектами сексуального желания. Роман «Мать», где выведен персонаж Михаил Власов, кратко касается проблем семейного насилия и увлечения чужими женщинами, однако проблема сексуального насилия становится лейтмотивом именно в «Цементе». Наиболее резко она проявляется в образе слабой духом Поли, которая поначалу выглядит пугливой и нежной, а после изнасилования Бадьиным — духовно сломленной. Этот аспект «Цемента» только кажется сексистским. На самом деле он зловеще точен в своем описании насилия над женщинами посреди войны, которая не щадит никого, а также проблем, связанных с интеграцией женщин в ряды трудящихся. Изучая различные редакции романа «Цемент», Морис Фридберг обнаружил в более ранних вариантах произведения невероятные по своей чувственности сцены и чрезвычайно реалистичное насилие, а также куда более достоверное описание России военного времени [Friedberg 1954: 86].

Авторов нового романтизма также интересовали вопрос изменения традиционных гендерных ролей и решение проблемы неравенства мужчин и женщин. Впрочем, из-под их пера редко выходили главные герои, способные соперничать с энергичной и активной Дашей. Уникальными выглядят разве что женские персонажи Гарситораля, способные конкурировать с этой героиней. И даже Арсиньега, единственная женщина среди рассматриваемых авторов, не наделяет своих героинь такой же способностью к активным действиям, поддаваясь гипнозу общепринятого стереотипа — описывать их или как бесплотных хранительниц домашнего очага, или как легкодоступных женщин. Персонажи Арконады представляют собой нечто среднее между этими двумя подходами. Им не хватает силы и деятельности героинь, выведенных Гарситоралем и Гладковым. Тем не менее созданные Арконадой образы сельчанок достаточно точны и позитивны. Описывая непрочное положение женщин и строго ограничивающий их поведение моральный кодекс, Арконада перекликается с темами испанской литературы XIX и XX веков (например, с такими произведениями, как «Doña Perfecta», «Los pazos de Ulloa», «La casa de Bernarda Alba» («Дом Бернарды Альбы»), «Yerma» («Йерма») и «Bodas de sangre» («Кровавая свадьба»)).

Обращаясь к традиционному марианизму, Гарситораль рисует портрет единственного женского персонажа, способного стать вровень с Дашей из «Цемента». Это очевидно в рассказах «La compañera Virginia» («Товарищ Вирхиния») и «La fábrica». Обдулия не так криклива, как Даша, и не столь бесцеремонна. Она представляет собой образец католической женственности с характерным для него флером святости: это робкая и молчаливая или предпочитающая мягкую речь, будущая *mater dolorosa* с раздутым от беременности животом [Garcitoral 1994: 313]. Она неслышно появляется на страницах и так же неслышно уходит, воплощая в себе когорту скромных и праведных женщин, следующих библейскому примеру для подражания — женственности, приносящей в жертву самое себя.

> Una mujer va y viene con su vientre hinchado. Es Obdulia. No habla. Escucha. <...> Obdulia siente en su vientre un leve pataleo. Se sobrecoge al pensar que el hijo protesta y se resiste a nacer entre tanta lamentación. La mujer va y viene. Habla bajo. Convence [Garcitoral 1994: 336].

> [Женщина с раздутой утробой ходит туда-сюда. Это Обдулия. Молчаливая, словно тень. Вся обращенная в слух. <...> Обдулия чувствует мягкий толчок изнутри живота. Вздрагивает при мысли, что ее дитя протестует и сопротивляется,

не желая рождаться посреди всеобщей скорби. Женщина ходит туда-сюда. Бормочет себе под нос. Спорит с кем-то невидимым.]

Однако наедине с мужем Обдулия говорит в полный голос. Как и Даша, она отнюдь не является эмоциональной и слабой женщиной. Напротив, ей свойственны рациональность и благоразумие [Garcitoral 1994: 314–316]. И верно: Обдулия лучше оценивает обстановку (она приходит к правильной мысли, что рабочие слишком слабы и не удержат власть на заводе). Ее даже можно считать наиболее деятельной среди всех персонажей: ведь именно она взрывает завод, когда тот возвращается в руки прежних владельцев.

В отличие от Обдулии женщины Арсиньеги полностью исключены из модели политического взаимодействия. Они вписываются в один из двух стереотипных образов: либо добрые деревенские женщины, почти не влияющие на происходящее, либо дикие и безнравственные горожанки, действующие на авансцене произведения, но сеющие вокруг себя только разрушение.

Фокализация, монтаж и завод

Образ пролетарского рабочего пространства являлся в национальном самосознании граждан СССР доминирующим. Это становится очевидным из бытовавших в то время культурных форм, таких как кинофильмы, плакаты, скульптура и нарративы, выражавшие самую суть соцреализма, а именно производственные романы. Приведенные в этой главе названия произведений указывают на привилегированное положение, которое завод занимал в советской и испанской прозе 1920-х и 1930-х годов: «Цемент» (цементный завод), «La turbina» (турбина), «Mosko-Strom» (электрический ток) и «La fábrica» (фабрика). Рабочее пространство напрямую связано с подвигом, который герой должен совершить, или заданием, которое обязан выполнить. Но как авторы налаживали контакт с широкой аудиторией, предлагая ей истории о народных массах и бесчеловечном мире машин?

В этом отношении весьма показательна дискуссия, развернувшаяся вокруг фильмов Эйзенштейна. Речь не только о его кинематографических теориях, оказавших прямое влияние на испанские нарративы (впрочем, нельзя исключать знакомства некоторых из испанских писателей с его фильмами), но и о воплощении в его лентах множества эстетических тенденций, характерных для советского культурного пространства. Его фильмы демонстрируют откровенную симпатию к большевистской революции и народным массам, а также во всех подробностях изображают рабочее место рядового труженика с точки зрения каждого из этих процессов и субъектов. Кроме того, применяемые режиссером фокализация и монтаж способствуют созданию пафосной атмосферы.

В статьях «Монтаж аттракционов» (1923) и «Монтаж киноаттракционов» (1924) Эйзенштейн постулирует, что «оформление зрителя в желаемой направленности — задача всякого утилитарного театра», чего режиссер добивается с помощью применения «аттракционов»[22]. По его определению, аттракцион — это «всякий агрессивный момент театра, то есть всякий элемент его, подвергающий зрителя чувственному или психологическому воздействию, опытно выверенному и математически рассчитанному на определенные эмоциональные потрясения воспринимающего...» [Эйзенштейн 1964–1971, 2: 270]. В кинематографе, в отличие от театра, сильные эмоции создаются путем противопоставления двух или более элементов, в результате чего возникает нечто вроде диалектического синтеза, создающего новый, более сильный образ [Eisenstein 1998: 36]. В работе «О строении вещей» Эйзенштейн вновь размышляет об эмоциональном отклике зрителя, утверждая следующее: «Пользуясь более красивыми словами, мы могли бы сказать, что воздействие пафоса произведения состоит в том, чтобы приводить зрителя в экстаз. Нового такая формулировка не прибавит ничего, ибо тремя строками

---

[22] Первое из этих двух эссе первоначально появилось в третьем номере журнала «ЛЕФ», вышедшем в июне-июле 1923 года, на с. 70–71, 74–75 [Eisenstein 1998: 192].

выше сказано точно то же самое, так как ex-stasis (из состояния) означает дословно то же самое, что наше "выйти из себя" или "выйти из обычного состояния" в "экстазис", "выход из самого себя" или "отход от своего привычного состояния"». По мнению кинорежиссера, этот процесс имеет место в любых видах искусства [Эйзенштейн 2014: 103].

Искусство самого Эйзенштейна было «утилитарным», что отражало его приверженность коммунистическим идеалам [Karetnikova, Steinmetz 1991: 7]. Например, в фильме «Стачка» зрителю не позволяется соблюдать объективную дистанцию беспристрастного наблюдателя. Отнюдь нет — это умышленно пристрастный взгляд. Эйзенштейн планировал «Стачку» как первый фильм в цикле под названием «К диктатуре», повествующем о революционной борьбе рабочего класса в России. Фильм открывается цитатой Ленина от 1907 года, которая задает тон всей ленте. Рабочее место часто становилось предметом внимания реалистических и натуралистических романов XIX века и рубежа веков, стремившихся миметически точно воспроизвести реальность и зачастую бравших на себя социальные обязательства. В фильмах Эйзенштейна и во множестве других советских произведений 1920-х и 1930-х годов этот аспект выражен более ясно и артикулирован более четко.

Движимый «жаждой реализма», советский кинематографист приводит свою аудиторию на рабочее место, где трудятся народные массы. В частности, театральная постановка пьесы «Стачка» происходила на настоящем заводе. Пьеса оказалась провальной, однако режиссер успешно применил этот прием на съемках своего первого фильма «Стачка» в 1924 году [Lindgren 1972: 5]. Он планировал снять этот фильм в собственных декорациях, построенных для постановки пьесы «Мексиканец» в театре Пролеткульта в 1920 году. Кульминацией пьесы был боксерский поединок. По первоначальному замыслу ее следовало играть на боксерском ринге, размещенном посреди зрительного зала. В итоге, чтобы не нарушать правила пожарной безопасности, пространство для актерской игры просто сдвинули на авансцену, как можно ближе к зрителям [Bergan 1999: 70–71; De la Rubia

1936: 8][23]. Приближение к месту сценического действия делает возможным более тесный контакт зрителя с пролетариатом и его рабочим пространством[24]. Для погружения в жизнь рабочего класса и его рабочую среду применялись и приемы киномонтажа, и особая фокализация камеры. Все это позволяло создать у зрителей нужное настроение, добавить в кинофильм соответствующий пафос.

В первой сцене фильма («Глава первая. На заводе все спокойно») фокализация и монтаж создают необходимый подъем и формируют атмосферу просмотра, которая помогает зрителям выйти из привычного душевного состояния. Первые кадры встречают нас дымом из заводских труб, фокализуя завод как место действия. Затем перед нашими глазами предстает полное лицо одетого с иголочки господина, в котором позже мы узнаем директора завода. Оно служит очевидной метафорой буржуазной жадности и излишеств — темы, красной нитью проходящей сквозь всю «Стачку». Потом камера перемещается между административными помещениями завода, возвращается обратно к директору и дает общий вид заводского цеха.

Фокальный персонаж этой сцены — директор завода. Наблюдая завод сверху, он демонстрирует нам явление, названное Мэри Луизой Пратт взглядом «всевидящего наблюдателя», который желает эксплуатировать и присваивать [Pratt 1992: 111]. Несколько позже мы наблюдаем завод с точки зрения шпика, который подглядывает за деятельностью рабочих. Сперва эти шпики предстают в облике теней, которые втайне перешептываются друг с другом, обрисованные на фоне завода, а иногда ходят

---

[23] В фильме «Мексиканец» юноша собирает деньги на нужды революции, занимаясь боксом. Ему обещают небольшую долю призовых за проигрыш в очередном поединке, однако молодой человек решает победить и забирает весь банк [Karetnikova, Steinmetz 1991: 5].

[24] Рональд Берган указывает, что «Мексиканец» был в значительной степени экспериментальной работой, в которой видны приемы, позднее использованные Эйзенштейном при съемках других фильмов. В частности, он понимает, что, «развертывая действие на двух планах одновременно, тем самым подвергая зрителей двойному эмоциональному шоку», он создает нечто вроде «зачаточного кинематографического монтажа» [Bergan 1999: 72].

по галерее над цехом, осматриваясь по сторонам. Тень и мрак — это метафорические образы их моральной нечистоплотности и тайных замыслов. Однако власти шпиков над рабочими приходит конец. Фокализация постоянно перемещается, переходя со шпика на рабочих и обратно, показывая их с различных точек зрения. Многие из них демонстрируются параллельно, некоторые — от лица шпиков. Например, когда рабочие возводят леса, кадр переходит с крупного плана рабочих на общий план их труда, а затем — на стоящего внизу старика, наблюдающего за работой. Вслед за кадром ходит и фокализация. Создаваемые Эйзенштейном знаки показывают физическую слабость шпиков по сравнению с рабочими, что символизирует их иносказательную и фактическую ущербность и высмеивает их. Несдержанность директора и его подручных резко контрастирует с другой сценой, «Стачка затягивается», где показаны нужда и голод бастующих и членов их семей. Это заметно в сцене с пустым табачным кисетом белобрысого рабочего и его ребенком, который просит еды.

В качестве примера можно привести пародию, созданную с помощью образа шпика по кличке Мартышка. Сначала нам показывают мартышку с выступающей вперед челюстью и крупными губами, которая пьет прямо из горлышка бутылки. Затем следует смена кадра, и вместо мартышки перед нами предстает тот самый шпик с говорящей кличкой, который занимается тем же самым. Выступающий подбородок и губы шпика, преувеличенно выпирающие над профилем лица, недвусмысленно указывают на проводимые режиссером параллели. Напротив, крупные планы дают позитивный образ рабочих, рисуя картину молодости, силы и решимости, как в сцене с тремя рабочими, которые стоят со скрещенными на груди руками, символизируя лозунг «В единстве — сила!».

Еще один способ формирования эмоционального отклика у зрителей связан с переходом от общего рабочего пространства к отдельному работнику, который служит фокальным персонажем, а затем — к тому, что фокальный персонаж может сделать или увидеть. В результате зритель получает возможность взглянуть на происходящее глазами положительного персонажа. Это также помогает зрителю проникнуться к персонажу симпатией. Такой метод мы видим в сцене самоубийства Якова Стронгина, причем как в самой сцене суицида, так и несколько ранее, когда лицезреем рабочего с фомкой в руках. Во второй сцене перед зрителем предстает переполненный рабочими заводской цех, затем отдельно взятый работник, а потом камера дает крупный план фомки с видом сверху, словно сам рабочий наблюдает результат своего труда. С помощью этого приема режиссер вызывает в зрителе эмоциональный отклик. Ему кажется, будто именно он и держит фомку, будучи частью рабочей массы, наполняющей завод. Схожий процесс идентификации между зрителем-читателем и персонажем наблюдается и в сцене самоубийства. Зритель наблюдает события, приводящие Якова к отчаянию, глазами нейтрального экстрадиегетического рассказчика.

Сначала зритель видит Якова, затем — его пояс и руки, словно бы издали, а потом — глазами самого персонажа. В результате зритель смотрит на мир глазами рабочего и отождествляет себя с ним (как физически, так и ментально). После этого кадр смещается на брючный пояс, зацепленный за машину наверху. Нагнетается саспенс, пояс затягивается — мы понимаем, что Яков задыхается. После идет кадр безжизненно висящих ног Якова. Эта метафорическая недоговоренность помогает усилить пафос больше, чем образ всего трупа. Вероятно, обнаруживший его тело работник как раз и увидел труп целиком. В подобных сценах Эйзенштейн использует дистанцию, фокальные объекты и углы съемки, а также монтаж, стараясь добиться эмоционального отклика зрителей. Взгляд из объектива камеры усиливает отдельные элементы сюжета, который затягивает зрителя в глубины тайного заводского мира, заставляет презирать злодеев и идентифицировать себя с народными массами.

Схожие приемы в различной степени используются в романе «Цемент» Гладкова и произведениях испанских авторов, рассматриваемых в настоящей монографии. Они помогают читателю проникнуть в пространство пролетарского рабочего места и создают такой же эмоциональный отклик, как и в кинофильме, чтобы поддержать точку зрения автора на социальные или политические вопросы. Фокус этих произведений, зачастую написанных от лица вездесущего экстрадиегетического рассказчика, часто перемещается между главным героем, второстепенными персонажами, безымянным коллективом и заводом. В результате внимание читателя привлекается к важнейшему центру социалистического общества, для чего используются почти те же приемы, что и у Эйзенштейна. В каждом из этих случаев читателю предложен глубоко личный взгляд с позиции рабочего (или, как в романе «Mosko-Strom», интеллектуала), способствующий идентификации с главным героем и через него — с идеологической точкой зрения.

Хотя Глеб впервые видит завод издали, его настроение и мысли окрашивают зрительское восприятие происходящего. Восклицание «Вот черти!» (*исп.* ¡Malditos muchachos!) показывает недовольство Глеба при виде вторжения сельского скота на завод [Gladkov 1928: 15]. Благодаря Глебу зритель входит в тесный контакт с «вымершим миром» (*исп.* mundo extinguido) завода [Gladkov 1928: 30]. Главный герой отнюдь не олицетворяет исключительно негативный взгляд на происходящее. Он, скорее, колеблется между ностальгической притягательностью завода и отвращением к его текущему состоянию, где былая слава уступила место разложению.

В следующем отрывке мы наблюдаем схожий паттерн.

> ...Glieb no veía la acción directa de cada uno; pero tenía el sentimiento profundo de un movimiento de masas musculosas rodando en avalancha delante de él, detrás de él. Removía brutalmente con la pala, cubierto de sudor, el esquisto y el espato que más tarde serían el cemento. Y no era su conciencia, era su ser profundo el que se bañaba en esta fuerza animal; no surgía en él, reventaba sobre él en grandes olas a través del estrépito de la tierra, a través de las piedras y de los rieles, llegada de esta muchedumbre numerosa, hormiguero desplegado en hileras, que gimiendo y gritando, llevando palas y martillos, subía a las chimeneas y a los edificios de la fábrica [Gladkov 1928: 195].

Чувствовал не каждого отдельного человека Глеб, а нутряную лавину мускульного движения масс за собою и впереди себя. Купаясь в поту, он по-бычьи выворачивал киркою цементный сланец и шпат. И не сознаньем, а нутром купался Глеб в этой животной силе: она взрывалась не в нем, а волнами плескалась в него через грохот земли — через камни и рельсы — от этой огромной толпы, муравейной гирляндой, со стонами и с криками идущей в кирках и молотах снизу, от труб и корпусов завода [Гладков 1928: 166].

В этом отрывке фокус переходит с личных чувств Глеба на рабочие массы, затем возвращается к нему, чтобы раскрыть его внутренние чувства, а потом снова переходит к коллективной массе рабочих [Gladkov 1928: 195]. Сначала зритель идентифицирует себя с Глебом, затем — через его мысли и чувства — с рабочими и их эпической борьбой, а потом с самим заводом, которому рабочие посвятили себя. Все это смонтировано единым кинофрагментом. Персонажи «Стачки» проявляют куда меньше индивидуальности, чем герои «Цемента», однако у читателя остается впечатление, словно он стал пленником «живой человеческой машины» (исп. máquina humana viviente) [Gladkov 1928: 197].

В следующей сцене фокализация подчеркивает данный аспект их труда. В этом отрывке восприятие Глеба смещается от ландшафта, на котором закончился предыдущий отрывок, к «человеческому рою, где не отличишь одного от другого», семантически отмеченному ощущениями Глеба как «что-то важное». Затем фокализация возвращается к чувствам Глеба, к его радости от исполнения «ностальгической мечты». Зритель идентифицирует себя с Глебом, трагическим и неутомимым героем войны, и чувствует на своих губах сладкий и одновременно горький вкус его успеха. Проникаясь симпатией к Глебу и народным массам, читатель также отчасти разделяет идеологическую позицию, весьма явно выраженную в романе.

Первые строки рассказа «La fábrica» во многим схожи с началом романа «Цемент». Перед нашими глазами предстает идиллический вид буколической природы (долины) и завода, на которые мы смотрим с расстояния. Затем взгляд перемещается на беседу с Максимо и одним из заводских рабочих. Вскоре после этого мы видим завод изнутри, и наше восприятие окрашивается эмоциями и особенностями восприятия Максимо. «Какой позор! Станки остановились, многие давно сломались. Затаившись в углу, Максимо внимательно наблюдал, как рабочие приходят и уходят» (*исп.* ¡Qué pena! ¡Tanta maquinaria parada, estropeándose! Desde un rincón, vigilante, Máximo contemplaba el ir y venir de los obreros) [Garcitoral 1994: 310]. Здесь фокализация смещается с ощущений главного героя на сломанные станки и машины, которые мы наблюдаем его глазами, а затем переходит к рабочим. Перед нами предстает завод, который сильно поврежден, но не разрушен до основания и сохраняет свой потенциал. Подобные переключения идентификации читателя сначала с Максимо, а затем с другими рабочими показывают нам развитие их идеологической позиции. Она приобретает более четкие очертания благодаря звуковому сопровождению, когда от точки зрения Максимо, который наблюдает машинерию при капитализме и слышит ее нестройный гул, мы переходим к звуковой гармонии коллективизированного завода. Эти образы резонируют с позитивным образом машин как таковых в романах «Цемент» и «La turbina», тогда как более раннее описание завода, который еще не перешел в коллективное владение, перекликается с элементами «Стачки» Эйзенштейна, где отрицательные герои и их злые дела показаны с помощью согласования звукового оформления и изображений, проецируемых на серебристый экран кинозала.

Роман «La turbina» начинается не с образа завода, а с образа мельницы, которую необходимо снести, чтобы расчистить площадку под строительство завода. Процесс демонтажа мы наблюдаем глазами Качана, отрицательного героя. Совершаемое Качаном беспощадное разрушение мельницы служит предвестником его жестоких поступков и полной бесчувственности к бедственному положению своей дочери. Тогда мы еще не знаем имени Качана, но читатель понимает, что он связан с мельницей, уничтожение которой напоминает убийство родного ребенка. Применение отрицательного героя в качестве фокального персонажа с первых строк произведения напоминает прием, использованный Эйзенштейном в своем кинофильме, который также открывается отрицательным фокальным персонажем. Более того, в результате мы понимаем важность Качана для содержания произведения, и образ антагониста предваряет собой появление главного героя. Далее мы часто наблюдаем аналогичные ситуации, когда происходящие события показываются с точек зрения Качана и Антонио [Arconada 1975: 107–108].

Подобно «Стачке», «Цементу» и рассказу «La fábrica», роман Арконады «La turbina» позволяет читателю тесно соприкоснуться с пролетарским рабочим пространством, чтобы своими глазами увидеть его «каменщиков, плотников, каменотесов, механиков, бригаду рабочих» (*исп.* albañiles, carpineteros, canteros, mecánicos, una cuadrilla de hombres), превращающих ветхую мельницу в современный завод [Arconada 1975: 67]. Впрочем, у читателя не возникает чувства единения с рабочей массой, как это происходит при знакомстве с другими произведениями. Вместо этого рабочих часто показывают с точки зрения вездесущего рассказчика, который кажется отстраненным. Тем не менее это отнюдь не беспристрастный наблюдатель, сообщающий нам о событиях, но, скорее, активно вмешивающийся в ход событий рассказчик, который любит задавать вопросы и посмеиваться над увиденным. В частности, он спрашивает и делает оценочные суждения, нарушая принцип непредвзятости. Более того, с виду нейтральный сторонний рассказчик применяет весьма своеобразное чувство юмора, когда персонифицирует воду в образе влюбленного, тем самым переступая границы допустимого для беспристрастного нарратива. Это наименее политически ангажированный нарратив из всех рассмотренных в данной главе, однако его одобрение механизации передается через фокализацию на Антонио. Вместе со своими друзьями этот технический специалист оживляет электростанцию.

[Antonio] Abrió el regulador, y en seguida la corona empezó a marchar. Todo funcionaba normalmente, perfectamente. De pronto surgió la luz. Primero era, como la noche anterior, débil, casi muerta. Pero poco a poco fue subiendo de calor, de intensidad. Las bombillas iban llenándose de luz, como recipientes. Era una luz clara, viva, enérgica, que secuestró en seguida a las sombras, que las hizo desaparecer, ocultarse. La luz caía bajo la trampa del piso y llegaba hasta el agua, cubriéndola, en la superficie, de reflejos movibles, como un polvillo brillante de oro.

— ¡Ya está! ¡Ya está la luz! — gritó Antonio, lleno de alegría [Arconada 1975: 174].

[[Антонио] повернул регулятор, и механизм тут же заработал. Машина работала ровно, без намека на неисправность. Вскоре загорелся свет. Сначала он был таким же, как и в прошлый вечер, — слабым, едва живым. Однако понемногу он стал разгораться, набирать яркость. Лампочки стали наполняться светом, словно яркой жидкостью. То был чистый, яркий, энергичный свет, вскоре одолевший и прогнавший прочь спрятавшиеся по углам тени. Свет упал на поверхность пола и дотянулся до воды, заиграл по ее поверхности отражениями, будто припорошенный сияющей золотой пылью.

— Вот он! Вот свет! — завопил Антонио, вне себя от счастья.]

Фокальным персонажем в этом отрывке является Антонио. Описание его действий плавно сменяется изображением заводских огней, чтобы затем вернуться к радостной реакции Антонио на эти огни. Тем самым автор дает позитивное описание новых технологий и машинерии в целом. Впрочем, по мнению многих критиков, Арконада весьма сдержан, когда дело касается политических взглядов. Например, Найджел Деннис считает «La turbina» своеобразным «идеологическим перекрестком» или «осью» для его романического творчества (и для испанских романов в целом), поскольку позднейшие работы этого автора имеют более выраженную политическую окраску, тогда как ранее он стоял на позициях аполитичного или дегуманизированного искусства [Dennis 2000: 180–184]. Более того, Деннис находит множество отрывков, где в роман подспудно вводятся политические темы (например, социальное расслоение общества, противостояние богатых и бедных и т. п.) [Dennis 2000: 186–188].

Грегорио Торрес Небрера также указывает на склонность автора к политизации литературы, которая сильнее выражается в его позднейших работах; впрочем, по его мнению, «La turbina» является лучшим романом Арконады [Torres Nebrera 1998: 35–36]. Лоран Боуч и Кристофер Кобб отмечают изменения в характере произведений Арконады, указывая на его отход от позиции чисто эстетического авангарда в сторону большей социальной вовлеченности [Boetsch 1990: 71; Cobb 1993: 132–135].

Первая сцена с панорамой завода, показанная в романе «Mosko-Strom», во многом схожа с общим видом на завод, предстающим перед его директором в самом начале «Стачки», хотя Макс Уокер, директор завода и фокальный персонаж первой сцены романа, является его положительным героем. В начальной сцене книги Уокер курит сигарету прямо на рабочем месте. Затем взгляд рассказчика смещается к окну кабинета, через которое его хозяин обозревает неприязненную природу, «холодное, враждебное, осеннее небо» (*исп.* un cielo de otoño frío y hostil), а потом — чуть ниже, благодаря чему открывается вид на завод [Arciniega 1933: 9].

> Abajo, las achaparradas y negruzcas moles de las naves y pabellones, en silencio ahora, eran como pueblos de titanes deshabitados o dormidos, momentos antes de ser violentamente despertados por el agudo trompetazo de las sirenas de los hornos que empezaban a humear ya [Arciniega 1933: 9–10].

> [Прямо под ним чернела масса пустующих залов и цехов. Теперь они лежали в тишине, подобно гигантским деревням, пустовавшим или дремавшим, всего за миг до своего насильственного пробуждения резким трубным звуком сирен рядом с печами, которые уже начинали дымить.]

Считая завод и машинерию дегуманизирующей силой, Арсиньега все же показывает Макса как часть рабочих масс, присовокупляя к ним и более легковерного читателя (даже несмотря на то, что Макс — инженер). Как и в других текстах, результат достигается как путем фокализации, так и с помощью явного сравнения.

Aturdido por aquel frenético record, veía Max Walker cómo aquellas nuevas legiones de obreros, de la noche a la mañana, empezaban a demoler a algunas de las antiguas naves; cómo en todo el área de la explanada las excavadoras, las grúas, los tractores, rugían — con un rugido más intenso que antes —, abriendo cimientos, descargado cajones de maquinaria, grandes como pirámides, arrastrando en todas direcciones piezas y materiales dispersos que el grueso de los ejércitos azules consumía rápidamente [Arciniega 1933: 139–140].

[Пораженный масштабом работы, выполнявшейся прямо у него на глазах, Макс Уокер взирал на новые легионы рабочих. Они с утра до ночи разбирали старые леса; на всем пространстве насыпи ревели экскаваторы, краны и трактора, причем еще сильнее, чем прежде; закладывались фундаменты, разгружались ящики с машинами и механизмами, громоздившиеся подобно пирамидам; рабочие таскали в разные стороны разнообразные детали и материалы, поглощаемые целой армией солдат, облаченных в синюю униформу.]

В этом отрывке фокус смещается с Макса на рабочих, затем обратно на завод и снова на рабочих. В результате у читателя формируется впечатление о необъятности выполняемой работы и незначительности отдельно взятого работника, который является лишь солдатом огромной армии, почти как Макс.

Necesitaba Max Walker duplicarse, triplicarse a sí mismo para atender a todas las consultas, para acudir a los sitios donde era necesaria su presencia, para celebrar conferencias con su estado mayor y, por encima de todo esto, para seguir, como un auténtico generalísimo, el desarrollo del plan en todo su conjunto orgánico [Arciniega 1933: 139].

[Требовалось два или даже три Макса Уокера, чтобы он смог посетить все свои консультации и прибыть везде, где требовалось его присутствие, провести собрания со всеми своими руководителями и, помимо всего прочего, и далее действовать как генералиссимус своих верных воинов, во всех деталях обдумывающий план грядущей битвы.]

Однако выше в тексте рассказчик явным образом сравнивает Макса с рабочими, указывая, что «Макс Уокер был еще одним рабочим, еще одним циклопом в гигантском цеху, напоминающем жерло вулкана» (*исп.* Max Walker era un obrero más, un cíclope más dentro de aquella gigantesca oficina vulcánica [sic]) [Arciniega 1933: 72]. Следовательно, благодаря фокализации и сравнению Макса с рабочими вездесущий рассказчик выражает позицию автора по отношению к машинерии.

Политически ангажированное испанское искусство находилось в диалоге с советскими культурными формами конца 1920-х и 1930-х годов, в особенности — с социальной литературой (например, с романом «Цемент»). Этот роман воспринимался не только как эстетически прекрасное произведение, но и как мощное повествование о людской трагедии. Впрочем, притягательность советского романа можно усмотреть в подаваемом им примере социального искусства, которое давало ответы на заботившие испанцев вопросы. Роман также отвечал желанию испанцев регуманизировать искусство после авангардных экспериментов 1920-х годов, в ходе которых литература стала восприниматься как лишенная гуманистических или социальных черт. В серии опросов, проведенных в июне 1930 года Мигелем Пересом Ферреро, Рамиро Ледесма Рамос выразил мнение многих испанцев, обвинив авангард в недостаточном интересе к политике, во фривольности и в чрезмерном интересе к спорту и различным играм [Pérez Ferrero 1930: 4].

Стремясь заполнить эту лакуну, испанские авторы создавали политически ангажированные работы, опираясь на различные источники. В рамках этого общего движения русско-советские нарративы, такие как «Цемент» и «Стачка», предложили мотив «un soplo humano» («человеческого дыхания»), пронизывающий испанскую литературу конца 1920-х и все 1930-е годы. Именно этот мотив расчистил значимое пространство в испанском культурном процессе, где в краткий период существования Второй республики обосновалась социально ориентированная литература.

Глава 4
Новая женщина и Вторая республика

En la vida actual, la mujer está preparada única y exclusivamente para el matrimonio. Es lógico que hoy la pasión amorosa se condense en ella de tal manera, que excluya aspiraciones de otra índole. La sociedad actual es manca, porque le falta el brazo activo de la mujer. Cuando la mujer no necesite el matrimonio para resolver su vida y cuando el hogar deje de ser la sepultura del espíritu, entonces la pasión amorosa podrá ser sometida a disciplina y equilibrio [Díaz Fernández 1930b: 50].

[В современном мире женщин готовят для супружеской жизни, и только для нее. Отсюда с логической неизбежностью вытекает, что в наши дни женщина считается лишь воплощением страстной любви, исключающей любые другие высокие стремления. Современное общество уродливо, ведь в нем отсутствует активное женское начало. Когда женщина перестанет нуждаться для устроения собственной жизни в браке и когда ее дом перестанет быть усыпальницей человеческого духа, тогда амурную страсть можно будет подчинить дисциплине и привести в равновесие с другими сторонами жизни.]

Одной из важнейших тем для «другого» поколения 27 года стало положение женщины в обществе. Именно поэтому женщина занимает в довоенных социальных романах видное место [Fuentes 1980: 88]. Озабоченность положением женщин отразилась в монографии Диаса Фернандеса «El nuevo romanticismo», который жалуется на недостаточное участие женщин в интеллектуальной жизни испанского общества. Чтобы исправить это положение дел, он предложил испанцам обратить внимание на СССР, где происходит разрушение гендерных стереотипов, а женщины полноценно участвуют в интеллектуальной жизни. В качестве примера можно привести Коллонтай — писательницу, политика и посла, — которая приобрела широкую известность сразу после революции [Farnsworth 1980: 309–313]. В статье 1918 года «Новая женщина» (*исп.* «La mujer nueva y la moral sexual») Коллонтай пытается вдохнуть новый смысл в привычные гендерные роли и женскую сексуальность. Она описывает новую женщину, которая совершает революцию в традиционных семейных отношениях и внедряет инновации на рабочем месте. Теоретические построения Коллонтай, искавшей подходы к расширению новых социальных моделей с целью органичного включения прав женщин, воплотились в произведениях «Василиса Малыгина» (1923), «Любовь трех поколений» (1923) и «Сестры» (1923). Испанские писательницы, такие как Мария Тереса Леон и Луиса Карнес, находились в диалоге с этими романами воспитания, несущими подрывное феминистское содержание[1]. В качестве примеров можно привести такие произведения, как «Cuentos de la Espana actual» («Рассказы о современной Испании», 1935) и «Tea Rooms: mujeres obreras» («Чайные комнаты: женщины-работницы», 1934). Впрочем, не все писательницы нового романтизма отметились феминистскими и одновременно социалистическими нарративами. Некоторым была неприятна предложенная Коллонтай модель новой женщины — социалистки и феминистки. Такое несогласие мы находим, например, в романе Росы Арсиньеги «Mosko-Strom» (1933).

В настоящей главе мы рассмотрим феминистские разновидности испанских социальных нарративов, возникшие в период Второй республики, взяв за основу теоретические разработки

---

[1] Хуан Карлос Эстебанес Хиль упоминал, что Леон встречалась в России с Гладковым и что она была знакома с произведениями Горького. В свою очередь, Линхард считает, что Леон ведет диалог с Горьким, описывая «безземельных, неудачливых и безнадежных» [Estébanez Gil 1995: 57, 302; Linhard 2005: 188; León 1998: 57–58].

и нарративы Коллонтай. Особое внимание мы уделим формированию образа новой женщины, парадигме «учитель — ученик», семейным отношениям и реакции на женское тело. В ходе исследования мы покажем, что, несмотря на готовность многих испанок порвать с патриархальными моделями женственности, далеко не все писательницы нового романтизма одобряли радикальный феминизм Коллонтай и большинство из них не разделяли ее представления о свободной любви, пусть даже их придерживались многие писатели-мужчины (например, Ардериус, Диас Фернандес и т. д.).

Ángel del hogar и nueva mujer

Характерная для Испании дихотомия «ángel del hogar — nueva mujer» («хранительница домашнего очага — новая женщина») указывала на переход от женщины XIX века, личность которой зависела от ее внутрисемейных отношений, к современной женщине XX века, смело ищущей свою идентичность. Если верить Мэри Нэш, в конце XIX века образ *ángel del hogar* стал «преобладающей культурной репрезентацией испанской женщины». Эту конструкцию можно проследить в монографии Фрая Луиса де Леониса «La perfecta casada» («Совершенная жена»), а также в работе Бенито Фейхоо «Defensa de las mujeres» («В защиту женщин») [Nash 1999: 28; González Allende 2009: 51]. Как отмечает Нэш, влиятельный педагог Хулиан Лопес Каталан в 1877 году дал такое определение *ángel del hogar* — «ангел любви, утешительница в наших скорбях, покровительница наших достоинств, терпеливая страдалица за наши ошибки, верная хранительница наших секретов и ревностная блюстительница нашей чести» [López Catalán 1877: 10–11; Nash 1999: 28]. Очевидно, такое определение подчиняло женщин мужчинам, делая первых собственностью вторых, что очевидно в мужском авторитарном повторении местоимения «наши». Следовательно, реализация данной парадигмы становилась возможной только в тех отношениях с мужчинами, где женщина играла роль жены, матери, возлюбленной и хранительницы домашнего очага.

Гонсалес Альенде прослеживает истоки образа новой женщины в романтизме XIX века и последующем реализме. К началу XX века представление о хранительнице домашнего очага стало тесно связано с биологической функцией женщины — материнством [González Allende 2009: 51–52]. Более ранние монографии (например, за авторством Грегорио Мараньона) содержат псевдонаучные дебаты, в которых отмечается репродуктивная функция женщины. Первоначально в них подчеркивалось разделение между общественной мужской сферой и частной женской. В конце концов преодолению этой границы со стороны женщин способствовало формирование более широкого понятия «социальная мать». Его основой стало представление о «естественной» склонности женщин заботиться о других [Nash 1999: 27–30].

На стыке веков зародился новый, конкурирующий дискурс в отношении женщин. К примеру, Пардо Басан предложила концепцию новой, современной женщины, которая уже не домохозяйка, но при этом состоит в браке, отказавшись от своей независимости и одиночества [González Allende 2009: 74]. В конце 1910-х и в 1920-х годах эта концепция проторила дорогу иному взгляду на женственность, который бросил вызов «идеологии домашнего очага», неотъемлемо связанной с парадигмой *ángel del hogar*. Определение этого нового взгляда было дано в рамках модернизма [Nash 1999: 27–30; Munson 2002: 63–65]. Такая смена парадигмы прослеживается, в частности, в статье 1919 года «La condición social de la mujer» («Социальный статус женщины») Маргариты Нелькен, где она призывает к нравственной эмансипации женщин среднего класса от принятых в обществе традиционных взглядов и условностей, и в монографии Кармен де Бургос «La mujer moderna y sus derechos» («Современная женщина и ее права»), вышедшей в 1927 году [Quance 1998: 105; Nash 1999: 31; Uriosti 1993: 528–529]. Происходившие в обществе разноплановые изменения, предоставившие женщинам еще больше свободы и возможности участия в общественной жизни, также были четким индикатором парадигматических изменений [Munson 2002: 63–65]. Поэтесса Конча Мендес и писательница

Роса Часель были в числе тех деятелей культуры, которых связывали с образом новой испанской женщины, стремившейся выйти за рамки современных ей общественных норм и правил [Quance 1998: 114].

Одним из наиболее выдающихся примеров этого феномена в Испании была Кармен де Бургос, чьи личная жизнь, эссе и художественные произведения создали образец новой испанской женщины. Разорвав брачные отношения с абьюзером, она стала жить в одиночестве, устроившись работать в столице ради содержания себя и своей дочери. Она пользовалась репутацией легкомысленной женщины и поддерживала долгосрочную любовную связь с Рамоном Гомесом де ла Серной, который был намного младше нее. Она также успела сделать яркую и весьма продуктивную писательскую карьеру, сначала как репортер, а затем как автор легких новелл, предназначенных для широкой аудитории. Они стали причиной постоянных насмешек и зависти со стороны ее коллег-мужчин, считавших ее новеллы недостаточно художественными [Bell 2006: 31; Johnson 2001: 66–68].

В любом случае в ее сочинениях заметны не только позиция убежденной феминистки, которой будут вторить некоторые писательницы Второй республики, но и другие особенности, которые найдут отклик в социальных нарративах 1930-х годов. К ним относятся широкая популярность этих произведений, предвосхитившая привлекательность нового романтизма для широких народных масс, а также наличие коллективных главных героев[2]. Последнее заметно в «Чайных комнатах» Карнес, работники которых представляют собой нечто вроде коллективного главного героя.

Впрочем, новая испанская женщина 1920-х годов была во многом аполитична. Женщины начнут больше интересоваться политикой только в 1930-е годы, добившись более широкого

---

[2] Роберта Джонсон отмечает использование Бургос как коллективных, так и индивидуальных главных героев, а также популярность этой писательницы [Johnson 2001: 71].

представительства в выборных органах власти в связи с распространением идеи равенства полов, а вовсе не в силу своей биологической функции как матерей [Nash 1999: 31]. Причина этих изменений отчасти просматривается в изменении поля культурного процесса и большей либеральности Второй республики. Все это способствовало распространению в Испании радикальных политических взглядов, включая учения феминистского толка (например, произведения Коллонтай, а также классические произведения марксистской и анархистской мысли).

Испанское восприятие русского феминизма

Один из источников феминистических примеров для подражания в период Второй испанской республики мы находим в новых трендах, демонстрируемых Советским Союзом. Молодое советское государство даже можно считать местом зарождения современного феминизма как движения [Goldman 1993: 48–51]. На рубеже веков Россия отнюдь не была свободна от сексизма. В стране сосуществовало множество идеологий, зачастую конкурировавших друг с другом (таких как, например, анархизм и марксизм). Основу многих из них составлял постулат об интеллектуальном равенстве женщин и мужчин [Farnsworth 1980: 1–3]. Эти движения породили целое поколение женщин, которые в 1920-х годах все чаще принимали участие в культурном процессе на всех уровнях.

По мнению коммунистов, женщины были одним из наиболее угнетенных классов капиталистического общества, поскольку несли на себе двойную ношу семьи и работы. И до революции, и в первые дни после нее русские коммунисты были убеждены: семья «станет ненужной при социализме и умрет при коммунизме», и на смену ей придет государство [Goldman 1993: 11]. В этой связи молодая советская власть приняла не имеющие аналогов законы, наделявшие женщин равными правами с мужчинами. В некоторых случаях эти права были даже шире. В частности, женщины получили возможность самостоятельно распоряжаться своими репродуктивными функциями, требовать развода и вступать в опекунство. Это было «самое прогрессивное семейное законодательство в мире» [Goldman 1993: 48–51].

Обо всем этом испанцам было прекрасно известно. Почти каждый путевой дневник о новой России, начиная с «Madrid-Moscú» Сендера и «Rusia al día» Сугасагойтии, касался нового законодательства, регулирующего права женщин. Леон в ходе своих поездок в Россию в начале 1930-х годов имела возможность лично наблюдать новые социальные эксперименты советского общества. В 1935 году, после своей второй поездки, она провела в Мексике серию конференций для русских и испанских женщин. В ходе своих выступлений Леон весьма откровенно говорила о таких проблемах, как работа, равенство и планирование семьи.

> En Rusia la mujer ha encontrado su perfecto equilibrio; la protegen todas las leyes, siendo esta protección tanto para la mujer de la Rusia europea como para la mujer de la Rusia asiática. A cambio de todos los derechos adquiridos, la mujer rusa ha manifestado un profundo sentido de responsabilidad, poderosa razón que la ha llevado a los más altos puestos. De este modo la vida del hombre y de la mujer son social y jurídicamente iguales [Marrast 1984: 67].

> [В России женщина обрела идеальный баланс своих интересов: ее защищают все законы, ее и всех женщин Европы и Азии, проживающих в России. В ответ на новообретенные права русская женщина проявляет острое чувство ответственности, помогающее ей занимать самые высокие общественные посты. Такой уклад жизни полностью уравнивает мужчину и женщину в их общественных и юридических правах.]

Русские писательницы и феминистки не только описывали кардинальные социальные изменения, происходящие в России. Многие из них также публиковали свои работы, как то Лидия Сейфуллина и в особенности Александра Коллонтай. Входя в число наиболее влиятельных интеллектуалов своего времени и будучи руководительницей женотдела, Коллонтай одновременно провоцировала и радовала испанцев своими произведениями, в которых разрушала гендерные стереотипы и деконструировала нравственные и сексуальные нормы. Она выдвинула теорию о новой женщине, которая напоминала нового человека Горького и Гладкова, разве что с другим гендером[3].

Для испанской прессы Коллонтай была своего рода знаменитостью. Испанцы писали статьи о ее общественной жизни, о ее работе на должности советского посла в Мексике, Норвегии и Швеции, а также о трениях между ней и советской администрацией [Feminismo 1929: 1; Revesz 1925: 108]. В Испании периода 1920-х и 1930-х годов увидели свет множество работ писательницы, в том числе «Семья и коммунистическое государство» (*исп.* «La familia y el estado comunista», 1920) и «Коммунистическая молодежь и сексуальная мораль» (*исп.* «La juventud comunista y la moral sexual», 1930). Впрочем, возможно, наиболее популярными ее произведениями стали перевод на испанский «Василисы Малыгиной», озаглавленный «La bolchevique enamorada» (1928)[4], и очерк «Новая женщина и сексуальная мораль» (*исп.* «La mujer nueva y la moral sexual», 1931). Многие писатели (в частности, Хулио Альварес дель Вайо, Хосе Диас Фернандес и Фернандо де лос Риос) обсуждали эти работы в хорошо известных рядовому испанскому читателю журналах, таких как «ABC», «Blanco y Negro», «Crisol», «Crónica», «La Gaceta Literaria», «Heraldo de Madrid» и «La Voz» [Álvarez del Vayo 1927: 5; Díaz Fernández 1931c: 16; Baturillo 1928: V].

Уже в 1927 году «La Gaceta Literaria» напечатала хвалебную рецензию Альвареса дель Вайо, посвященную сборнику «Wege der Liebe» («Такая разная любовь»), куда вошли такие произведения, как «Любовь трех поколений», «Сестры», «Василиса Малыгина», и еще два рассказа из сборника «Большая любовь»

---

3   Чтобы подробнее узнать о влиянии Коллонтай на советскую социальную политику, см. [Goldman 1993: 3–13].

4   Роман «Василиса Малыгина» (*исп.* «La bolchevique enamorada») также переводился на английский язык и выходил под названиями «The Bolshevik in Love» и «Red Love».

[Kollontai 1925][5]. Героиню первого романа он считал женщиной, принадлежащей к давно ушедшей эпохе революционного романтизма, и положительным представителем этой эпохи, женщиной будущего [Álvarez del Vayo 1927: 5].

В газете «El Imparcial» вышла благожелательная рецензия на монографию «La mujer nueva y la moral sexual», тогда как Ф. Вальдес увидел обрисованное Коллонтай сравнение товарищеской любви со страстной любовью сквозь призму дихотомии благой и дурной любви, впервые предложенной архипресвитером Итским (Хуаном Руисом) в сборнике стихов «El libro de buen amor» («Книга благой любви») [Valdés 1931: 15; X. X. 1931: 8]. В своей рецензии на «La mujer nueva» Диас Фернандес превозносит обнаруженную в этом произведении критику буржуазной морали, которая подчиняет женщин мужчинам.

> La Kolontay dedica sus muchos capítulos a combatir la moral burguesa, que llegó a colocar a la mujer en condiciones de servidumbre respecto al hombre. Quiere que la nueva organización de la vida extirpe de raíz los prejuicios y anomalías que rigen aún las relaciones sexuales en los países capitalistas [Díaz Fernández 1931c: 13].

> [Коллонтай посвящает много глав борьбе с буржуазной моралью, ставящей женщин в услужение мужчинам. Она предлагает новый уклад жизни, где не будет места аномалиям и предрассудкам, до сих пор влияющим на отношения полов в капиталистических странах.]

Таким образом, испанцы в целом весьма хорошо представляли себе работы Коллонтай, несмотря на периодически возникавшие скандалы, отвлекавшие от погружения в ее творчество. Некоторые, как Вальдес, даже полагали, что ее работы могут оказаться весьма «продуктивными» для испанских женщин [Valdés 1931: 15].

---

[5] Переводы этих романов публиковались в разное время и под разными названиями. В испанском переводе «Сестры» превратились в «Hermanas», а «Любовь трех поколений» обрела английский голос под заглавием «Three Generations».

Учитывая популярность Коллонтай в прессе, весьма вероятно, что писательницы нового романтизма были знакомы с ее творчеством. Такая точка зрения находит подтверждение в статье, посвященной «Mujeres Rojas» («Красным женщинам»), в журнале «Estampa», где Леон обсуждает деятельность Коллонтай на дипломатическом поприще [León 1933].

Погружение Леон в русскую литературу можно назвать весьма глубоким. В 1932 году она приехала в Россию вместе со своим мужем Рафаэлем Альберти. Находясь в стране, она писала репортажи о течениях международной театральной сцены для газеты «Heraldo de Madrid». Вторую поездку чета совершила в 1934 году [Marrast 1984: 15; Marco 1979: 11–12]. Она также принимала активное участие в публикации новой советской литературы в Испании [Marco 1979: 11–12]. Работая над политическими и литературными проектами, они с Альберти имели возможность тесно сблизиться со многими деятелями русской культуры. Сюда входит участие четы в редколлегиях журналов «Octubre» и «El Mono Azul», где вышло множество статей о русской литературе. Увлеченность русской литературой была также характерна для Карнес. Особенно высоко она ценила Достоевского и Толстого. Сильная творческая связь с последним заметна во многих ее работах (в особенности таких, как «Наташа») [Plaza Plaza 2002: 24–26]. Кроме того, она какое-то время жила вместе с авангардным иллюстратором Рамоном Пуйолем [Gutierrez Navas 2005: 63–64], когда тот создавал обложки для некоторых новых советских произведений, переводившихся на испанский для журнала «Cenit», таких как «Цемент» Гладкова (1928) и «Растратчики» (исп. «El desfalco») Катаева (1929). Помимо этого, она принимала участие в работе издательств, занятых переводом новой советской литературы.

Теоретические изыскания Коллонтай

Попавшая под огонь критики за популяризацию свободной любви, А. М. Коллонтай изучала менявшуюся суть отношений между полами в историческом контексте революции, Гражданской войны и новой экономической политики (1921–1929). В своей работе «Семья и коммунистическое государство», переведенной на испанский как «La familia y el estado comunista» (1920), она исследовала структуру семьи, образование и проблемы, встающие перед работающими женщинами, с точки зрения марксизма. Писательница видела решение проблемы неравенства полов в отдаленном утопическом будущем победившего коммунизма. В этом будущем крестьянки и работницы станут свободны от бремени своего общественного класса, точно так же, как богатые женщины освобождены от домашней работы и взращивания детей благодаря своей экономической независимости. Освободившись от решения этих задач, женщины из рабочего класса смогут потратить часы досуга на образовательное чтение и здоровые хобби, тем самым становясь интеллектуалами в рабочем рае будущего [Kollontai 1920: 188].

В связи с этим Коллонтай постулирует в своей прозе манифест, представляющий образ современной женщины[6]. В основе архетипа новой женщины лежат современные изменения в облике литературной героини, особенно четко выраженные в работах Жорж Санд. Предложенный пятый тип героини символизировал новый способ бытия, которое не было отражением возлюбленного мужчины. Перед нами новый тип самостоятельной героини, которая, «выдвигая независимые требования к жизни, <...> утверждает свою самость <...> и протестует против всеобщей рабской зависимости женщин» [Kollontai 1930b: 16][7].

> Determinemos, pues, quiénes son estas mujeres que constituyen
> el nuevo tipo femenino. Desde luego no son las encantadoras y
> "puras" jovencitas cuya novela terminaba con un matrimonio

---

[6] В своей дискуссии Коллонтай приводит в качестве примера вымышленных героинь. Образцом новой женщины она считает героинь произведений Жорж Санд [Коллонтай 1919: 12–13].

[7] Это издание монографии «La mujer nueva y la moral sexual», вышедшее в издательстве «Critica Social» Буэнос-Айреса в 19?? году, вероятно, опирается на испанскую версию, увидевшую свет в мадридском издательстве «General de Artes Graficas» в 1931 году. Мадридский текст переведен Марией Тересой Андраде, а вступление к нему переведено Х. Андраде.

feliz, ni las esposas que sufren resignadamente las infidelidades del marido, ni las casadas culpables de adulterio. No son tampoco las solteronas entregadas toda su vida a llorar un amor desgraciado de su juventud, ni las "sacerdotisas de amor", víctimas de tristes condiciones de la vida o de su propia naturaleza "viciosa". No; estas mujeres son algo nuevo, es decir, un quinto "tipo de heroína" desconocido anteriormente; heroínas que se presentan a la vida con exigencias propias; heroínas que afirman su personalidad; heroínas que protestan de la servidumbre de la mujer dentro del Estado, en el seno de la familia, en sociedad; heroínas que saben luchar por sus derechos [Kollontai 1930b: 16].

Кто же такие эти новые женщины? Эго не чистые, милые девушки, роман которых обрывался с благополучным замужеством, это и не жены, страдающие от измены мужа или сами повинные в адюльтере, это и не старые девы, оплакивающие неудачную любовь своей юности, это и не жрицы любви, жертвы печальных условий жизни или собственной порочной натуры. Нет, это какой-то новый, пятый тип героинь, незнакомый ранее, героинь с самостоятельными запросами на жизнь, героинь, утверждающих свою личность, героинь, протестующих против всестороннего порабощения женщины в государстве, в семье, в обществе, героинь, борющихся за свои права, как представительницы пола [Коллонтай 1919: 5].

Новая женщина, больше не идущая на поводу у любви и страсти, желает, чтобы мужчина любил ее не за «безлично-женское», а «ценил бы в ней то, что составляет духовное содержание ее индивидуального "я"» [Коллонтай 1919: 21]. Следовательно, этой новой женщине не хватает чрезмерной сентиментальности, и в результате она оказывается «незамужней».

Esta es la mujer moderna: la autodisciplina, en vez de un sentimentalismo exagerado; la apreciación de la libertad y la independencia en vez de la sumisión y de la falta de personalidad; la afirmación de su individualidad y no los esfuerzos estúpidos por compenetrarse con el hombre amado; la afirmación del derecho a gozar de los placeres terrenales y no la máscara hipócrita de la "pureza", y, finalmente, la subordinación de las aventuras de amor a un lugar secundario en la vida. Ante nosotros tenemos, no una hembra, ni una sombra del hombre, sino una "mujer individualidad" [Kollontai 1930b: 51].

Такова новая женщина. Самодисциплина вместо эмоциональности, уменье дорожить своей свободой и независимостью вместо покорности и безличности; утверждение своей индивидуальности вместо наивного старания вобрать и отразить чужой облик любимого, предъявление своих прав на земные радости вместо лицемерного ношения маски непорочности, наконец, отведение любовным переживаниям подчиненного места в жизни. Перед нами не самка и тень мужчины, перед нами — личность, *Человек–Женщина* [Коллонтай 1919: 29] (выделено в оригинале).

Типичные примеры социалистического феминизма

Теоретические построения Коллонтай нашли отражение в ее сочинениях, таких как роман «Василиса Малыгина», опубликованный в Испании в 1927 году под названием «La bolchevique enamorada». Этот роман, в котором нет ничего романтического, представляет собой хронику жизни партийной функционерки Василисы Малыгиной и ее гражданского мужа Володи во времена революции, Гражданской войны и НЭПа [Farnsworth 1980: 326–327]. Как и «Цемент» Гладкова, это произведение весьма напоминает собой *Bildungsroman*, в котором принадлежащий к рабочему классу главный герой развивает в себе политическую сознательность и совершает подвиг. Роман выстроен вокруг отношений «наставник — ученик», которые при сталинизме превратились в патриархальную модель «мужчина-наставник» и «мужчина-ученик», имитацию отношений между отцом и сыном. Впрочем, первопроходцы этих схем Горький и Гладков вписывают в них оба гендера. В романе «Василиса Малыгина» мы имеем два важных аспекта, отличающие отношения «учитель — ученик» от изображенных Горьким и Гладковым. Мудрым наставником выступает женщина, а не мужчина, поэтому предложенная Горьким модель превращается в диаметрально противоположную. В свою очередь, мужчина-ученик оказывается недостоин своего ученического статуса, и это символизирует важность феминистических трендов в первые дни большевистской революции. Другие произведения Коллонтай, такие как «Любовь трех поколений» и «Сестры», имеют схожую структуру. Однако при этом в их центре находятся преимущественно женщины, и проявление отношений «учитель — ученик» можно увидеть между матерью и дочерью, а также между сестрами.

В романе «Василиса Малыгина» мужчина-ученик слаб и является отрицательным персонажем. Это тайный анархист, запутавшийся в грязных и глупых политических играх, финансовых махинациях и любовных связях [Farnsworth 1980: 326–327]. Личность Володи как ученика и отрицательного героя необходима для внутреннего развития положительного героя (точнее, героини). Он также участвует в предстоящем ей двойном подвиге, которого нельзя избежать. Она обязана помочь ему выпутаться из финансовых и политических затруднений, чтобы затем прийти к выводу о непостоянстве мужчин и непрочности романтических отношений. По ее мнению, брак только сковывает женщин, стремящихся к интеллектуальному развитию и участию в производительном труде, — другими словами, мешает работать на перспективу и получать высшее наслаждение. Однако в этом романе героиня решает иную задачу, нежели персонажи романов «Цемент» Гладкова или «Как закалялась сталь» Островского, где либо строится завод, либо достигается высокая производственная цель. Истории Коллонтай направлены против любви, и подвиги ее героинь чаще связаны с интимной жизнью женщины, чем с рабочей средой, несмотря на тесное переплетение обоих аспектов. Ее аскетизм в корне отличен от аскезы жертв политических процессов Горького, соблюдающих целомудрие, подобно священникам, но заключается в отрицании серьезных обязательств романтического толка (например, брака) ради полного погружения в политическую борьбу, как в «Цементе» Гладкова. Поэтому новая женщина, обычно не связанная узами брака, мало чем отличается от Глеба из «Цемента», который так же обескуражен и смущен, как и Василиса, перед лицом меняющихся семейных отношений, в которых государство занимает для просвещенных коммунистов место семьи. Впрочем, жена Глеба Даша выглядит еще более эталонным персонажем, чем Володя, гражданский муж Василисы, который становится алчным нэпманом[8].

Концовка «Василисы Малыгиной» типична для русско-советских нарративов. Мы видим обещание возрождения и утопического коммунистического будущего. Ребенок служит символом нового поколения, которое сохранит традицию. Василиса беременна, но роды и воспитание ребенка пройдут без Володиного участия. Здесь очевидно противопоставление неудачной беременности его любовницы Нины, которая заканчивается абортом. Тема беременности также выходит на первый план в рассказе «Любовь трех поколений». Показанные автором события имеют важное последствие: они привлекают внимание читателя к легальности абортов в России 1920-х годов и к феномену новой женщины. Ведь именно новая женщина, а вовсе не политически несознательная нэпманша Нина дает жизнь новому советскому мужчине или женщине. Перекличку с этой темой мы находим в романе «La Venus mecánica» Хосе Диаса Фернандеса, когда Обдулия абортирует ребенка, отцом которого был дон Себастьян, но решает родить от Виктора.

Феминистический и коммунистический рай на земле, которым грезила Коллонтай, так и не стал реальностью. Впрочем, проведенный ею анализ современного феминизма вобрал в себя все тренды, которые мы находим в тогдашних нарративах испанской литературы, посвященных отношениям мужчин и женщин[9].

---

[8] Нэпман/нэпманша — это малый предприниматель эпохи НЭПа. Оскорбительное прозвище деловых людей капиталистического склада ума, которые наряду со своими женами и любовницами (или любовниками) эксплуатируют рабочий класс и предают идеалы революции.

[9] Скорее всего, писатели нового романтизма также ведут диалог с Коллонтай. Например, в произведениях Диаса Фернандеса можно найти рассуждения о проблеме аборта, тогда как реакция Коллонтай на диалектику спонтанности и осознанности (примат спонтанности «классового инстинкта» над рассудком) отражается в работах Ардериуса и некоторых других испанских писателей.

Следуя за предложенным Коллонтай шаблоном, испанские писательницы предлагали читателям феминизированный социальный *Bildungsroman* с его образом новой женщины, который мы находим у Карнес и Леон. В ходе различных интервью, которые Леон дала во время поездок в Мексику в 1935 году, ее саму сравнивали с новой женщиной, называя «голосом новой испанки» (*исп.* Habla una mujer nueva de España) [Marrast 1984: 57]. В другом интервью газете, «La fuerte literatura femenina en España» («Сильная женская литература в Испании»), Леон обсуждает новую женщину Испании, отмечает свой радикальный разрыв с прошлым и упоминает Карнес среди тех, кого вообще можно считать новыми женщинами [Marrast 1984: 62–63].

Феминистическая и социальная направленность творчества Леон стала предметом анализа многих критиков. Нэнси Восбург прослеживает связь между соцреализмом, агитпроповской пьесой «Huelga en el puerto» («Забастовка в порту») 1933 года и сборником «Cuentos de la España actual» («Рассказы о современной Испании») 1935 года, откуда взяты обсуждаемые в этой главе нарративы. Вместе с тем Восбург указывает на четкую феминистическую направленность данных произведений [Voeburg 2001: 347–348]. Эстебанес Хиль относит сборник Леон «Cuentos de la España actual» к произведениям соцреализма, хотя и видит источник вдохновения в ее эмоциональной реакции на анархистские произведения Лили Литвак, а не Коллонтай. Кроме того, он отмечает ее неподдельное внимание к социальным вопросам и использование схематичных, собирательных персонажей, а также особое отношение к будущему. Все это — типичные отличительные черты соцреализма и его предшественников, хотя критик и не называет их таковыми. Он также отмечает приверженность автора вопросам феминизма [Estébanez Gil 1995: 148–149, 154, 157–159, 161–163]. Мария Пилар Сельма тоже упоминает о социальном и феминистическом акцентах Леон, заметных в этом сборнике. Она добавляет, что писательница уделяла большое внимание судьбам людей, ставших ненужными обществу, особенно женщин из рабочего класса [Celma 2003: 148, 150].

Леон публично высказалась о социальной направленности своего творчества в интервью мексиканской журналистке Исабель Фарфан Кано в 1935 году, за год до выхода сборника «Cuentos de la España actual». Сказано было буквально следующее: «Мария Тереса Леон <...> подтверждает, что создает литературу социальной направленности, следуя в кильватере большого левого движения» (*исп.* María Teresa León <...> confirma que ella hace una literatura social, siguiendo el gran movimiento de izquierda) [Marrast 1984: 70–71]. Это мнение разделяет множество критиков, включая Торреса Небреру. Давайте посмотрим, как он описывает этот сборник.

> [E]l testimonio de fracasadas infancias proletarias, de fracasadas vidas de anónimos españoles en un país que vivía en la lucha dialéctica feroz de una peligrosísima y violenta lucha de clases, en el Bienio Negro, enmarcado entre los sucesos asturianos de octubre <...> y el triunfo del Frente Popular, al iniciarse el año de publicación del libro [Torres Nebrera 1998: 17].

> [Точное [свидетельское описание] потерянного пролетарского детства и искалеченных жизней неизвестных испанцев в стране, пережившей ожесточенную диалектическую борьбу в ходе жестокого классового противостояния, за два поистине черных года, отмеченных октябрьскими событиями в Астурии <...> и триумфом Народного фронта в начале года, когда вышла эта книга.]

Сельма видит в книге «Cuentos de la España actual» заметный отход от нарочитой мечтательности сборника рассказов «Rosa-Fría, patinadora de la luna» («Роса-Фрия, лунная фигуристка»), предпринятый с целью пробуждения сознательности (*исп.* despertar la conciencia), а также усматривает в нем радикальную перемену эстетики: от вневременного посыла последнего к острой актуальности первого [Celma 2003: 148]. Такая перемена служит еще одним свидетельством в пользу знакомства Леон с соцреализмом и его предшественниками. Как правило, авторы таких произведений сближают время и место действия с современностью, чтобы сделать их более действенным примером для подражания.

По мнению Хоакина Марко, короткий рассказ Леон под *названием* «Infancia quemada» («Сожженное детство») — это образец пробуждения политического и феминистского самосознания [Marco 1979: 14–15][10]. Данный рассказ — о взрослении, где противопоставляются судьбы двух девушек, становящиеся символом тайного сговора церкви с теми, кто виновен в подавлении одних классов общества другими. Этот короткий рассказ импрессионистского толка, лишенный привычного сюжета, представляет собой беседу между двумя незнакомками, наблюдающими за сожжением женского монастыря в республиканской Испании. Разделенные политикой, общественными классами, гендером и возрастом, девушки обретают связующую нить своей общей судьбы. Оказывается, сгоревший монастырь не только разделил, но и объединил их. Главная героиня, нашедшая себя в жизни, внезапно понимает, что ее собеседница — та самая дочь каменщика, с которой она ходила в школу при монастыре.

Стандартные, схематичные персонажи служат универсальными представителями своего социального микрокосма. Они прописаны живой кистью автора на обширном пространстве женского монастыря, ярко освещенного солнцем, где богатые девушки живут полной жизнью и весело резвятся на поверхности земли, а бедные вынуждены страдать от изнурительного труда в мрачных подвалах [Estébanez Gil 1995: 151–152]. Обратимся к воспоминаниям богатой героини о ее первой встрече со своей подругой, беднячкой:

> Ella se acordaba muy bien de aquellas salas húmedas <...> donde el colegio gratuito estaba instalado. Las bajaban allí para que sintieran la piedad. Era como un laboratorio de virtudes. "Mire usted: esta niña es hija de un albañil. Su padre ha caído de un

---

[10] Как указывает Грегорио Торрес Небрера, именно Марко первым вернул Марию Тересу Леон современному читателю, а также проследил ее связь с советскими писателями, такими как Гладков и Горький [Torres Nebrera 1998: 17–18]. В своих теоретических работах он вторит Эстебанесу Хилю, считая «Infancia quemada» лучшим рассказом в сборнике писательницы и указывая, что это мнение основано на личном опыте [Torres Nebrera 1998: 19, 151–152].

andamio. Ahora es huérfana. Usted se ocupará de su educación
religiosa." La niña, fea, colorada, sonreía ya con adulación. La
habían convertido <...> en un animal doméstico [León 1979: 61].

[Ей вспомнились девушки, учившиеся в аудиториях этой
бесплатной школы <...>, где всегда стояла сырость. Их спе-
циально согнали сюда, вниз, чтобы они могли жалеть друг
друга. Это место напоминало своеобразную лабораторию,
где занимались возгонкой добродетелей. «Вот дочь каменщика. Ее отец упал со строительных лесов. Теперь она си-
рота. Ты наставишь ее на путь истинный». На лице некра-
сивой девочки с красноватой кожей возникла подобостраст-
ная улыбка. Тут ее сделали чем-то вроде <...> домашнего
питомца.]

Отчужденность обеих девушек проявляется и в их образовании. Богачи могли себе позволить академическое образование,
тогда как бедняки изучали ремесла, становясь гротескной дегуманизированной карикатурой, совсем как дочь каменщика,
которая стала «домашним питомцем» (*исп.* un animal doméstico)
и «бесполезным хламом» (*исп.* un trasto inútil) после долгих
месяцев занятия рукоделием в промозглых подвалах [León 1979:
61, 65].

По замечанию Элены Эстаблиер Перес, эта история символизирует смерть детской невинности и рождение женственности
и общественной сознательности в женщине из верхних слоев
общества, когда она внезапно понимает уязвимость своего гендера [Establier Pérez 2005: 153]. Это проявляется ближе к концу
истории, когда главная героиня размышляет про себя: «Что будет
с ее дочерью, если отец умрет? Ее знания станут столь же беспо-
лезны, сколь и руки дочери каменщика» (*исп.* ¿Qué sería de su
hija si muriese su padre? Tan inútiles como las manos de la hija del
albañil resultarían sus conocimientos) [León 1979: 66]. Положительная героиня Леон развивает в себе общественную сознательность — процесс, идущий параллельно с осознанием уязвимости
ее гендера, однако она не готова отвергнуть традиционную, ну-
клеарную семью (по крайней мере, в этом нарративе).

Вероятно, лучшим примером романа, состоящего в диалоге с Коллонтай, является кинематографичная новелла Луисы Карнес под названием «Tea Rooms: mujeres obreras». В ней изображена жизнь женщин, работающих в мадридском кафе. Здесь мы находим развитие политического и феминистического сознания, а также одобрение пессимистичных взглядов Коллонтай на брак [Garofalo 2001: 209; Navas 1935: 64–65; Vilches de Frutos 1982: 40–41]. Прислушаемся к вездесущему рассказчику.

En los países capitalistas, particularmente en España, existe un dilema, un dilema problemático de difícil solución: el hogar, por medio del matrimonio, o la fábrica, el taller o la oficina. La obligación de contribuir de por vida al placer ajeno, o la sumisión absoluta al patrono o al jefe inmediato. De una o de otra forma, la humillación, la sumisión al marido o al amo expoliador. ¿No viene a ser una misma cosa? [Carnés 1934: 136–137].

[В капиталистических странах, а особенно в Испании, существует дилемма, притом весьма проблематичная и трудноразрешимая: вступить в супружеские отношения и остаться дома или пойти на завод, в мастерскую или в контору. Или обязательство ублажать другого человека, или полное подчинение нанимателю или непосредственному начальнику. Так или иначе, унижение [и] подчинение мужу или эксплуататору. Разве это не одно и то же?]

Впрочем, Карнес находит выход из этой ситуации. Его доносит до читателя Матильда: «Раньше женщинам были доступны всего два пути: супружество или проституция. Теперь перед женщиной открыт новый, более широкий и благородный путь; <…> сознательная борьба за освобождение мирового пролетариата» (исп. Antes no había más que dos caminos para la mujer: el del matrimonio o el de la prostitución; ahora ante la mujer se abre un nuevo camino, más ancho, más noble; <…> es la lucha consciente por la emancipación proletaria mundial) [Carnés 1934: 218]. Хотя этой модели придерживаются далеко не все писательницы, затрагивающие социальные темы, для Карнес политическая борьба становится чем-то вроде женского монастыря нового образца, куда женщины бегут, спасаясь от рабского подчинения мужчинам. Произведение заканчивается тем, что его главная героиня Матильда решает не выходить замуж. Это подкрепляется последними строками текста, которые явно перекликаются с Коллонтай. «Новая женщина, "не принадлежащая никакому типу", заговорила, и маленькая Матильда ей ответила. Однако новая женщина обращалась и ко всем бесчисленным Матильдам, наполнявшим вселенную. Когда же ее голос будет услышан?» (*исп*. La mujer nueva, "sin tipo", ha hablado y le ha respondido la pequeña Matilde. Mas la mujer nueva ha hablado también para todas las innumerables Matildes del Universo. ¿Cuándo será oída su voz?) [Carnés 1934: 222]. Здесь Карнес перекликается с риторикой Коллонтай о новой женщине пятого типа, называя свою героиню женщиной, не принадлежащей никакому типу[11]. Сознательный диалог между испанской и русской литературой вполне очевиден.

Вместе с тем этот отрывок состоит в диалоге с испанскими образцами феминистской литературы, в частности с любовными рассказами из сборника «Desengaños amorosos» («Любовные разочарования»), которые писательница эпохи барокко Мария де Сайас-и-Сотомайор написала в качестве предостережения для своих читателей. В самом конце рамочного повествования, структура которого схожа со структурой поэмы «Книга благой любви» (*исп*. «El libro de buen amor») или «Декамероном» Джованни Боккаччо, Лисис и четыре ее подруги уходят в женский монастырь, чтобы избежать превратностей супружеской жизни. Матильда сознательно делает аналогичный выбор, отдавая предпочтение политической борьбе и независимой жизни вместо брака.

Матери, дочери и сестры

Наблюдаемое в этих произведениях слияние социальной и феминистской сознательности принимает облик отношений «учитель — ученик», которые в женской прозе чаще всего выра-

---

[11] Согласно наблюдениям Нэнси Восбург, Леон также использует термин *nueva mujer* («новая женщина») в романе «Doña Jimena de Vivar» («Донья Химена де Вивар») [Vosburg 2001: 252; León 1968: 197].

жены в семейных отношениях между матерью и дочерью или между сестрами, а отнюдь не в любовных связях, характерных для текстов большинства писателей нового романтизма. Это хорошо заметно в рассказах Коллонтай «Любовь трех поколений» и «Сестры», а также в отдельных произведениях испанских писателей. Впрочем, проблема сестринской общности при социализме зачастую связана со множеством вопросов и отягощена сложным восприятием семьи, что особенно резко проявляется в отношениях между матерью и дочерью[12].

В статье «Героиня как дочь автора» (*англ.* «The Heroine as her Author's Daughter») Джудит Кеган Гардинер выдвигает тезис о том, что «героиня XIX века тратит время в поисках подходящего мужа, тогда как героиня века XX посвящает время поискам собственной идентичности» [Kegan Gardiner 1978a: 244]. По мнению этого критика (женщины и открытой феминистки), поиск идентичности главным героем отражает аналогичный процесс, протекающий в жизни автора:

> Формирование женской идентичности — это основа женской личности. Можно утверждать, что в западной культуре задача созидания идентичности по-разному понимается в отношении мужчин и женщин. Более того, идентичность персонажей, созданных авторами художественных произведений, обычно отражает психологические черты самих авторов. Следовательно, по моему мнению, женщины-романистки идентифицируют себя со своими героинями. Для писательницы ее персонажи служат средством творения, отвержения и опробования различных идентичностей, важнейшие из которых опираются на линию отношений «мать — дочь» [Kegan Gardiner 1978a: 249–250].

Кеган Гардинер связывает это с психоаналитическими теориями Нэнси Чодороу, в которых последняя связывает материнство с «двойной идентификацией», когда женский субъект идентифи-

---

[12] Беатрис Фарнсуорт также выделяет «социалистическую сестринскую общность», предложенную в нарративах Коллонтай [Farnsworth 1980: 329–330].

цирует себя как с собственной матерью, так и с самим собой в роли ребенка [Kegan Gardiner 1978a: 250][13].

По мнению Чодороу, «в ситуации, когда женщина играет роль матери, эдипов комплекс становится такой же проблемой в отношениях между матерью и дочерью, какой и в отношениях между дочерью и отцом». «Продолжение отношений с матерью — это важный аспект формирования женской идентичности», — продолжает она [Chodorow 1978: 137].

> Принципиальная значимость женского эдипова комплекса заключается не только в формировании личной [сексуальной] ориентации, но и в обретении женского ощущения «самой-себя-в-отношениях», лежащего в основе процесса зарождения сексуальной ориентации как таковой [Chodorow 1978: 137].

Более того, она постулирует, что сепарация от матери является необходимым условием формирования независимого «я» женщины, необходимого для ее дальнейших отношений с другими женщинами. Возможно, здесь кроется объяснение, почему в феминистских нарративах уделяется столько внимания семье и отношениям между матерями и дочерьми.

> Возможно, с женским эдиповым комплексом связано нечто более важное, чем сексуальная ориентация, а именно зарождение женского самоощущения себя в отношениях. Традиционный психоанализ рассматривает женщин как приложение к своему либидо; он не изучает формирование женского «я». В этой книге я доказываю, что для девушки автономия и сепарация от матери, наряду с амбивалентной привязанностью к ней, являются основой женского эдипова комплекса [Chodorow 1978: 155].

---

[13] Здесь Чодороу вносит свою лепту в срыв покровов с гендерной пристрастности Фрейда. Склонность этого психолога к мизогинии отмечают многие феминистки. Они же указывают на важность отношений между матерью и дочерью для развития женщины [Pildes 1978: 1].

Творчество Коллонтай, шокирующее своим откровенным и отталкивающим описанием сексуальных контактов, проповедует сугубо отрицательный взгляд на традиционную семью. Автор призывает женщин искать интеллектуальной и эмоциональной поддержки у политического органа, заменяющего семью в качестве базовой ячейки общества. По словам Кларк, ключевые отношения внутри громадной коммунистической семьи принимают форму связи «учитель — ученик», которая обычно опирается на фигуру отца, находящего себе подражателя в биологическом сыне или последователе некоей идеологии [Clark 1997: 29]. В случае Коллонтай заметны оба вида связей — и семейные, и идеологические, когда дочь принимает образ матери или когда две сестры по духу объединяются в своем противостоянии эксплуатации[14]. Это особенно заметно в рассказе «Любовь трех поколений», который, как мы уже говорили, был удостоен рецензий в испанской прессе, но, вполне вероятно, никогда не публиковался в Испании[15]. Женя во всеуслышание заявляет: «Да, прежде всего и больше всего на свете — [я люблю] маму. <...> В некоторых смыслах я ее ставлю даже выше Ленина. <...> За маму я могу отдать жизнь» [Коллонтай 2008: 348]. Может показаться, что в поисках идентичности Коллонтай выворачивает наизнанку конфликт в рамках одного гендера, постулированный Фрейдом как характерный для доэдиповых отношений, создавая внешне гармоничные отношения в парах «мать — дочь» или «учительница — ученица».

Впрочем, это чересчур буквальное прочтение произведения, проблематика которого очерчена намного шире и прописана

---

[14] Жизнь самой Коллонтай нашла отражение в судьбе героев ее произведений. Будучи плодом внебрачной связи, Коллонтай пала жертвой супружеской неверности не только при своем рождении, но и позже, находясь в браке с П. Е. Дыбенко [Marsh 2004: 201; Barker, Gheith 2004: 330–331].

[15] В фондах Национальной библиотеки Испании нет сведений о том, что эта работа вообще была опубликована. Нет их и в библиографии Шанцера, весьма скрупулезно составленной. Впрочем, этот короткий рассказ сопровождает немецкие переводы и английское издание романа «Большая любовь» 1929 года.

куда тоньше. Конфликт, спровоцировавший это заявление, был вызван связью между дочерью и гражданским мужем ее матери. Отдавая дань женской сексуальной свободе и признавая за женщиной право выбирать отца будущего ребенка, Коллонтай вместе с тем излагает весьма сомнительные представления о матерях и дочерях. Если смотреть взглядом психолога, то можно заметить недостаточную сепарацию героини от своей матери. Этот изъян становится очевиден, когда дочь идет по стопам матери в политической и рабочей деятельности, выполняет аналогичные домашние обязанности и даже заменяет ее на супружеском ложе. Пример большинства новых женщин показывает: чтобы обрести индивидуальность, необходимо символически «убить» свою мать или сепарировать себя от матери. Кеган Гардинер утверждает буквально следующее: «В мифе об Эдипе сын убивает отца, чтобы занять его место. В новом женском мифе дочь "убивает" свою мать, чтобы самой *не* стать ею» [Kegan Gardiner 1978b: 146] (выделено в оригинале); «В романах XX века матери героинь выступают в роли символов для традиционных социальных ролей, объединяя в себе образы жены и матери с привычными для них психологическими чертами» [Kegan Gardiner 1978b: 148].

Следовательно, у Коллонтай Жене как новой женщине не нужно «убивать» свою мать, поскольку она во всех смыслах стала матерью для себя самой. И верно: повторение данного цикла заметно в ее матери и бабушке, которые были активистками, сражаясь за революционные политические идеи и реализацию программ по борьбе с неграмотностью. Подражание матери заметно в характерной для соцреализма романной структуре *Bildungsroman*, хотя Коллонтай и нельзя считать первым автором, который ее использует. Впрочем, ее творчество содержит множество черт, характерных для других предшественников жанра. Это проявляется в нравоучительном характере повествования, в отношениях «учитель — ученик», в политическом пробуждении и в предпочтении аскезы, характерном для творчества Гладкова. Я имею в виду не целибат, но, скорее, воздержание от любовных отношений или подчинение любви политической жизни.

Важную роль в развитии этого жанра играли жития святых, а также былины и народные сказки. Христианские святые и положительные герои сказок всегда служили примерами для подражания, поэтому последователи Горького и Гладкова стремились следовать достойным примерам своих учителей. Отсюда вытекает предпочтение непрерывности традиции и схожести поведения, и новая, коммунистическая женщина может служить отражением образцовой, общественно-сознательной матери-учительницы (или, в случае романа «Сестры», сестры-наставницы).

В «Сестрах», опубликованных в Испании в 1930 году под названием «Hermanas», изображены вымышленные семейные отношения двух женщин, между которыми существует тесная связь вовсе не биологического свойства. Они эксплуатируют мужчин в своих интересах, и особенно — нэпманов[16]. Героиня рассказа, политически сознательная работница, постепенно развивает в себе феминистскую сознательность. Этому отчасти способствует ее муж, увлекшийся проституткой. Вступив в борьбу с этой девушкой, она понимает, что та стала жертвой эксплуатации в силу экономических обстоятельств своей жизни. В результате героиня признает уязвимость своего гендера перед такими факторами. «Вы не поверите, слушала я ее, а у самой все внутри от жалости перевернулось. И вдруг я поняла: не будь у меня мужа, и я была бы в таком положении, как она» (исп. No me lo creerá usted, pero, al oírla, todo en mí se estremecía de lástima. Y, de pronto, vi claro. Si yo no hubiera tenido a mi marido, me habría encontrado ya en la misma situación) [Коллонтай 2008: 302; Kollontai 1930a: 305]. Муж героини раньше проявлял политическую сознательность, но затем оказался сбит с пути истинного нэпманами и предался буржуазным излишествам (таким как пьянство,

---

16 «Сестры» были опубликованы в сборнике «Veinte cuentistas de la nueva Rusia» («Двадцать писателей новой России») [Kollontai 1930a]. Согласно Фарнсуорт, этот короткий рассказ подчеркивает тесную связь между женщинами, тогда как «Любовь трех поколений» — преимущества товарищества над романтикой, труда над эмоциональной привязанностью [Farnsworth 1980: 330].

эксплуатация женщин как проституток и т. п.). Неподобающее обращение отнюдь не разделяет противниц, но объединяет их. Теперь они несут миру весть о необходимости объединения женщин в сестринскую организацию социалистических феминисток. Впрочем, пафос рассказа вполне очевиден: здесь не только осуждается дегуманизация проституции, НЭПа, волочения за каждой юбкой и беспробудного пьянства, но и нарисована омерзительная картина будущей жизни в браке. «А теперь вдруг вся злоба у меня на мужа повернулась. Как он смел пользоваться таким безвыходным положением женщины? Он же [политически] сознательный, ответственный работник» (*исп.* [P]ero ésta [cólera] cambiaba ahora y se tornaba contra mi marido. ¿Cómo se atrevía a explotar así la desolada situación de una mujer? ¡Él es un obrero juicioso, con sentido de la responsabilidad e investido de un cargo de confianza!) [Коллонтай 2008: 303; Kollontai 1930a: 305]. Хотя они и не являются сестрами в буквальном смысле, контекст использования этого понятия автором резонирует с табуированной темой инцеста, также затрагиваемой в рассказе «Любовь трех поколений». Муж продолжает нарушать общественные табу, изменяя жене, когда сама жена и ребенок находятся в соседней комнате. Тема свободной любви была модной в 1920-е годы, однако даже тогда проституция была табуирована и, уж конечно, не считалась положительным примером для детей. В этом случае нарочитое пренебрежение символизирует пороки общества, присущие как отрицательному персонажу, так и, наверное, мужчинам в целом. В этом смысле Коллонтай рисует достоверную картину поистине бесплодных отношений в браке.

Луиса Карнес и Мария Тереса Леон создали политически сознательную новую женщину-феминистку, ведя диалог с Коллонтай. Это особенно четко проявилось в отвержении нуклеарной семьи ради политической борьбы, которое исповедовала Карнес. В романе «Tea Rooms: mujeres obreras» и брак, и работа на буржуазного начальника — это акты подчинения. Однако связь между матерью и дочерью — намного более интересный аспект данного произведения. В нем мы находим как биологическую связь между матерью и дочерью, так и метафорическую связь между матерью, с одной стороны, и дочерью или сестрой — с другой. Матильда, героиня, выступающая в роли учительницы, инициирует своих политически несознательных коллег по работе, прививая им левые взгляды. В отличие от романа «Любовь трех поколений» главная героиня романа Матильда метафорически «убивает» свою мать, а не пытается походить на нее, поскольку мать не является достойным примером, и тому есть множество причин, включая нарушение социальных табу. Овдовевшая мать материально зависима от заработков Матильды. Это инверсия типичных отношений «родитель — ребенок», но, возможно, не столь предосудительная. Впрочем, ее мать отнюдь не является стереотипной хранительницей домашнего очага: она не только проявляет грубость и бесчувственность, но и побуждает дочь занять морально преступную позицию. Это видно в ответе Матильды [Carnés 1934: 16][17].

> — ¿Es posible que no hayas comprendido lo que quiere ese señor M. F.? Fíjate bien: para escribir a máquina hace falta tener una edad determinada y un cuerpo bonito; ¿crees que una mujer independiente está más capacitada para resolver un problema aritmético que una hija de familia? ¿No adviertes que ese M. F. internacional lo que desea es una muchacha para *todo*? [Carnés 1934: 15] (выделено в оригинале).

> — Как вы не понимаете, чего хочет этот мистер М. Ф.? Только представьте: чтобы работать за печатной машинкой, вы должны быть определенного возраста и иметь прекрасное тело. Вы полагаете, что независимая женщина лучше решает математические задачи, чем девушка, [живущая с] родителями? Разве вы не понимаете, что этому иностранцу М. Ф. нужна девушка для *всего сразу*?]

---

[17] Эти события служат отражением жизни самой Карнес, вынужденной много и упорно трудиться (впрочем, она никогда не занималась проституцией). В 11 лет ей пришлось бросить школу и пойти работать в магазин своей тетушки, чтобы кормить семью. Постоянными темами, рефреном звучащими в ее произведениях, станут ее личные пробелы в образовании и недостаточная образованность других детей в семьях представителей рабочего класса [Plaza Plaza 2002: 16–17].

Решительная Матильда противостоит своей матери и благодаря этому сепарируется от нее или иносказательно «убивает» ее, чтобы стать отличной от нее новой женщиной. Хотя творчество Карнес идет по другому пути, оно все же перекликается с «Сестрами», показывая жертвенную проституцию ради матери (проститутка продает себя, чтобы оказать помощь матери).

По наблюдению Гутьеррес Навас, Карнес использовала работниц мадридского кафе в качестве коллективных главных героев задолго до того, как это сделал Села в романе «La Colmena» («Улей»), за много лет предвосхитив неповторимый стиль будущего лауреата Нобелевской премии по литературе [Gutierrez Navas 2005: 64–65]. Хотя в центре находится Матильда, которая выступает в роли коллективного положительного героя и символизирует рабочие массы, в романе прослеживается жизнь множества персонажей, принадлежащих к различным общественным классам, для которых кафе служит местом общения и работы. Применяемые автором образы девушек из кафе Эмилия Гарофало интерпретирует как тип механической работы, «редуцирующей людей до бездушных автоматов» [Garofalo 2001: 229]. Подобная образность также служит своеобразным феминистским зеркалом «Стачки» и нарративов о рабочих, которые мы видим в третьей главе произведения, а также в «Механической Венере» Диаса Фернандеса.

Леон, подобно Карнес и Коллонтай, создает женские персонажи, обладающие и политической, и феминистской сознательностью. В своем коротком рассказе «Liberacion de octubre» («Октябрьское освобождение») она описывает пробуждение политической сознательности и женственности в женщине, не уважаемой обществом [Marco 1979: 18][18]. Муж демонстративно игнорирует Росу: она пустоцвет, а также ее родственников и даже деревенского священника за его неспособность иметь детей. Феминистическое содержание ее образа проявляется

---

[18] Как указывает Мария Сельма, действие этого рассказа, первого в сборнике, происходит в период Октябрьской революции [Celma 2003: 148].

в неудовлетворенности Росы своим браком. «Роса полагала, что плотскую грубость брачного союза намеренно скрывают от юных девушек, чтобы девственницы не пугались, а покорно принимали эту жертву как необходимость» (*исп.* Rosa pensaba que aquella brutalidad carnal del matrimonio se oculta a las jóvenes para no espantarlas, para que las vírgenes acepten el sacrificio) [León 1979: 29]. Мать Росы так и не появляется на страницах произведения, но ее присутствие ощущается в неодобрении бесплодия Росы и чрезмерно правильном подходе к воспитанию дочери. Однако, когда Роса становится более политически активной и ее женственность расцветает, она сепарируется от буржуазного примера матери: «Ее телесная жизнь подошла к концу очень быстро, а внутренняя жизнь началась с мучительного ожидания ночи» (*исп.* Su vida física se terminaba pronto; su vida interior se empezaba con la espera angustiosa de la noche) [León 1979: 29]. Родившись в качестве новой женщины, Роса избегает сковывающих ее уз брака и собственной внешности: «Она больше не вернется к тому, чтобы ждать его [своего мужа], и больше не будет любоваться на себя в зеркало» (*исп.* Ya no volvería a esperarle [al marido], ni se miraría al espejo) [León 1979: 29]. Роса метафорически «умерщвляет» свою мать. Однако нельзя сказать, что Леон всегда выстраивает сложные отношения между матерью и дочерью, как отмечается в рассказе «Infancia Quemada». Положительная героиня Леон развивает в себе общественную и феминистскую сознательность, аналогично героиням Коллонтай и Карнес, однако автор чаще рисует вполне традиционный образ нуклеарной семьи. Положительная героиня прежде всего думает о благополучии своей дочери, что восходит к жертвенному образу хранительницы очага из эссе Луиса де Леона «La perfecta casada» («Идеальная жена»). Следы этого феномена можно увидеть в том, что главная героиня, мать, служит достойным примером для подражания, совсем как в рассказе Коллонтай «Любовь трех поколений». Впрочем, автор не пытается вызвать у читателя потрясение при виде отношений, сильно похожих на инцест и потому табуированных.

Образ тела

Пусть роман «Василиса Малыгина» и считается произведением радикального феминизма, он отнюдь не лишен противоречий. Самое очевидное из них — облик героини, которая напоминает внешностью худого, анемичного мальчика с плоской грудью. Прислушаемся к Эрику Найману:

> Особое возмущение читателя [этот роман] вызывает своим отношением к физиологии. Женское тело, показанное на ее страницах, имеет угнетающий, мучительный и неприятный вид. Оно практически исчезает к концу произведения, когда от героини не остается почти ничего, кроме улыбки [Naiman 1996: 1–2][19].

Называя это произведение готическим романом, Найман усматривает связь между исчезающим женским телом и сложным периодом НЭПа, который многие считали предательством идеалов революции. И в самом деле, «Василиса Малыгина» показывает иногда довольно странное отношение к сексуальности и гендеру. Как утверждает Найман в своей монографии «Sex in Public» [Naiman 1997], это отношение было нехарактерно для русского поля культурного процесса в тот период.

Леон и Карнес в своих социальных романах избегают темы андрогинности, однако касаются проблемы старения или выражают сложный взгляд на сексуальность. Роса в рассказе «Liberación de octubre» — пустоцвет, то есть женщина, неспособная дать потомство. Отстаивая ее достоинство, Леон указывает на другие факторы, не связанные с ее внешностью и репродуктивной функцией, однако недостаточная сексуальность, бесплодность и возраст все равно настораживают читателя. В тексте мы находим следующее указание: «Ее глухое внутреннее "я" не отклик-

---

[19] На самом деле Эрик Найман в своей монографии уделяет много внимания вызывающим отвращение телам. Он противопоставляет Василису с ее бледным, анемичным, мальчишеским телом ее сопернице, образ которой урезан до тела с выделяющимися на нем огромными грудями и еще лица, напоминающего женские гениталии [Naiman 1996: 4–5].

нулось на отчаянные призывы первых раз и осталось глухим к редким откликам последних» (*исп.* Sus entrañas sordas no habían contestado a las llamadas apremiantes de los primeros tiempos ni a los espaciadas réplicas de los últimos) [León 1979: 29]. Это отношение подчеркивается двойной двусмысленностью: прилагательное «глухой» (*исп.* sordas) употребляется в значении «быть глухой к сексуальному желанию» или «быть бесплодной», а возможно, и в обоих значениях сразу. Второе подчеркивается применением оборотов «не откликаться» и «оставаться глухим», иносказательно описывающих грубость на брачном ложе, о которой сказано выше. Впрочем, такую склонность проявляют отнюдь не все женские персонажи Леон. Даже так: большинство персонажей полностью ее лишены.

Взаимоотношения с собственным телом у Росы Арсиньеги носят куда более неоднозначный характер. При этом в своем романе-антиутопии «Mosko-Strom» она отказывает женщинам в сколько-нибудь значимой роли в формировании личной политической сознательности. Вместо этого она поддерживает более чем патриархальную модель, предлагая социальные нарративы, населенные мужчинами в роли положительных героев и женщинами вамп в роли героинь отрицательных. И это несмотря на то, что такие писатели, как Диас Фернандес и Хоакин Ардериус, зачастую создавали сильных женских персонажей (например, таких как Обдулия в «La Venus mecánica» или герцогиня в «La duquesa de Nit»). Эти героини выступали и в роли учителей, и в роли учениц, пусть и без явного пробуждения своей феминистской сознательности. Такая тенденция полностью согласуется с классическим марксизмом. Как отмечает Ана де Мигель Альварес, в работе «Происхождение семьи, частной собственности и государства» Энгельс критикует движение суфражисток, пребывая в уверенности, что революция предоставит женщинам, как и мужчинам, равные права [Miguel Álvarez 1993: 16; Engels 1978: 750–751].

В отличие от большинства писателей нового романтизма Арсиньега создавала сугубо одномерных персонажей. Это либо деревенские хранительницы домашнего очага, либо городские новые женщины, склонные к распутству. В число первых входят незаметная мать Макса и его вторая жена, которую мы также не видим, тогда как новые горожанки безнравственны, эгоистичны и пусты. Этот архетип достигает максимального выражения в образе Исабель, первой жены Макса, которая «понятия не имела, как создать идеал своими руками, и была совершенно пустая, ужасно пустая внутри, совсем как наша эпоха» (*исп.* no ha sabido forjarse un ideal y está hueca, horrorosamente hueca y vacía por dentro, como nuestra época) [Arciniega 1933: 108, 255]. Ее поверхностность и нравственная пустота проявляются в раннем старении ее тела. Преждевременная старость, резко контрастирующая с показной элегантностью, обнажает ее разложившуюся натуру, в которой моральный декаданс неотделим от физического [Arciniega 1933: 264]. В отличие от политически сознательных новых женщин Леон, Карнес и Коллонтай новые женщины Арсиньеги не переживают ни политического, ни феминистского пробуждения. Напротив, они в точности копируют нэпманш Коллонтай, будучи самовлюбленными капиталистками. Они также угрожают патриархальному порядку, вступая во внебрачные связи и манипулируя мужчинами вокруг себя. На авансцене произведения действуют именно такие женщины, властные и злонамеренные, тогда как *ángeles del hogar* молчаливы, отстраненны и почти незаметны. Мать Макса умерла. Его согревает память о прошлом, но эти дни давно прошли, а его вторая жена полностью сливается с фоном повествования и даже лишена имени. Она, скорее, символизирует эфемерную идею женственности, что по-своему задевает читателя. Здесь она похожа на главную героиню романа «Василиса Малыгина» Коллонтай.

> Vuelve a pensar en su casa blanca, tan enana, pero tan erguida; tan pequeña, pero tan replete de lo que debe estar llena una casa: de amor, de silencio, de compenetración, de risas infantiles [Arciniega 1933: 260].

> [Перед его мысленным взором снова встал этот домик, выкрашенный белой краской; такой крошечный, но вместе с тем такой правильный; скромный снаружи, но внутри изобилующий всем, чем должен быть богат любой дом: любовью, молчанием, пониманием, детским смехом.]

Безымянная, но незримо присутствующая на фоне происходящего, его жена остается в частном пространстве дома вместе с детьми, когда Макс покидает дом ради жизни в большом городе, Космополисе.

> Se agitan brazos y un pañuelo blanco, se lanzan al aire palabras de despedida: "¡Adiós! ¡Adiós!.. ¡Que vuelvas pronto!" Voces amorosas de mujer y vocecitas infantiles que riman a tono con los melifluos piídos [sic] descolgados de las parras que circundan la blanca casita campestre [Arciniega 1933: 259].

> [Люди машут руками, белый шарф летает взад-вперед; все прощаются: «Счастливо! До встречи! Возвращайтесь скорей!» Любящий голос жены и тонкие голоса детей сливаются со сладкозвучным чириканьем птиц в виноградной лозе, обвившей крохотный белый сельский домик.]

Все это весьма напоминает Василису из романа Коллонтай. Жена Макса упоминается лишь однажды. У нее нет ни имени, ни классовой принадлежности. На фоне нестройного чириканья птиц и безбрежного моря машущих рук она выделяется лишь своим «любящим голосом» и красивым шарфом, которым машет на прощание.

Вместе с тем намного более интересным персонажем представляется Исабель, бывшая жена Макса, поскольку она служит полезным для подражания примером добродетельного материнства. Она имеет имя и голос, пусть и редко когда приятный. Это новая женщина, живущая по своим правилам. Тем не менее она также превращается в ничто: это «бабочка негасимого света» (*исп.* una mariposa de luz incansable), «ужасно пустая внутри» (*исп.* horrorosamente hueca y vacía por dentro) [Arciniega 1933: 108, 255]. Бабочка — это распространенная метафора красоты и грации. Она маленькая, легкая и словно соткана из чистого света. У читателя создается впечатление, что ни хранительницы домашнего очага, ни новые женщины не имеют в себе никакой серьезной основы; только мужчины на что-то годны.

Любовь и брак

В отличие от Арсиньеги Леон и Карнес вели диалог с феминистскими трендами. Есть, правда, в этом диалоге одно важное различие.
Отдельные писатели вроде Ардериуса и Диаса Фернандеса иногда
демонстрировали приверженность идеалам анархизма — свободной любви и гражданскому браку. В отличие от них эта группа
испанских писательниц не желала открыто говорить о женской
сексуальности вне брачных уз (как минимум в своей прозе), и никто
из них не выступал за право женщин на аборт[20]. Матильда у Карнес
избегала не только брака, но и любовных интриг, включая романы
на стороне. Впрочем, она отмечала, что будь ее Лаурита чуть более
просвещенной, то смогла бы избегнуть смерти.

> Si Laurita hubiera poseído una cultura media, no hubiese estado
> dominada por prejuicios seculares de religión y tradición; hu-
> biera procedido en forma muy distinta. Pero Laurita no ha leído
> más que novelas frívolas y argumentos *de films*. La perspectiva
> de un hijo ilegal entre los brazos la ha trastornado, empujándo-
> la al crimen y al suicidio inconsciente [Carnés 1934: 219].

> [Будь у Лауриты хоть какое-нибудь, самое посредственное
> образование, ее бы не задавили светские предрассудки,
> связанные с религией и традициями; она смогла бы совсем
> иначе построить свою жизнь. Но Лаурита читала только
> фривольные романы и аннотации к фильмам. Перспектива
> оказаться с незаконнорожденным ребенком на руках духов-
> но сломила ее, подтолкнув совершить преступление и не-
> осознанное самоубийство.]

Очевидно, Карнес также ведет диалог с Коллонтай по вопро-
су аборта, хотя их взгляды расходятся[21]. После подпольного

---

[20] Леон вызвала настоящий скандал в современном ей буржуазном обществе,
когда ушла от своего первого мужа к Рафаэлю Альберти [Alberti A. 2003:
20–21; Sánchez Alberti 2003: 28].

[21] По наблюдению Фарнсуорт, Женя планирует абортировать ребенка, даже не
зная, кто его отец [Farnsworth 1980: 331].

аборта Лаурита умирает. Эта смерть освещает собой бытие влюбленных и показывает, что главная героиня считает аборт преступлением [Carnés 1934: 213–216][22]. Налицо расхождение со взглядами на аборт Коллонтай и Диаса Фернандеса. Судя по всему, даже многие из либерально настроенных испанок не были готовы к столь кардинальным переменам. Или, быть может, общество не было готово прощать женщинам то, что они прощали писателям.

Как и в сочинениях Карнес, персонажи Леон более консервативны, нежели герои произведений Коллонтай. Леон изображает женщин, которые блюдут запрет на близкие отношения до брака. Арсиньега еще тверже стоит на позициях неприятия свободной любви. Она отстаивает традиционную дихотомию, где женщины предстают либо добродетельными хранительницами домашнего очага, либо распутными совратительницами мужчин. В отличие от испанцев Коллонтай часто описывает женщин, вовлеченных во внебрачные связи. Ольга Сергеевна Веселовская, героиня рассказа «Любовь трех поколений», вероятно, наиболее известна читателю, но это печальная известность. Именно Ольга Сергеевна обнаруживает, что ее дочь Женя переспала с Андреем Рябковым, ее гражданским мужем. Женя относится к сексу легкомысленно и демонстрирует, скорее, мужское, чем женское поведение. Когда это произведение увидело свет, Сталин обрушился на Коллонтай с критикой за пропаганду свободной любви. Однако, хотя Коллонтай и не была ханжой, она все же, скорее всего, стремилась ввести поведение современной ей молодежи в строгие рамки, нежели выдать индульгенцию на какие-то любовные вольности [Farnsworth 1980: 330–333].

---

[22] Хотя произведения Леон этого периода и не содержат описания абортов, она обсуждала этот вопрос в интервью о советских женщинах в 1935 году и пришла к такому выводу: «Во-первых, выросла рождаемость; во-вторых, снизилась смертность; в-третьих, женщины теперь защищены от шарлатанов врачебного дела» (*исп.* En primer lugar, que la natalidad ha aumentado; en segundo, que la mortalidad infantil ha disminuido, y en tercero, que las mujeres han quedado protegidas contra los charlatanes) [Marrast 1984: 70].

Будет упущением не упомянуть вот о чем: иногда кажется, будто Коллонтай деконструирует мифы о женском половом влечении и браке. Помимо прочего, ее проза очень часто старается озадачить читателя (например, склонностью наделять женских персонажей мужскими чертами и умалчивать о женском теле). Впрочем, можно задаться вопросом, не скрыто ли за ее пламенными речами о любви и товариществе стремление к протесту ради самого протеста. «Василиса Малыгина» весьма и весьма перекликается с неудачным браком между автором и Дыбенко. Ходили слухи о супружеской неверности последнего и о его измене линии партии. Следовательно, этот роман можно считать отчасти художественным вымыслом, частично автобиографией [Farnsworth 1980: 326][23]. Можно усмотреть определенные параллели и между романом «Tea Rooms: Mujeres obreras» и личной жизнью Карнес, например ее неудачные отношения с Рамоном Пуйолем.

Эстетика социальной прозы о женщинах

Одно из ключевых различий между Карнес, Леон, Арсиньегой, с одной стороны, и Коллонтай, с другой, можно увидеть в их эстетических склонностях. Проза Коллонтай, пусть и вышедшая из-под пера образованного человека, отнюдь не демонстрирует исключительные литературные дарования автора или его яркие экспериментальные подходы. На самом деле некоторые переводы ее произведений считаются сильнее оригинала, поскольку переводчики старались улучшить авторский литературный стиль. В отличие от них писательницы нового романтизма являют миру широкий спектр эстетических особенностей.

Если верить Эстебанесу Хилю, сочинения Леон лишены типичных недочетов политической литературы и, скорее, демонстрируют социальную и лирическую направленность. Этот взгляд

---

[23] Испанцам было известно о сложном характере отношений Коллонтай с Дыбенко [Alejandra Kolontay 1937: 11].

вполне разделяют Марко и Сельма [Estébanez Gil 1995: 162; Marco 1979: 16, 20; Celma 2003: 147–148]. Сьюзан Киркпатрик называет Леон авангардной писательницей, а Марко утверждает, что эстетика Леон превосходит все, что связано с соцреализмом [Kirkpatrick 2003: 11; Marco 1979: 16]. Как считает Табеа Линхард, несмотря на то что большинство критиков рассматривают сборник Леон «Cuentos de la España actual» как попытку автора писать в стиле соцреализма, на самом деле такой взгляд весьма далек от истины. Основой ее аргументации служат речь Жданова, где тот называет писателей инженерами человеческих душ, самоидентификация Леон с маргинализированными личностями и эстетические качества ее произведений, которые превосходят аналогичные особенности произведений соцреализма. И в самом деле, сборник «Cuentos de la España actual», источник коротких рассказов, обсуждаемых в этой главе, был опубликован в 1935 году, то есть всего на год позже возникновения социалистического реализма, о котором было объявлено в 1934 году [Linhard 2005: 194–197]. Однако многие архетипичные произведения предшественников соцреализма увидели свет уже в 1920-е годы или раньше (например, «Мать» Горького). Рассказы Леон, возможно, и не являются точным отражением патриархальной модели классического соцреализма, характерного для эпохи развитого сталинизма в конце 1930-х и 1940-х годов, однако имеют много общего с соцреализмом и его предшественниками, особенно если говорить о структуре пробуждения политического самосознания путем продвижения к осознанию себя как личности. Комментарий Жданова об инженерах человеческих душ вполне соответствует прозе Леон, поскольку поведение ее главных героев становится примером для подражания. Также следует заметить, что некоторые прототипы соцреализма представляют с эстетической точки зрения куда больший интерес (например, «Конармия» Бабеля).

Недостаточная образованность Карнес по сравнению с Леон и ее происхождение из рабочей семьи отнюдь не мешают первой демонстрировать весьма новаторский писательский стиль, которому зачастую недостает изящества пера Леон[24]. Роман «Tea Rooms» заслуживает внимания современного читателя по многим причинам, включая кинематографичный стиль и живое использование интертекстуальных приемов и отсылок к поп-культуре.

Нарративы Арсиньеги (возможно, чуть менее экспериментальные) во многом схожи с произведениями Горького. В них применяются такие же схематичные персонажи, общие для предшественников соцреализма и испанского авангарда. Как и в некоторых других работах нового романтизма («La espuela», «La turbina», «La Venus mecánica»), прозаический текст в них организован с помощью единой всеобъемлющей метафоры (мы обсуждали это в прошлой главе). Демонизированное пространство завода «Mosco-Strom» в Космополисе используется для того, чтобы показать реакционную двойственность между городским урбанизмом и сельской пасторалью. Ее роман имеет фрагментарную структуру и полон эллипсов, что придает ему легкость и воздушность, скорее, характерную для модернизма, нежели для реалистической или футуристической традиции. Впрочем, ее проза не настолько экспериментальна, как у Карнес, и не может похвастать таким же богатством эстетики, как у Леон, которая говорит одно слово, а подразумевает сразу три (например, в сцене обсуждения интимных отношений Росы с ее мужем).

Однако если Карнес и Леон создавали авангардную модель феминистического социального искусства, отчасти обращаясь к интеграции пробуждения политического и феминистического самосознания, что соответствует созданной А. М. Коллонтай модели феминистской, политически ангажированной прозы, то Арсиньега выстроила более патриархальную модель пробуждения общественного самосознания, при которой женщины остаются за бортом. Несмотря на это, даже либеральные испанские писательницы вовсе не были готовы повторять в своей

---

[24] Леон упоминает Карнес в интервью с мексиканской прессой в 1935 году. По ее словам, Карнес была хорошо известна своими живыми и яркими репортажами [Marrast 1984: 63].

прозе смелые новации Коллонтай или писателей нового романтизма в том, что касается темы нарушения моральных кодексов буржуазии, регулирующих сексуальные отношения и аборты. Героини Арсиньеги вовсе не часто совмещают в себе мужские и женские черты, как это бывает у Коллонтай. Впрочем, Арсиньега описывает ускользающее женское тело в столь же неоднозначном ключе, а в некоторых своих произведениях даже рисует гротескный образ стареющего женского тела. Более того, даже некоторые произведения откровенно феминистского толка, наподобие «Tea Rooms: Mujeres obreras», оставляют у читателя весьма мрачное впечатление об испанской семье как таковой и о жалком существовании, которое приходится влачить в тамошних семьях дочерям.

Глава 5
Пацифистская и военная проза

Во второй и в третьей главах настоящей монографии мы показали связь между новым романтизмом и двумя наиболее важными классическими образцами соцреализма: романом Горького «Мать» и романом Гладкова «Цемент». Мы отметили, что эстетическое содержание «Матери» кардинально отличается от нарративов испанского авангарда 1920-х и 1930-х годов. С другой стороны, в наиболее ранних изданиях «Цемента» видны модернистские тренды и заметно более пристальное внимание к языку и стилю, пусть этот роман и не совсем похож на изысканную прозу авангардистов. В этой главе мы рассмотрим еще одну важную область диалога между испанскими и русскими текстами — нарративы об испанских военных кампаниях в Северной Африке и о Гражданской войне в послереволюционной России. Здесь эстетические предпочтения авторов предстанут перед нами во всей полноте[1]. Мы также изучим восприятие советской военной прозы в Испании и проанализируем ее структуру, темы и идеологическую направленность на примере двух весьма показательных произведений, служащих убедительными примерами взаимопроникновения литературы двух стран: «El blocao» Хосе Диаса Фернандеса и «Конармии» Бабеля. Эти тексты помогут нам глубже вникнуть в эстетические сходства и различия между со-

---

[1] Эта глава представляет собой слегка дополненную версию статьи, первоначально опубликованной под названием «Spanish Pacifist and Soviet Civil War Prose» («Проза испанских пацифистов и советская военная проза») [Purkey 2008].

ветской и испанской литературой, возникшей в ответ на многочисленные войны 1920-х и 1930-х годов.

В своей монографии «El nuevo romanticismo: polémica de arte, política y literatura», посвященной новому романтизму, Диас Фернандес заявляет, что истинно авангардная литература (*исп.* literatura de avanzada) должна брать пример с русского футуриста Маяковского. Впрочем, для анализа нарративов самого Диаса Фернандеса куда важнее фигура Бабеля, поскольку реакция испанского писателя на войну поразительно напоминает отношение к ней советского летописца казачьих войск Буденного. Среди стилистических особенностей первого автора можно выделить фрагментарный и нарочито туманный язык, а также крайне лиричный, пластичный слог. Роман Диаса Фернандеса 1928 года «El blocao» и сборник рассказов Бабеля 1927 года «Конармия» (*исп.* «La caballería roja») выходят за границы жанра, с беспощадной четкостью изображая дегуманизацию войны при помощи слабо связанных между собой зарисовок, которые обрушиваются на читателя калейдоскопом на редкость кинематографичных сцен. Тесную связь между этими работами можно проследить в рецензии Диаса Фернандеса на «Конармию» Бабеля, вышедшей в журнале «Post-Guerra» за год до выхода в свет романа испанского писателя о войне. Более того, оба текста служат не просто отдельными примерами, но, скорее, характерными индикаторами куда более обширного взаимопроникновения советской и испанской военной прозы. В этот процесс можно включить роман Рамона Хосе Сендера «Imán», вышедший в 1930 году, и повесть Вс. Иванова «Бронепоезд 14-69» (*исп.* «El tren blindado 14-69») 1926 года.

Демонстрируя схожесть эстетики, структуры и тематики, испанские романы о войне все-таки не являются точными копиями советских образцов. Авторы первых опирались на разнообразные источники вдохновения, включая богатое культурное наследие родной страны, европейскую авангардную прозу и послевоенную пацифистскую литературу[2]. Это можно проследить в эстетиче-

---

[2] Как указывал Боуч, романы «El blocao», «La Venus mecánica» и монография «El nuevo romanticismo» являются составляющими единого процесса, нацеленного на гуманизацию авангардного романа [Boetsch 1986: 219].

ских особенностях произведений, продолжающих стилистические эксперименты поколений 27 года и 98 года, равно как и в их идеологической направленности, истоки которой следует искать не в советской художественной литературе, но в произведениях пацифистов, опубликованных после Первой мировой войны (таких как Эрих Мария Ремарк, Стефан Цвейг, Анри Барбюс, Жорж Дюамель)[3]. Как отмечает Э. Хименес Кабальеро, первыми пацифистскими произведениями, известными в Испании, стали французские романы.

> Las modalidades de esta literatura bélica en Francia son bien conocidas. En Duhamer [sic] (*La vie des Martyrs, Civilisation, Un enterrement, Cuirassier Cuvelier*): "sufrimiento humano, única cosa cierta", "si la civilización no está en el corazón del hombre, no está en ningún otro sitio". En Barbusse (*Le feu*) "canto de la solidaridad humana, única claridad de alba tras la guerra". En Montherlant (*Le paradis a l'Ombre des épées*): "disciplina, heroísmo, deporte, las grandes vías abiertas" [Giménez Caballero 1929: 2].

> [Модальности этой французской литературы о войне хорошо известны. Читая Дюамеля («Жизнь мучеников», «Цивилизация», «Похороны», «Кирасир Кювелье»), мы находим: «...человеческое страдание, единственная неподдельная вещь», «...если цивилизации нет в человеческом сердце, ее нет нигде». У Барбюса («Огонь») читаем: «...песнь человеческой солидарности, единственный светлый проблеск после войны». В романе Монтерлана «Рай в тени меча» мы видим: «...дисциплина, героизм, спорт, огромные перспективы».]

Истоки заимствования также можно найти в хорошо известных испанских произведениях о войне, начиная с «Episodios na-

---

[3] Например, согласно Эстебану и Сантохе, немецкие пацифистские романы были одним из важнейших источников довоенных социальных нарративов. Среди них можно отметить «Рожденных в 1902 году» (*исп.* «Los que teníamos doce años») Эрнста Глезера, «Спор об унтере Грише» (*исп.* «El sargento Grisha») Арнольда Цвейга и «На Западном фронте без перемен» (*исп.* «Sin novedad en el frente») Ремарка [Esteban, Santonja 1988: 10]. Ольстад анализирует сходства между романом Сендера «Imán» и «На Западном фронте без перемен» («Im Westen nichts Neues», 1928) [Olstad 1977: 134].

cionales» («Национальные эпизоды») Гальдоса, и в особенности в романе «Trafalgar» («Трафальгар»), и заканчивая произведениями поколения 98 года, включая «La media noche» («Полночь») Валье-Инклана 1917 года, а также в произведениях 1920-х годов, таких как «Notas marruecas de un soldado» («Марокканские записки солдата») Хименеса Кабальеро 1923 года.

Восприятие советской прозы о Гражданской войне

Советские нарративы о Гражданской войне были весьма положительно восприняты либеральной испанской прессой. Они удостаивались хвалебных отзывов множества журналистов, включая Гомеса де Бакеро, Диаса Фернандеса, Хименеса Кабальеро, Хулио Альвареса дель Вайо и Виктора Сержа.

По замечанию Гомеса де Бакеро, в России возникла совершенно новая литература, выражающая восторженное восхищение всего мира (включая Испанию) русской революцией. «Поскольку все так или иначе очарованы русской революцией и это очарование принимает самый разный облик, будь то страх или надежда, ненависть или любовь, произведения новой русской литературы возбуждают совершенно закономерное любопытство» (*исп.* Como todo el mundo está algo fascinado por la Revolución rusa en diversas formas de fascinación, miedo o esperanza, odio o simpatía, los libros de la nueva literatura rusa excitan una curiosidad muy natural) [Gómez de Baquero 1926: 1]. Как отмечал испанский критик, в серии книг, издаваемой под эгидой журнала «Revista de Occidente», вышел перевод на испанский повести «Бронепоезд 14–69» Иванова (*исп.* «El tren blindado 14–69»). По его словам, она была чрезвычайно популярна в России. Критик описывает повесть как «историю об эпизоде Гражданской войны: борьбе отрядов революционных партизан против бронепоезда белой армии Колчака» (*исп.* la historia de un episodio de guerra civil: la lucha de las bandas revolucionarias con un tren blindado del ejercito blanco de Kolchak) [Gómez de Baquero 1926: 1]. Хименес Кабальеро вписывает нарративы о Гражданской войне в общий контекст военной прозы, вышедшей после Первой мировой войны, и творчества таких писателей, как Ремарк,

Барбюс, Дюамель и Дос Пассос. Однако, по мнению этого испанского критика, русский послевоенный литературный процесс обладает особыми свойствами, в частности — специфическим отношением к войне.

> [Rusia] Entró en la guerra sin sentir visceralmente aquella guerra. Por la fuerza de las cosas: choques de los Estados. Pero <...> la guerra constituyó para Rusia una revelación de horizonte: un resucitamiento de energías y esperanzas. <...> Los libros de Fedin, de Gladkov, de Ivanov, de Seifoulina, sin ser estrictamente de guerra, dieron la imagen exacta de las consecuencias bélicas en la conciencia rusa. Para Rusia, "la generación de treinta años", la de las trincheras, fué una precursora. Los mismos fusiles de retaguardia desilusionada fueron los que abrieron paso a la vanguardia entusiasta de larevolución. No hay que olvidar el origen guerrero del sovietismo: soldados, marineros [Giménez Caballero 1929: 2].

> [(Россия) вступила в войну, не ощущая ее всем нутром. Столкновение государств было частью естественного хода вещей. Однако <...> война сулила России откровение о самой себе, говорящее о возрождении энтузиазма и надежды. <...> Книги Федина, Гладкова, Иванова и Сайфуллиной, пусть и не целиком посвященные войне, рисуют вполне точную картину последствий войны для русского общественного сознания. Что касается России, первопроходцами явилось сидевшее в траншеях поколение тридцатилетних. Именно переживший разочарование арьергард проторил путь для полного энтузиазма революционного авангарда. Не следует забывать и о воинственной опоре советизма, солдатах и матросах.]

Французские и немецкие (а точнее, австро-немецкие) писатели того времени разделяли негативный взгляд на войну, тогда как русские авторы видели в ней инструмент национального возрождения и надежду на будущее. Это идеологическое расхождение имеет огромное значение и для испанских нарративов, поскольку оно также отделяет советскую прозу о Гражданской войне от нового романтизма или довоенного социального романа (*исп.* novela social de preguerra). Последние представляют собой пацифистские романы, критикующие войну как дегуманизирующий процесс и практикуемые Испанией способы захвата колоний и управления ими, тогда как русские произведения выступают в поддержку той войны, которая их авторам казалась справедливой. Этот аспект ярче всего выражен в таких романах, как «Железный поток» Серафимовича и «Бронепоезд 14-69» Иванова.

Кроме «Конармии», одним из наиболее популярных советских произведений о войне был, вне сомнения, «Бронепоезд 14-69», ставший одним из первых советских нарративов о войне, опубликованных в Испании. Журнал «Post-Guerra» опубликовал краткое автобиографическое эссе Иванова, где он рассказывает о своем росте как писателя, об участии в революции и о своих личных впечатлениях о войне. Последние две темы также характерны для творчества Сендера и Диаса Фернандеса.

> [Y]o sirvo en la Guardia roja. Defiendo el polvorín y tomo parte en los combates. Había mucho polvo, hacía un gran calor, y las gentes murieron heroicamente. La estepa, inmóvil y enrojecida por el sol, se extendía ante nosotros. Fuimos obligados a huir. En mis peregrinaciones a través de la Siberia, durante el período de Koltchak, llego hasta los bordes del Pacífico, donde soy recibido por los partidarios. He visto las estepas mongolas cubiertas de cadáveres de húngaros y de cosacos. <...> he visto los cadáveres destrozados de hombres fusilados, apretando convulsivamente las granadas entre sus manos [Ivanov 1927: 5].

> [Я служил в Красной гвардии. Защищал пороховые склады и участвовал в сражениях. Вокруг было много пыли, стояла нестерпимая жара. Мои однополчане умирали как герои. Перед нами простиралась степь — недвижная, выкрашенная в красный заходящим солнцем. Нам пришлось спасаться бегством. Странствуя по Сибири под властью Колчака, я дошел до самого Тихого океана, где меня приняли партизаны. Я видел монгольские степи, покрытые трупами венгров и казаков. <...> Я видел трупы убитых, конвульсивно сжимавших в руках гранаты.]

Цикл рассказов «Конармия», обогнавший по объему тиражей все остальные сочинения о Гражданской войне, если не считать «Цемент» Гладкова, также был популярен среди испанских критиков, включая Хосе Марию Альфаро, Гомеса де Бакеро и Гильермо де Торре [Alfaro 1932: 3; Gómez de Baquero 1929b: 1; Torre 1971: 4]. Рецензия на «Конармию», опубликованная Диасом Фернандесом в газете «Post-Guerra», доказывает знакомство испанского автора с этим текстом еще до выхода его романа о войне. По его мнению, произведение Бабеля было новой разновидностью литературы, размывающей границы между коротким рассказом, романом и поэтическим произведением. Свой роман он напишет в таком же ключе, позже окрестив его полным «... поэзии, пластичности и трагической решимости».

He aquí *La caballería roja*, de Babel, metal fundido al fuego de la revolución, duro y musical como una epopeya. Una epopeya hecha a trozos. Porque el libro de Babel es como un diario de guerra de los hombres de Budienny, de los cosacos que ganaron a Wrangle <...>. Formado de narraciones breves que un hilo de unidad enlaza hasta articular algo más sugestivo que una novela, este otro libro de la Rusia moderna representa nada menos que la aparición de un género literario, porque no es el cuento, ni la novela, sino todo esto junto y logrado. La poesía, la plasticidad y el trágico empeño de casi todas las páginas, gana al lector más distraído [Díaz Fernández 1927d: 16].

[Передо мной «Конармия» Бабеля: металл, кипящий в огне революции, суровая и музыкальная, словно эпос, — настоящее эпическое полотно, составленное из кусочков, подобно мозаике. Книга Бабеля напоминает военный дневник солдат Буденного — казаков, одолевших Врангеля. <...> Составленная из коротких рассказов, сшитых вместе темой единства, она артикулирует нечто более многообещающее, чем роман. Эта книга из современной России намечает контуры нового литературного жанра. Ведь это не рассказ и не роман, и не то и другое вместе. Поэтичность, пластичность и трагическая решимость, заметная почти на каждой странице, способны завоевать даже самого рассеянного читателя.][4]

---

[4] Петр Николаевич Врангель, или Петр фон Врангель (1878–1928), — литовский аристократ и бывший офицер Русской императорской армии, командующий белыми силами Юга России, которые противостояли войскам большевиков в Гражданскую войну.

Для испанских текстов характерно трагическое ощущение войны, остающееся после прочтения, тогда как советские произведения, пусть и мрачные, пронизаны утопичным мотивом национального возрождения. Например, по мнению Хименеса Кабальеро, «Цемент» Гладкова пропитан ощущением глубоко личной скорби (за жизнь Глеба), которая сменяется бравурным победным маршем, когда речь заходит о событиях национального уровня (строительство цементного завода символизирует восстановление страны и национальной экономики), полным надежды на светлое будущее нового государства. В отличие от них испанские произведения о войне, такие как «El blocao», «Imán» и «La ruta» Артуро Бареа, эхом откликнулись на отчаяние, разлитое в европейской литературе после Первой мировой войны, а также критически отозвались на кампании в Северной Африке, в особенности — на катастрофический разгром испанских вооруженных сил в битве при Анвале в 1921 году.

Испанские переводы советской прозы о Гражданской войне

Советские романы о Гражданской войне, ставшие предвестниками грядущей междоусобицы и напоминанием о столетии вооруженных конфликтов (таких как карлистские войны, Испано-американская война 1898 года и кампании в Северной Африке в 1910-х и 1920-х годов), затронули потаенные струны в душах испанцев. Многие из этих текстов переводились и публиковались в Испании в 1920-х и 1930-х годах. «Конармия» выходила там трижды, в 1927, 1930 и 1934 годах, тогда как «Железный поток» Серафимовича увидел свет дважды, в 1930 и 1933 годах. Та же судьба ожидала «Бронепоезд 14-69» Иванова в 1926 и 1936 годах. Все это указывает на популярность среди испанцев советской прозы о Гражданской войне в России. Среди прочих советских романов о Гражданской войне, вышедших в этот период, можно упомянуть «Тихий Дон» М. А. Шолохова 1925 года (исп. «El Don apacible», 1930), «Чапаева» Д. А. Фурманова 1923 года (исп. «Tchapaiev», 1936), «Разгром» А. А. Фадеева 1926 года (исп. «La derrota»,

1936) и его же рассказ «Фрунзе» (*исп.* «Frunse, el primer jefe del ejercito rojo», 1938).

Большинство испанских изданий советских произведений о Гражданской войне представляли собой довольно точные переводы, однако некоторые кардинально отличались от оригинальных советских текстов. Хорошим примером служат издания «Конармии» 1928 и 1930 годов, которая также публиковалась под названием «Los jinetes de Budienny». Здесь переводчики часто переиначивали названия глав, иногда меняли их порядок, а некоторые главы вообще изъяли[5]. Вопрос о том, насколько уместным является изменение порядка этих слабо связанных друг с другом историй, остается открытым. Их обособленность отчасти объясняется тем, что они выходили сериями и, как и в случае с сочинениями Диаса Фернандеса и Сендера, тяготеют к тому, что Хулио Кортасар называл «мужским подходом к чтению» (когда главы из книги читаются в произвольном порядке). На этом фоне ярко выделяется следующий факт: концовки испанских версий отличаются от концовок английской и русской версии произведения Бабеля. Важность этого факта невозможно переоценить: именно начало и конец надолго запоминаются читателю, а также придают произведению логическую стройность и непротиворечивость. Испанская версия заканчивается рассказом «Измена» (*исп.* «Traición»), тогда как в оригинальной версии Бабеля ее место занимает «Сын рабби»[6]. Глава «Измена» в качестве

---

[5]   Первый рассказ этого цикла озаглавлен «La hija» («Дочь») в испанском тексте и «Переход через Збруч» в русском, хотя текст один и тот же. В испанской версии рассказ «Reconciliación» («Продолжение истории одной лошади») идет сразу после рассказа «Historia de un caballo» («История одной лошади»), однако в русском тексте он появляется через несколько глав.

[6]   Русское издание 2001 года заканчивается миниатюрой «Поцелуй», отсутствие которой в испанской версии, скорее всего, объясняется тем, что она не вошла в первоначальную редакцию произведения Бабеля (1926), вышедшую за год до испанского издания. «Поцелуй», сладкая с горчинкой история об ушедшей любви, ставит под вопрос текущее общественное положение разлагающейся российской аристократии периода Гражданской войны и моральные ценности интеллигенции. Эта миниатюра изображает хаос внутри страны и смену общественного ландшафта, с которыми были вынуждены справ-

завершения «Конармии» побуждает читателя отнестись к войне с пессимизмом, тогда как «Сын рабби» — это мистическое, героическое сказание о жертве и гибели, написанное в стиле «Матери» Горького. Смерть главного героя, пусть и трагическая, не оказывается напрасной. Читатель остается полон надежд на успешное окончание войны. Особая важность подобного рода концовок в том, что именно они определяют представление читателя о войне, причем в самых разных аспектах.

В испанском переводе оказались пропущены и многие другие главы «Конармии», входившие в первоначальную редакцию сборника[7]. Причины этого не ясны, однако истории религиозного толка, такие как «Сашка Христос», вполне могли задеть как антиклерикально настроенных левых, так и религиозных правых. Либеральным испанцам, желавшим уйти от своего религиозного прошлого, было бы неприятно выслушивать неясные утверждения Бабеля о некоей мистической разновидности иудаизма, тогда как предложенное им вольное толкование библейских мотивов ревностные верующие могли бы счесть богохульством. Противоречивой стала бы и сцена осквернения церкви в главе «У святого Валента», где мы видим разграбление и разрушение святынь, нарочито комичное описание имитации полового сношения, похотливую любвеобильность эскадронной медсестры. Противоречивость этой сцены дополнительно усугубилась бы популярностью католической церкви в Польше и еврейскими мотивами, которые главный герой замечает в нарисованной Аполеком картине с изображением святых. Или возьмем «Чесники» — довольно известный рассказ, в котором Бабель изображает Буденного как неотесанного и косноязычного казака. Между тем при Сталине Буденный стал главнокомандующим советских воору-

---

ляться аристократия и буржуазия. По своему настроению она чем-то напоминает роман «Доктор Живаго» Б. Л. Пастернака. Вероятно, содержание миниатюры вызвало возмущение среди консервативного испанского лагеря, представители которого боялись появления «красной угрозы» на испанской земле.

7   В их число входят миниатюры «Сашка Христос», «У святого Валента», «Чесники» и «После боя».

женных сил. Помимо прочего, это нарочито пошлый рассказ: отвратительная в своем поведении Сашка руководит случкой своей кобылы с жеребцом, и вся эта сцена сочится извращенным и омерзительным сексуальным желанием. Рассказ «После боя» изображает унижение главного героя, по совместительству — рассказчика, который заканчивает историю следующими словами: «Я изнемог и, согбенный под могильной короной, пошел вперед, вымаливая у судьбы простейшее из умений — уменье убить человека» [Бабель 2001: 135]. Оказывается, интеллектуал неспособен убивать во имя революции, и это создает в голове читателя неустранимое противоречие или, по крайней мере, показывает трудности, с которыми столкнулись те, кто встал на сторону большевиков, но не разделял некоторые из их методов.

Помимо прочего, перекличка между испанскими и советскими текстами заметна и в языке. Разговорная речь всегда трудна для перевода, и она зачастую передавалась на обычном испанском языке. Этому не помешало и то обстоятельство, что солдатский жаргон активно используется во многих испанских произведениях о войне (например, в романе Сендера «Imán»), причем зачастую тем же способом, что и в русских текстах о Гражданской войне. Следующий разговор между Виансе и другими солдатами, происходящий в романе «Imán», содержит множество просторечных форм и даже отдельные вульгаризмы.

— ¡Eh, paisa! ¿A dónde vas?
— ¡Mierda!
— No grites.
— Aún no han tocao silencio.
— ¡Que te la buscas!
Viance ríe inexpresivamente:
— ¡Ya he prigao! Lo bueno que tiene esto es que ya no pués pringar [Sender 1997: 50]

[— Эй, землячина! Куда намылился?
— Твою ж мать!
— Хорош гусь! Как запел, а?!
— Так отбой ж не сыграли еще, чего пристал, как банный лист?

— Я тебе сейчас сыграю!

Виансе беззвучно рассмеялся.

— Тут играй не играй — влипли мы с тобой, братец, по уши.]

Склонность к стандартизации разговорной речи в испанских переводах русских текстов заметна в рассказе «Письмо» из цикла «Конармия», где молодой солдат, почти мальчик, Василий Тимофеевич Курдюков, диктует рассказчику письмо, которое хочет отправить своей матери. Он употребляет множество разговорных слов (например, «слыхать» и «видать» вместо «слышать» и «видеть»). Особенности словоупотребления выдают пробелы в его образовании. Впрочем, они очевидны уже из необходимости диктовать письмо и из его казацких корней (вышеуказанные словоформы характерны для говора жителей юга России). Несмотря на это, в испанском переводе нет и следа просторечий. Даже привычная разговорная форма отчества персонажа («Тимофеич») в испанском переводе стала полной («Тимофеевич») [Babel 1927: 22][8]. Следовательно, несмотря на высокую точность передачи смысла, испанский перевод лишился намеков на малограмотность и наивность Василия, а также потерял в гениальном бабелевском юморе. Кроме того, переводчики по вполне понятным причинам не желали передавать обсценную лексику. Например, в отрывке выше ругательство «сукин сын» переведено на испанский как *hijo de perro*. Дословному переводу не хватает грубости и мощи, характерной для табуированной лексики [Бабель 2001: 18–25; Babel 1927: 20–26].

Эти примеры взяты из «Конармии», однако схожая тенденция видна и в других переводах советских произведений. Если речь идет не о пропуске или перестановке глав, то как минимум о смене регистра речи на более официальный или социально нейтральный. В этом случае читатель лишается важного средства оценки интеллектуального уровня персонажа, его социаль-

---

[8] В этой главе испанский текст произведений Бабеля цитируется по изданию 1927 года (издательство «Biblos»), если не указано иное.

ного класса и географического места рождения. Иногда теряются отдельные маркеры, помогающие вписать произведение в социально-исторический контекст. Например, вместо советского неологизма «Конармия» ([Красная] конная армия) в испанском переводе мы встречаем дореволюционный термин «кавалерия». При виде этого военного и исторического термина на ум сразу приходит все связанное с лошадьми, играющими видную роль в этом произведении. Именно он помещает действие в контекст Гражданской войны, пробуждая в уме бесконечное множество ассоциаций. Напротив, нейтральное *caballería* не вызовет у испанского читателя конкретных эмоций в силу многолетней истории испанской кавалерии. Да, прилагательное *roja* («красная») используется во всех переводах на испанский для именования кавалерийских войск Советской России, однако в оригинальном произведении это слово применяется далеко не столь единообразно.

Некоторые переводчики пытаются сохранить оригинальную диалогическую манеру (например, испанский перевод романа «Железный поток» («El torrente de hierro») старается отразить говор простых людей, хотя и не пестрит обилием просторечных форм). Качеству переводов также повредило то обстоятельство, что некоторые слова не имеют точного аналога в испанском. В испанском переводе романа «Бронепоезд 14-69» (*исп.* «El tren blindado 14-69») Иванова мы находим академическую склонность переводчика к скрупулезной передаче русского текста в стиле Андреса Бельо. Здесь переводчик транслитерирует наименования местной флоры и фауны, неологизмы коммунистической партии и иностранные слова, давая пояснения в сносках (например, *fansas, gao-lian, taiga, sopki, samogonka*) [Ivanov 1926: 24–25, 31, 38].

Испанские переводы прозы периода Гражданской войны иногда отходят от оригинального текста, однако подобные отступления мастерски обыграны с точки зрения стиля и техники. Следующий отрывок из романа «Бронепоезд 14-69» (*исп.* «El tren blindado 14-69»), изображающий совершенно разнородные военные части в их движении к морю, содержит образы, переданые на русском языке. Текущий из раны гной служит метафорой перемещения войск, метафорой революционной и провокационной одновременно, формирующей яркий образ в голове у читателя.

> — ¿Y qué?... fluimos. El pus de la herida... a los límites... ¡Nosotros!... Todos, los fugitivos y los Gobiernos, hundidos en la nieve... ¡Ale!... ¡Se lo digo a usted, suboficial!... Y luego... ¿adónde?... Al mar [Ivanov 1926: 12].

> — Что ж?.. Стекаем, как гной из раны... на окраины... Мы!.. Все — и беженцы, и утонувшие в снегу правительства. Но-о!.. Я ж говорю вам, прапорщик. Потом куда? В море? [Иванов 1983: 9].

Аналогичным образом испанские версии модернистских произведений, такие как «El tren blindado» и «La caballería roja», возбуждают в читателе тот же самый эстетический отклик, сохраняя при этом пластичность и поэтический язык оригинала.

Структура

Вероятно, наиболее весомым аргументом в пользу взаимопроникновения культурных подтекстов между «Конармией» и «El blocao» служит близкое сходство структуры обоих произведений. Свидетельство рассказчика (по совместительству солдата) очерчивает рамки, в которые вписаны совершенно иные истории, на первый взгляд не связанные с основной. Вся совокупность этих историй образует субъективную панораму событий. Эти миниатюры, по определению Бабеля, не передают события в точности (не обладают миметичностью), но воссоздают субъективные впечатления от войны автодиегетического рассказчика. Они градом обрушиваются на читателя, словно динамично смонтированные сцены из кинофильмов Эйзенштейна. Эти тексты, если сравнивать их с романическими проектами XIX века, обычно не длиннее предложения, параграфа или главы. Они находятся в тренде коротких и не слишком связных литературных форм, провозвестником которых были произведения поколения 98 года, вроде романа Асорина «Castilla». Этот общий тренд характерен для прозы европейского модерна и авангарда.

Часто изображающий себя как «другого», наполовину автобиографический рассказчик «Конармии» трижды маргинализированный (интеллектуал, военный корреспондент и еврей), работающий среди полуграмотных, антисемитски настроенных казаков, из которых и состоит красная кавалерия. Его положение как репортера и интеллектуала, живущего рядом с кавалеристами, но изолированного от них в социальном плане, наделяет его привилегированной позицией, из которой он может вести повествование. Эмоционально дистанцируясь, он обретает нужную беспристрастность, а также овладевает необходимыми рассказчику профессиональными умениями. Впрочем, вездесущая ирония и мистицизм Бабеля подрывают иллюзию наличия беспристрастного и субъективного наблюдателя, вместо этого напоминая читателю, что рассказчик имеет личный взгляд на мир. Повествование в таких рассказах, как «Соль», как правило, ведется от лица ненадежных рассказчиков. Жалуясь на бессердечие женщин, рассказчик истории Балмашев обнажает собственное бессердечие и жестокость.

Также следует заметить, что в 1927 году Диас Фернандес написал рецензию на роман Мариано Асуэлы «Los de abajo» («Те, что внизу»), где применяется схожий литературный прием. Повествование ведется от лица Масиаса, сельского врача, сопровождающего Сапату в ходе революции в Мексике. Роман представляет собой субъективное описание полученного на войне жизненного опыта, причем совершенно в другом стиле, чем у автора «El blocao» [Díaz Fernández 1927b: 16].

> Un viento violento, ciego, el viento de las epopeyas populares pasa por esas páginas sobrias, duras y resplandecientes a la vez. Macías es un héroe, ignorante y generoso, que responde a un secreto instinto de fuerza, de justicia intuida. Él es uno de los de 'abajo' que odia al cacique y al gobierno. Energía dispersa, formidable, que encauzada, haría moverse al mundo como una turbina [Díaz Fernández 1927b: 16].

[Буйный ветер, слепой ветер, ветер популярного эпоса сквозит сквозь эти абсолютно серьезные страницы, великолепные и тяжелые одновременно. Масиас — герой, равнодушный и благородный, отзывающийся на тайный инстинкт силы, интуитивной справедливости. Он представитель низших слоев общества, ненавидящий политических лидеров и правительство. Если направить его громадную, но рассеянную энергию в нужное русло, то мир вокруг завертится, словно турбина.]

В тот же год вышла рецензия Диаса Фернандеса в газете «El Sol», и, как отмечает Дрю Догерти, в ней показано сходство между романом Асуэлы и революционной русской литературой. Кроме того, в 1926 году Асуэла передал двадцать экземпляров этого романа Габриэлю Ортеге, которые тот распространил среди таких деятелей, как Валье-Инклан, Сиприано Ривас Шериф и Диес-Канедо [Dougherty 1999: 251]. Несмотря на все упреки в невежестве, Асуэла все-таки врач и потому один из немногих интеллектуалов, сопровождавших в походах разношерстную армию Сапаты.

Как и в «Конармии» и «Los de abajo», рассказчик в романе «El blocao» наполовину автобиографичен и отдален от своих товарищей по оружию, будучи интеллектуалом и лидером. Он занимает привилегированное положение, позволяющее описывать субъективный опыт, равно как и опыт подчиненных ему необразованных людей. Жоан Гилаберт характеризует аналогичным образом роман «Imán»: его автодиегетический рассказчик Виансе служит для автора голосом «анекдотического описания пережитых им событий» [Gilabert 2001: 27].

Главные герои «Конармии» и «El blocao», выступающие в роли рассказчиков, проявляют очевидную политическую ангажированность, склоняясь к идеологиям левого толка. Вместе с тем оба являются чувствительными интеллектуалами, которые неоднозначно относятся к диалогу между идеологией и революцией, иногда весьма сложному. Однако рассказчик в романах «El blocao» и «Los de abajo» более надежен, чем ироничный и троекратно маргинализированный рассказчик в «Конармии» (еврей, интеллектуал, офицер).

Хотя большинство рассказов ведутся от лица автодиегетического повествователя, в обоих нарративах временами слышен голос гетеродиегетического рассказчика, который вспоминает истории, вкрапленные в ткань повествования. В самом начале главы «Convoy de amor» («Любовный конвой»), завершающей роман «El blocao», он заявляет следующее: «Это случилось не со мной, поскольку со мной никогда не происходит ничего невероятного, но с Маноло Пелайо, который из-за этого едва не угодил в тюрьму» (*исп.* Esto no me ha sucedido a mí, porque a mí no me han pasado nunca cosas extraordinarias; pero le ocurrió a Manolo Pelayo, que estuvo a punto de ir a presidio por aquello) [Díaz Fernández 1976: 101]. «Соль» Бабеля — это рассказ, облеченный в форму письма к редактору от рядового казака, Никиты Балмашева. Оно перекликается с «Письмом», которое солдат Курдюков диктует рассказчику этого произведения и которое предназначено его матери, Евдокии Федоровне [Babel 1927: 19, 131]. Любопытно, что оба рассказа: и «Соль», и «Convoy de amor» — поднимают проблематику эротизма и женщин на войне, хотя и по-разному.

Эротизм и война

Еще одна очевидная точка пересечения между обоими произведениями — эмпатическая смесь войны и эротизма. Эротизм появлялся в таких социальных романах, как «La duquesa de Nit» и «La espuela» (1926) Хоакина Ардериуса, еще задолго до опубликования «El blocao». В этих романах мы находим садистические элементы, граничащие с насилием. Эротизм также принято связывать с «Цементом» Гладкова, одним из предшественников соцреализма, где есть и сцены изнасилования, и пылкие любовные сцены, временами даже весьма жестокие. Смерть, сексуальное насилие и бесчеловечность — весьма очевидные темы военных романов, однако им не всегда сопутствует скрытый эротизм, как это происходит в «Конармии» и «El blocao».

Нарратив Диаса Фернандеса о войне недвусмысленно указывает: эротизм ведет к насилию. Это заметно в сцене изнасилования девушки, которая путешествует в компании солдат, забывших о дисциплине. Блондинка откровенно заигрывает с простыми солдатами, но этот флирт оборачивается катастрофой.

> Después [Carmen] se acostó, boca arriba, con las manos a modo de almohada. Toda ella era un vaho sensual. Su pecho, pequeño, palpitaba con fuerza. Los soldados, con el aliento entrecortado, se apretaban a ella, que parecía no darse cuenta del silencioso cerco. López tenía la boca pegada a su tobillo [Díaz Fernández 1976: 110].

> [Затем [Кармен] улеглась лицом вверх, подложив под голову руки. Вся она источала чувственность. Ее крохотная грудь вздымалась в такт тяжелому дыханию. Солдаты сгрудились вокруг нее, не смея вздохнуть, но Кармен, казалось, не замечала [окружавшей ее] молчаливой стены. Лопес прилип языком к ее лодыжке.]

Внезапно все обращается в хаос.

> Y entonces sucedió algo monstruoso. López de un brinco, se lanzó sobre Carmen y le aferró los labios con los suyos. Y como si aquélla fuera la señal, todos se abalanzaron sobre la mujer al mismo tiempo, feroces, siniestros, desorbitados, disputándosela a mordiscos, a puñetazos [Díaz Fernández 1976: 111].

> [Затем произошло нечто чудовищное. Одним движением Лопес бросился на Кармен и впился в ее губы своими. Словно повинуясь этому сигналу, все вокруг одновременно набросились на лежавшую перед ними женщину: злобные, свирепые, алчные, отчаянно кусаясь и осыпая друг друга ударами в борьбе за нее.]

Роман оканчивается смертью Кармен, когда Маноло Пелайо смертельно ранит ее, пытаясь отбить у дерущихся солдат: «Кармен — растоптанная, истерзанная — была мертва. Посреди ее лба зияло пулевое отверстие» (*исп.* Carmen, hollada, pisoteada, estaba muerta de un balazo en la frente) [Díaz Fernández 1976: 111]. В связи с этим Виктор Фуэнтес отмечает следующее:

La mujer que viaja en el convoy, símbolo de la belleza y sexualidad, desata la violencia de la libido reprimida de los soldados, terminando el relato con el campo sembrado por los cadáveres de la mujer y los soldados: el impulso de la muerte, Tanatos, venciendo sobre el del amor, Eros [Fuentes 1980: 86].

[Женщина, символ красоты и сексуальности, едущая в одном вагоне с простыми солдатами, выпускает на волю их подавленное либидо. История заканчивается лежащими вповалку солдатскими телами, среди которых покоится труп женщины: это символ Танатоса, влечения к смерти, сумевшего одолеть Эрос — стремление к любви.]

Бабель аналогичным образом часто позволяет сексуальному желанию своих персонажей прорваться наружу в виде изнасилования или насильственных действий. Миниатюра «Соль» содержит откровенную сцену изнасилования двух девушек и смерти еще одной женщины, которая избежала сексуального насилия, притворившись кормящей матерью. Обнаружив ее уловку, обманутый казак сбрасывает женщину с поезда прямо на ходу и затем убивает метким выстрелом в спину. Можно выделить еще несколько схожих деталей, объединяющих эти эпизоды. Оба являются частью более масштабного повествования, а женщины (за исключением двух изнасилованных девушек в «Соли») отчасти провоцируют возникшие ситуации. Кармен разжигает мужскую похоть, а мешочница в миниатюре «Соль» притворяется кормящей матерью, выдавая мешок с солью за младенца, чтобы сесть на поезд и уберечься от возможного изнасилования. Здесь не так много сексизма, как может показаться на первый взгляд. Перед нами во всей красе предстают акты немотивированного насилия и сама дегуманизирующая суть войны, которая превращает мужчин в животных, утративших разум и отдавшихся на волю страстей. Рассказчика «Соли» нельзя считать надежным. Автор с ним не согласен. Он похож на солдата с замашками дикаря, который иногда напоминает ребенка и демонстрирует нам извращенную логику и бесчеловечность войны.

Художественная проза Диаса Фернандеса изобилует образами женщин как объектов желания, однако в гибели Кармен, скорее, виновны дегуманизирующие последствия войны, чем сексизм. Писатель рисует несостоявшееся изнасилование как нечто чудовищное. В «Конармии» также слышен голос автора, чувствительного интеллектуала, которого шокирует наивная жестокость казаков. Диктующий письмо казак убежден в справедливости своих поступков, однако расстрел женщины и принятие изнасилования как элемента обычной жизни с головой выдают искажение моральных норм и чувство вины. Чтобы высветить уязвимость его нравственной позиции, автор применяет так называемый сказ — искусственно созданный язык, напоминающий крестьянскую речь и помогающий создать комический эффект. В результате для читателя становятся очевидны безразличие казака и злая ирония ситуации в целом.

Оба произведения пронизаны эротизмом и насилием, однако способ выражения второго существенно различается. У Бабеля эротизм выглядит отвратительно и гротескно. В качестве объектов сексуального желания выступают либо стареющие женщины, внешность которых указывает на заболевание, гниение и телесную нечистоту, либо пышнотелые, дюжие крестьянки, более пригодные к сбору картофеля, чем к соблазнению мужчин. Вторая тенденция прослеживается в рассказе «История одной лошади» (*исп.* «Historia de un caballo»), где описаны пышные груди казачки Павлы, которые напоминают шевелящееся в мешке животное. Здесь испанский текст слегка отличается: «...грудь [казачки Павлы], шевелившуюся, как животное в мешке» (*исп.* Sus pechos [de la cosaca Paula] se movían como dos tostones en un saco) [Бабель 2001: 72]. Эту идею дополнительно усиливает сексуализация животных, которых автор уподобляет женщинам. Например, в миниатюре «Конкин» (*исп.* «El ventrílocuo») лошадь сравнивают с пышнотелой купцовой дочкой и обморочной невестой [Там же: 121].

В миниатюре «У святого Валента», исключенной из испанских изданий «Конармии», увядающая сексуальность эскадронной медсестры Сашки демонстрируется через образ ее тела — пухлого, цветущего и вонючего.

> Там хозяйничала Сашка, сестра 31-го полка. Она копалась в шелках, брошенных кем-то на пол. Мертвенный аромат парчи, рассыпавшихся цветов, душистого тления лился в ее трепещущие ноздри, щекоча и отравляя. Потом в комнату вошли казаки. Они захохотали, схватили Сашку за руку и кинули с размаху на гору материй и книг. Тело Сашки, цветущее и вонючее, как мясо только что зарезанной коровы, заголилось, поднявшиеся юбки открыли ее ноги эскадронной дамы, чугунные стройные ноги, и Курдюков, придурковатый малый, усевшись на Сашке верхом и трясясь, как в седле, притворился объятым страстью [Бабель 2001: 95].

В отрывке выше мертвенный аромат парчи уступает место запаху Сашкиного тела, для описания которого также используются слова, говорящие о разложении. С этим описанием перекликается образ ее стареющего тела, показанный в миниатюре «Вдова». Необъятное тело Сашки выдает ее средний возраст и принадлежность к рабочему классу [Babel 1927: 190]. В этом эпизоде она совершенно недвусмысленно описана как объект желания, несмотря на всю омерзительность своего облика. Это хорошо заметно в сцене интимной близости с Левкой в ближайших кустах, а также в отрывке выше, когда Курдюков забирается на нее и изображает половое сношение. После смерти командира Левка во всеуслышание заявляет: «Теперь ей снова под всем эскадроном хлопотать. Несладко» (*исп.* Ahora tendrá que volver a fatigarse con todo el escuadrón. No es ningún placer) [Бабель 2001: 118; Babel 1927: 160–161].

Используемый Бабелем подход к описанию женщин резко контрастирует с подглядывающим взором солдата-наблюдателя, который использует автор «El blocao» и который придает всему экзотический облик. Предметы сексуального желания Антонио — зачастую таинственные, призрачные мавританки или задорно смеющиеся еврейки, еще не вполне осознавшие свою женственность, которые внезапно исчезают в дверях или пропадают в вихре разнообразных шарфов и накидок.

> Buscaba la mujer [Aixa]. A veces, una silueta blanca, que se evaporaba con frecuencia entre las higueras, hacía fluir en mí una rara congoja, la tierna congoja del sexo. <...> Era delgada y menuda, con piernas de galgo. Lo único que tenía hermoso era la boca. Una boca grande, frutal y alegre, siempre con la almendra de una sonrisa entre los labios [Díaz Fernández 1976: 35].

> [Он искал женщину [Айху]. Временами белый силуэт, то возникавший, то исчезавший среди смоковниц, возбуждал во мне редкую по силе душевную боль, острую и нежную тоску по интимной близости. <...> Она была худой и тонкой, а хрупкость ее ног спорила с тонкой костью борзых собак. Единственно прекрасным на ее лице был рот — крупный и сочный, источающий радость, на котором всегда красовалась миндальная улыбка.]

В этом отрывке мавританка описана как «белый силуэт, то возникавший, то исчезавший». Она напоминает недостижимый предмет желания, изображенный в «Легендах» Густаво Адольфо Беккера. Ее «миндальная улыбка» «сочная, источающая радость». Она выглядит как продукт, который Антонио желает потребить. Как и большинство женских персонажей «El blocao», она худенькая и молодая в отличие от женщин Бабеля. Благородное происхождение проявляется в ее храбрости и холодном презрении перед лицом грозящего повешения. Ускользающие мавританские и еврейские женщины в романе «El blocao» могут считаться частью давней традиции испанской литературы — включения восточных мотивов в текст произведения. Например, мы обнаруживаем ее в двух стихотворениях: «A Jarifa en orgia» («Харифе на оргии») Хосе де Эспронседы и «Rima XI» Беккера («Yo soy ardiente, yo soy morena» — «Черны мои кудри, как знойная ночь...»). Исключением является Красная Магдалена, Ангустиас — более опытная и зрелая испанская женщина, которая все равно становится предметом желания молодого Антонио. Как и другие женщины в «El blocao», она отличается хрупким телом и привлекательностью для интеллектуалов, которых она унижает[9]. Ангустиас — это загадочная революционная фурия [Díaz Fernández 1976: 57]. Бывшая танцовщица сарсуэлы, учительница в деревенской школе и игрушка в руках миллионера, Ангустиас говорит о себе так: «Я выгляжу как женщина буржуазных кругов или вертихвостка, разве нет? Это все возраст. Вертихвосток нашей породы в тридцать пять никак не отличить от благородных дам» (*исп.* Parezco una burguesa o una cocota, ¿no es cierto? Ventajas de la edad. Las cocotas de nuestra raza, cuando llegan a los treinta y cinco no se diferencian en nada de las señoras honorables) [Díaz Fernández 1976: 77].

У Бабеля и Диаса Фернандеса есть общая черта. Оба автора часто описывают последствия насилия или маловажные события войны, забывая о главных ее битвах (впрочем, Бабель чаще описывает сопровождающие войну мерзости, такие как гниющие трупы, телесные жидкости и т. п.). Автор зачастую достигает этого, рисуя сцены насилия над животными и неодушевленными предметами, а не над людьми. Каждое произведение содержит эпизоды, которые показывают дегуманизирующий характер войны, очевидный в актах немотивированной жестокости по отношению к животным и, в случае Диаса Фернандеса, к любимым часам солдата.

> Ojo de cíclope, rueda de tren, cebolla de acero. Como ya entonces sentía yo aficiones literarias, recuerdo que utilizaba esos símiles para designar aquel ejemplar único de reloj. Pero, a pesar de tales dimensiones, no era un reloj de torre, sino un reloj de bolsillo. De bolsillo, claro está, como los que usaba Villabona, especia de alforjas en el interior del pantalón, cuyo volumen producía verdadera ira a los sargentos de semana [Díaz Fernández 1976: 41].

> [Глаз циклопа, колесо поезда, стальная луковица. Заядлый любитель литературы, я применял эти сравнения, чтобы изобразить совершенно уникальные часы. Но никакие намеки на серьезные габариты не превратят обычный карман-

---

9 «Интеллектуалы! Тоже мне! Г...но вы, интеллектуалы, вот вы кто!» (*исп.* — ¡Intelectual! Sois una m... los intelectuales!) [Díaz Fernández 1976: 56].

ный хронометр в часы на ратуше. Тогда я положил их Вильябоне в карман, откуда они весьма своеобразно выпирали в районе галифе. Масштабы этого выпирания приводили сержантов его полка в ярость.]

Обычные человеческие заботы ничуть не смущают солдата, к примеру, когда его жена, о которой он пренебрежительно отзывается «еще одна нахлебница на моей шее» (*исп.* una vaca más que mantener), беременеет от другого мужчины [Díaz Fernández 1976: 42, 44]. При этом разбившиеся часы становятся ударом, от которого он не в силах оправиться, несмотря на то что они спасают ему жизнь.

> Le [Villabona] encontramos detrás de una chumbera, llorando, con el reloj deshecho entre las manos. Un proyectil enemigo se lo había destrozado. El reloj le había salvado la vida. Pero Villabona lloraba con un llanto dulce, desolado y persistente. <...> Sollozaba entre los escombros de su reloj, como si su vida no tuviera importancia al lado de aquel mecanismo que acababa de desintegrarse para siempre. De morir también [Díaz Fernández 1976: 45].

> [Мы нашли его [Вильябону] рыдающим позади шипастого кактусового дерева с разбитыми часами в руках. В них угодила вражеская пуля. Часы спасли ему жизнь, но Вильябона заходился в рыданиях, безутешный в своем горе. <...> Он ревел над останками своих часов, обратившихся в хлам, причем ревел так, словно его жизнь ничего не значила по сравнению с уничтоженным навсегда механизмом. [Он словно] тоже только что умер.]

В романе «El blocao», как и в «Конармии», бессмысленное насилие по отношению к животным используется как метафора жестокости войны. С солдатом по имени Охеда заводит дружбу бродячий пес, которого позже застрелят по прихоти офицера, изрядно всем надоевшего в своей воинской части. Верный и храбрый пес, «всегда готовый сопровождать солдат в самых опасных вылазках» (*исп.* el voluntario de todos los servicios peligrosos), тоже своего рода герой. Он получает ранение, защищая испанских солдат [Díaz Fernández 1976: 96]. Беспощадные побои, которым офицер подвергает пса, и несправедливое наказание Охеды за жалобы подчеркивают нехватку человечности в офицере, а также производимую войной дегуманизацию человеческого существа; и пес, и самый младший солдатский чин более человечны, нежели лейтенант. Жалобы Охеды делают заметнее его человечность и разрушительную мощь войны.

> Desde la desaparición del perro [Ojeda] andaba con los ojos bajos y no hablaba con nadie. <...> Un día apareció en el recinto, entre una nube de moscas, con el cadáver del perro, ya corrompido en brazos. Pedro Núñez, que estaba de guardia, tuvo que despojarle violentamente de la querida piltrafa y tirar al barranco aquel montón de carne infecta [Díaz Fernández 1976: 100].

> [После исчезновения пса [Охеда] бродил, опустив глаза в землю и не говоря ни с кем. <...> В один прекрасный день он появился в расположении части, окруженный облаком мух. В его руках покоилось мертвое тело пса. Педро Нуньесу, стоявшему в тот день в карауле, пришлось силой отнять у него труп и выкинуть этот шмат гниющего мяса в канаву.]

«Прищепа» Бабеля — одна из немногих миниатюр, где показана жестокость по отношению к животным. В ней воссоздан цикл насилия, в который погружен Прищепа, дезертир из белой армии, чью семью казнила контрразведка белых. Месть солдата не знает границ. «Прищепа ходил от одного соседа к другому, кровавая печать его подошв тянулась за ним следом. В тех хатах, где казак находил вещи матери или чубук отца, он оставлял подколотых старух, собак, повешенных над колодцем, иконы, загаженные пометом» (*исп.* Prishchepa iba de un vecino a otro, y sus suelas dejaban una huella sangrienta. En todas las isbas donde el cosaco encontró cosas de su madre o pipas de su padre, dejó viejas asesinadas, perros colgados encima de los pozos, iconos manchados con porquería) [Бабель 2001: 70; Babel 1927: 104]. Бессердечная жестокость антигероя по отношению к безвинным собакам только подчеркивает его бессильную ярость. Наиболее душераздирающая сцена насилия подстерегает нас в самом конце, когда пьяный Прищепа вкладывает ствол револьвера в рот корове и спускает курок. У коровы остается безутешно рыдающий теленок. Образ теленка, тщетно зовущего мать, служит зеркальным отражением собственной покинутости Прищепы. «Опаленный и рваный, виляя ногами, он вывел из стойла корову, вложил ей в рот револьвер и выстрелил. Земля курилась под ним, голубое кольцо пламени вылетело из трубы и растаяло, в конюшне зарыдал оставленный бычок» (*исп.* Achicharrado, deshecho, sin poder mover apenas las piernas, [Prischchepa] sacó la vaca del establo, le aplicó el revólver a la boca y disparó. La tierra humeaba bajo él; un anillo de fuego azul salía por la chimenea y se desvanecía; en el establo se oía el bramido de los bueyes abandonados) [Бабель 2001: 70; Babel 1927: 105].

Интеграция эстетики и социальных обязательств

La novela rusa habrá sido falseada o frustrada por la revolución; pero nadie podrá dudar de la calidad artística de *El tren blindado,* de Ivanov, o de *La caballería roja,* de Babel [Obregón 1930: 28].

[Революция должна была обесценить русский роман и привести его в упадок, однако никто не станет сомневаться в качестве художественного исполнения «Бронепоезда 14-69» Иванова или «Конармии» Бабеля.]

И Диас Фернандес, и Бабель сочетали поэтизированный нарратив с темой социальной справедливости. Для обоих писателей характерна забота о благополучии народных масс, что нашло отражение в их прозе. Диас Фернандес описывал «Конармию» как новую разновидность литературы, стирающей границы между коротким рассказом, романом и поэзией. Если верить ему, эту литературу можно охарактеризовать как «поэзию, пластичность и трагическую решимость». Такое определение великолепно описывает и его прозу [Díaz Fernández 1927d: 16]. И верно: литературное мастерство исполнения «Конармии» выше всяких похвал. Концовка рассказа «Путь в Броды» (*исп.* «Abejas», рус. дословн. «Пчелы») выглядит так: «О, Броды! Мумии твоих раздавленных страстей дышали на меня непреоборимым ядом. Я ощущал уже смертельный холод глазниц, налитых стынувшей слезой. И вот — трясущийся галоп уносит меня от выщербленного камня твоих синагог...» (*исп.* ¡Oh Brody! Las momias de tus pasiones holladas aventan hacia mí su veneno irresistible. Y siento el frío de la muerte en mis órbitas llenas de lágrimas yertas. Pero el galope violento me lleva lejos de las piedras removidas de tus sinagogas) [Бабель 2001: 48; Babel 1927: 72].

Этот отрывок, представляющий собой в большей степени субъективные впечатления лирического «я», а не некий рассказ, читается, скорее, как лирическая поэзия, чем как нарратив. Первая строка: «О, Броды! Мумии твоих раздавленных страстей...» (*исп.* ¡Oh Brody! Las momias de tus pasiones holladas) — обозначает поэтическую интенцию с помощью риторического обращения. Персонификация города Броды с помощью местоимения «твоих» обозначает предполагаемую субъективную точку зрения лирического героя: «Я ощущал уже смертельный холод глазниц, налитых стынувшей слезой». Сюрреалистическая экспрессия, которой в тексте Бабеля противопоставлены метафоры («Мумии твоих раздавленных страстей...»), переносит читателя в сновиденный мир лирической субъективности.

Еще один пример пластичности прозы Бабеля мы находим в миниатюре «Кладбище в Козине» (*исп.* «El cementerio de Kosin»). Эта короткая вещица представляет собой, в сущности, лишь описание кладбища. В ней нет никакой фабулы или сюжета, необходимого нарративу, однако она пробуждает воспоминания о многолетней истории восточноевропейских евреев. Кладбище, описываемое в тексте, находится в таинственном месте, которое автор окружает нарочитым флером экзотичности, на стыке Восточной Европы и Ближнего Востока. «Кладбище в еврейском местечке. Ассирия и таинственное тление Востока на поросших бурьяном волынских полях» (*исп.* El cementerio de una pequeña ciudad judía: Assyria. Y el misterioso umbral del Oriente en los campos volinios, plagados de cizaña) [Бабель 2001: 68; Babel 1927: 184].

Предложения составлены из разрозненных фрагментов, написанных в телеграфном стиле и лишенных глаголов. В результате перед читателем предстает целая серия образов, а текст обретает кинематографичность и высокий темп. «Обточенные серые камни с трехсотлетними письменами. Грубое тиснение горельефов, высеченных на граните. Изображение рыбы и овцы над мертвой человеческой головой. Изображения раввинов в меховых шапках» (*исп.* Piedras grises talladas, con inscripciones de trescientos años. Relieves toscos cincelados en el granito. Un pez y un cordero sobre una calavera. Rabinos con gorros de piel) [Бабель 2001: 68–69; Babel 1927: 184]. Приведенная в конце этой миниатюры надпись на усыпальнице, «Молитва бедуина», содержит музыкальный ритм, характерный для перечисления генеалогических отношений в книгах Библии. Надпись завершается следующими строками: «О смерть, о корыстолюбец, о жадный вор, отчего ты не пожалел нас, хотя бы однажды?»](*исп.* ¡Oh Muerte, oh ladrona codiciosa y voraz! ¿Por qué no nos perdonaste siquiera una vez?) [Бабель 2001: 68–69; Babel 1927: 184]. Бабель снова использует риторическое обращение, в котором и субъективный, и коллективный голос евреев [Кракова и Праги] говорит о смерти, выражая их ярость в манере, характерной для лирической поэзии.

Для писательского стиля Диаса Фернандеса также характерны пластичность языка и поэтизация прозы. Его короткие рассказы представляют собой субъективно пластичные репрезентации, как Гомес де Бакеро отметил в своем критическом разборе романа «El blocao».

> *El blocao* de J. Díaz Fernández es una colección de siete novelitas que ha compuesto el autor utilizando como primera materia artística sus recuerdos e impresiones de la guerra de Marruecos en 1921. <...> En algunos de estos breves cuadritos hay la promesa <...> de un novelista de *novela grande* <...>. En todos [los relatos] se advierte, sin embargo, vocación y temperamento de novelista: el sentido plástico de la representación de la vida, el don de Pigmalión, distinto de la invención intelectiva, que no logra más que imitaciones [Gómez de Baquero 1928a: 2] (выделено в оригинале).

[«El blocao» Хосе Диаса Фернандеса — это сборник из семи новелл, написанных под впечатлением от Марокканской войны 1921 года. Основным источником, кроме впечатлений, были личные мемуары автора. <...> Некоторые из этих кратких миниатюр отмечены талантом <...> романиста, автора великих романов <...>. Тем не менее в каждой из них читатель видит талант и темперамент истинного романиста — пластичное ощущение от описания жизни, дар Пигмалиона, кардинально отличный от когнитивного изобретательства, не производящего на свет ничего, кроме подражаний.]

Стиль Диаса Фернандеса своей искусностью и простотой напоминает стиль А. С. Пушкина. В романе «Африка у его ног» (*исп.* «Africa a sus pies») он описывает Рианьо (*исп.* Riaño) — молодого богатого лейтенанта, чья мавританская любовница «умеет лишь тереться о его ноги, как собака» (*исп.* no sabe más que tenderse a [sus] pies como un perro) [Díaz Fernández 1976: 90]. Тем не менее выражение глаз таинственной Африки (*исп* África), или Ахухи (*исп.* Axuxa), или Сулимы (*исп.* Sulima), наводит на мысль о том, что ее рабская покорность обманчива и Рианьо ошибается насчет нее [Díaz Fernández 1976: 89].

Los ojos de África, acechantes y fríos <...>. Los ojos de África tenían el luto de los fusiles cabileños y las sombras de las higueras montañesas. Ojos de esos que se encuentran en un zoco o en una calle de Tetuán y que quisiera uno llevarse consigo para siempre con el mismo escalofrío y el mismo rencor, porque enseñan que hay algo irreparable que hace imperfecta la obra de Dios [Díaz Fernández 1976: 92].

[Глаза Африки, бегающие и холодные <...>. В глазах Африки виднелись скорбь кабильских стрелков и тени покрывавших горы смоковниц. Такие глаза можно встретить на «зоко» [рынке] или на улицах Тетуана. Такие глаза хочется оставить рядом с собой навсегда, чтобы постоянно ощущать ледяное и болезненное чувство, ведь они служат живым свидетельством присутствия в этом мире чего-то неисцелимого, делающего божий труд несовершенным.]

Фраза «глаза... бегающие и холодные» (*исп.* los ojos... acechantes y fríos) повторяется дважды [Díaz Fernández 1976: 90, 92], и в концовке рассказа перед нами вновь возникает образ таинственных глаз мавританки. «А затем, одетая в привычное мавританское платье, она исчезла без следа. Возможно, из какого-нибудь стрельчатого окна ее холодные глаза наблюдали за процессией из четырех лейтенантов, несущих на своих плечах гроб» (*исп.* Y luego, vestida de mora, había huido sin dejar rastro. Sus ojos fríos, desde un ajimez cualquiera, vieron quizá pasar el ataúd a hombros de cuatro tenientes) [Díaz Fernández 1976: 93].

Лейтмотив истории — «бегающие и холодные» глаза Африки — служит наглядным проявлением ее истинной сущности. Описывая ее глаза, Диас Фернандес прибегает к очень сильным образам. «Ее глаза <...> были наполнены скорбью кабильских [алжирских или тунисских берберов] стрелков, в них глубоко залегли тени смоковниц, растущих по склонам гор». Это весьма экспрессивный способ сжатого описания происходящего на войне насилия, символом которого являются солдаты, использующие стрелковое оружие. Глубоко залегшие тени символизируют душевные раны, ведь Африка, дочь одного из горных племен, стала ориентализированным объектом желания лейтенанта. Более того, ее глаза в точности напоминают те, что можно встретить на базаре и на улицах Тетуана. Война и последствия войны оставили свой след во взорах обитателей Северной Африки. Образ «Африки у его ног» намекает на потенциал насилия среди марокканцев, который испанцам пока удается держать в узде. Но они ошибаются, считая это племя покоренным, и Африка (девушка и континент) еще увидит, как лейтенант (Испания) будет похоронен в гробу. Глубокая образность и всеобъемлющий символизм Африки и ее глаз служат примером поэтического и метафорического владения словом. Эта тенденция прослеживается и у других писателей нового романтизма, таких как Сендер и Ардериус [Bosch 1971: 34; Jiménez Madrid 1997: 110; Miller 1993: 235; Schneider 1992: 409–410].

Романы о войне

Авторы «Конармии» и «El blocao» позаботились о том, чтобы насытить свои сочинения политической идеологией, сделав их в этом отношении похожими на произведения соцреализма, такие как романы «Мать» и «Цемент». Красный цвет в «Конармии» и «La Magdalena roja» («Красная Магдалена») в романе «El blocao» — очевидные символы коммунизма. В обоих произведениях прослеживается солидарность с рабочим классом. Оба автора изображают невероятных героев, готовых отдать жизнь ради служения народным массам (например, Ангустиас-Магдалена, Илья). Впрочем, есть одно весьма серьезное отличие между новым романтизмом и советской прозой о Гражданской войне. Оно касается позиции, занимаемой писателями по отношению к войне. «El blocao», «Imán» Сендера, а также «La ruta» Артуро Бареа — все это антивоенные нарративы, действие которых может происходить в привычных границах послевоенного европейского пацифистского романа. Чарльз Ольстад не разделяет это мнение в отношении романа «Imán», цитируя более поздние романы Сендера [Olstad 1977]. Можно со всей определенностью утверждать, что Диас Фернандес и Сендер проявляют иные взгляды на войну в своих более поздних литературных работах, посвященных народным волнениям 1930-х годов и последовавшей за ними гражданской войне. Однако можно предполагать заметное расхождение во мнениях между этими авторами относительно конкретных вооруженных конфликтов. С точки зрения политики никаких противоречий нет: каждый автор выступает против колониальной войны, служащей интересам богатого испаноязычного меньшинства Марокко, но при этом поддерживает народные восстания на испанской земле.

В отличие от испанских нарративов о военных кампаниях в Марокко советские нарративы о Гражданской войне изображали ее как необходимое и справедливое средство реализации социальных изменений. Впрочем, было бы упрощением сказать, что эти произведения одобряют войну. Напротив, некоторые из них, такие как «Конармия» Бабеля, выражают довольно обширную палитру взглядов на суровые реалии боевых действий, даже если в других (например, в романе «Чапаев») мы находим гиперболизированное описание героических подвигов.

Произведения Бабеля отразили множество аспектов войны, лично засвидетельствованных автором как сотрудником ЧК и ветераном описываемых им военных кампаний[10]. Он описывает ужасы войны с точки зрения чувствительного интеллектуала, которого решительные и жестокие казаки не только отталкивают, но и привлекают. В ходе повествования Кирилл Лютов, герой-рассказчик «Конармии», «получает нагоняй от рядового казака за то, что собирается идти в бой, не зарядив револьвер» [Brown 1982: 89]. Впрочем, Бабель всегда поддерживает революцию, и его ужас перед сопровождающим войну насилием, иногда совершенно безжалостным, следует рассматривать как субъективную реакцию интеллектуала, столкнувшегося с суровой реальностью противостояния, а вовсе не как осуждение Гражданской войны как таковой.

В миниатюре Бабеля «Сын раввина» рассказчик выражает восхищение героическим Ильей, заменившим свою иудейскую веру революционным рвением. Сын раввина погибает, сражаясь за дело революции. Смерть настигает его рядом с портретами Маймонида и Ленина [Бабель 2001: 140].

> Todo estaba revuelto: los papeles del agitador con las notas del poeta hebreo. Las imágenes de Lenín y de Maimónides aparecían juntas: el voluminoso cráneo de hierro de Lenín y el semblante sombrío y suave como seda de Maimónides. En las "Conclusiones del VI Congreso del partido" había un rizo de mujer. Líneas torcidas de antiguos versos hebraicos ornaban las márgenes de manifiestos comunistas. Páginas del "Cantar de los Cantares" y balas de revólver — ¡triste, infeliz lluvia! — cayeron delante de mí [Babel 1927: 204].

> Здесь все было свалено вместе — мандаты агитатора и памятники еврейского поэта. Портреты Ленина и Маймонида лежали рядом. Узловатое железо ленинского черепа и туск-

---

[10] Чека, или Чрезвычайная комиссия, — это советская тайная полиция в период с 1917 по 1922 года. Данная организация позже превратилась в КГБ.

лый шелк портретов Маймонида. Прядь женских волос была заложена в книжку постановлений шестого съезда партии, и на полях коммунистических листовок теснились кривые строки древнееврейских стихов. Печальным и скупым дождем падали они на меня — страницы «Песни песней» и револьверные патроны [Бабель 2001: 140].

Лежащие вперемешку большевистские регалии и еврейские артефакты служат символом слияния религии и революции, ставшей для некоторых евреев новой верой. Советские евреи, такие как Бабель, исторически подвергавшиеся маргинализации и гонениям в ходе погромов, рассматривали большевизм и революцию отнюдь не как область религиозной свободы (Бабель был атеистом), но как способ достижения этнического равенства.

Испанской прессе было известно об антивоенной позиции Бабеля и других советских писателей, а также о том факте, что их нарративы изображают эпическую борьбу масс, сражавшихся в ходе Гражданской войны за левую политическую повестку.

Unas [de las nuevas obras rusas] se inspiran en la guerra civil, tal y como la vivieron las masas campesinas. Ivanov describe los partidarios rojos de Siberia *(Los partidarios, El tren blindado)*, raza magnífica que ha vencido desde el Oural hasta Vladivostok. <...> Otras obras notables reciben su inspiración de la epopeya revolucionaria. La exaltación de los héroes se justifica por el íntimo conocimiento de las nuevas fuerzas que han vencido: la incomparable fuerza del pueblo consciente de batirse por su propia causa. Entre la literatura verdaderamente épica tenemos *Caballería roja* de Babel y los poemas de Nicolás Tikhonov [Serge 1927: 3.]

[Источником вдохновения для некоторых из [новых русских произведений] стала Гражданская война. Например, жизнь крестьянских народных масс в Гражданскую войну. Иванов описывает красных сибирских партизан («Партизаны», «Бронепоезд 14-69»), удивительную расу, завоевавшую земли от Урала до Владивостока. <...> Это эпическое произведение о революции стало источником вдохновения для многих заметных работ. Чествование героев оправдано глубоким пониманием новых сил, победивших в этой борьбе, — неодолимой силы людей, полностью сознающих, что сражаются за правое дело. Среди поистине эпичных произведений можно отметить «Конармию» Бабеля и стихи Николая Тихонова.]

Чтобы еще лучше уяснить позицию Бабеля, одобряющего войну, следует сравнить его тексты с другими советскими нарративами о войне (например, «Разгромом», «Железным потоком» и «Чапаевым»). Уникальная доблесть рабочих масс нашла свое воплощение в олитературенном персонаже Василии Ивановиче Чапаеве (1887–1919) — простом крестьянине, который стал легендарным командующим 25-й стрелковой дивизией Красной армии. Роман о Чапаеве заканчивается освобождением Уральска. Описание участвующих в нем революционных сил гиперболизировано, а образ их врагов выглядит преувеличенно отрицательным.

Uralsk estuvo mucho tiempo sitiado por las tropas cosacas, hasta la llegada de la división de Chapáev, su liberadora. La heroica defensa de Uralsk es una de las páginas más gloriosas de la guerra civil. Aislados del resto del mundo, los soldados rojos, los obreros y campesinos resistieron con honor el asedio, rechazando valientemente los ataques del enemigo, efectuando salidas y hostilizando a los cosacos sin cesar. La agotada guarnición, reforzada por el torrente de obreros voluntarios, no se quejaba jamás de la fatiga, ni del hambre; a nadie le pasó siquiera por la cabeza la idea de entregarse al adversario triunfante [Furmanov 1974: 246].

Уральск долго был обложен казачьим кольцом — вплоть до подхода Чапаевской дивизии, его освободительницы. Героическая его защита войдет в историю Гражданской войны блестящей страницей. Отрезанные от всего мира, уральцы с честью выдержали казачью осаду, много раз и с высокой доблестью отражали налеты, сами делали вылазки, дергали врага со всех сторон. Измученный гарнизон, куда влились добровольческой волной уральские рабочие, никогда не роптал ни на усталость, ни на голод, — не было и мысли о том, чтобы отдаться во власть ликующего врага [Фурманов 1947: 145].

Неутомимые, храбрые и благородные освободители выступают эпическими героями. Они контрастируют с белыми — демонизированными противниками, которые нарушают кодекс поведения на войне и поэтому не имеют военной чести. Этот аспект романа «Чапаев» был хорошо воспринят испанской прессой, которая причислила произведение к современным «эпическим сказаниям о подвигах» (*исп.* canciones de Gestas). Рецензия на снятый Васильевыми фильм «Чапаев», вышедшая в журнале «Nueva Cultura», подчеркивала эпичность нарисованного им полотна русской Гражданской войны.

> [Los hermanos Vasiliev] han querido exaltar, contra todo esquematismo, la verdad psicológica de un héroe famoso de la guerra civil, entrado ya en la leyenda, desprendiéndolo de los relatos del escritor Furmanov, que filé el comisario político de Tchapajief. Han querido evidenciar en su película el alma de octubre. Y así Tchapajief, sin perder nada de su realidad, es un personaje que transfigura la poesía profunda de una época revolucionaria en camino de crear sus leyendas a golpes de genio nacional, en el espíritu de la lucha de clases <...>. Es así como la película *Tchapaief* no exalta solamente al héroe-jefe, sino al héroe anónimo, a los capitanes y soldados [Moussinac 1936: 16].

> [[Братья Васильевы] захотели превознести, вырвавшись за рамки любых схем, истинную психологию знаменитого героя Гражданской войны, уже ставшего легендарным. Для этого они отделили его от историй писателя Фурманова, ставшего при Чапаеве своеобразным суперинтендантом от политики. Они захотели вдохнуть в свою кинокартину дух Октября. Поэтому Чапаев, не теряя ни грана реалистичности, становится персонажем, преобразующим глубокую поэтику революционной эпохи, творя ее легенды со всей мощью национального темперамента, в духе классовой борьбы <...>. Именно поэтому кинофильм «Чапаев» превозносит не только героического лидера, но и безымянных героев, офицеров и солдат.]

Этому мнению вторит рецензия Эйзенштейна, переведенная и перепечатанная в испанской прессе: «Сохраняя эпическую форму, популярную для начала нашего кино, авторы внутри ее сумели обрисовать такую яркую галерею героических личностей, как это раньше удавалось разве только замкнуто фабульным традиционным сюжетам» [Эйзенштейн 1964–1971, 5: 52][11]. «Чапаеву» Фурманова недостает тонкости исполнения, свойственной «Конармии» Бабеля, однако оба романа изображают эпическое противостояние Гражданской войны ради защиты революции.

Как и «Конармия», роман Диаса Фернандеса «El blocao» изображает войну во всех подробностях. Впрочем, испанская художественная литература приходит к отрицанию насилия и войны, которые признаются недопустимыми средствами достижения даже самых благих целей. В главе «Magdalena roja» («Красная Магдалена») интеллектуал Антонио по прозвищу Гафитас (очкарик) первоначально поддается искушению совершать жестокие деяния гражданского неповиновения. Его искусительница — красная Магдалена (Ангустиас), для которой «революция — мать родная» (исп. patria es la Revolución) [Díaz Fernández 1976: 78]. Однако после несостоявшейся атаки бомбистов на завод Гафитас понимает, что последствия этих деяний (гибель случайных людей) — слишком высокая цена.

> Me importa lo de aquí, estos camaradas que se amontonan debajo de las tiendas, sucios, estropeados. Más que una idea vale un hombre. No, no. Yo no seré motivo para que un día caiga uno aquí, y aquí se quede. Llámame lo que quieras; pero esta vez no me convencerás como aquel día de la bomba [Díaz Fernández 1976: 78].

> [Мне важно лишь одно: здесь, в этих палатках, собрались наши товарищи, грязные, нечесаные. Человек превыше идеи. Нет, нет. Я не стану причиной того, что кто-то здесь споткнется и останется навсегда. Проклинайте меня последними словами, но теперь вы не сможете меня убедить, как в тот день, когда мы хотели метнуть бомбы.]

---

[11] Первоначально эта рецензия появилась в московской «Литературной газете».

Настаивая на справедливости принципа «человек превыше идеи», главный герой демонстрирует хорошо заметное различие между испанским писателем и большинством советских. В этом отрывке просматривается неявно подразумеваемая критика насильственных форм гражданского неповиновения. Пацифистский смысл сказанного становится ясен, если принять во внимание остальной текст романа. Может показаться, будто Антонио предает свои пацифистские убеждения, оставаясь служить солдатом в Северной Африке и не желая дезертировать, как советует Ангустиас. Тем не менее главный герой также соблюдает принцип ненасилия, причем не только в «Magdalena roja», но и в первой главе «El blocao», когда отпускает Айху (*исп.* Aixa) на свободу после нападения, стоившего жизни четырем солдатам.

Как и «El blocao», Сендер в романе «Imán» высоко несет знамя пацифизма, особенно хорошо заметное в следующем отрывке, где Вианце описывает резню при Анвале:

¿Has venido de Annual? Desde más allá de las montañas todo está sembrao de hombres con las cabezas rotas, con las tripas al aire. Cada uno tiene su familia, sus amigos, y esa sangre traerá más sangre; acuérdate que te lo dice un veterano. Si vas hacia allá, de aquí a Dríus pués contar los muertos por docenas, y de Dríus abajo, por centenares. Tú y yo seremos pronto dos más, no te hagas ilusiones; pero no se va a acabar esto aquí <...>. ¿Está bien morir como un perro a los veintitrés años, abandonado de toda esa gentuza? Mi teniente coronel, pa salvar la buena fama de los oficiales que se arrancan las insignias y salen corriendo [Sender 1997: 166]

[Вы из Анвала, да? За горами земля сплошь в людских телах, у каждого череп разбит и кишки торчат из брюха. У каждого была семья, были друзья, и эта кровь породит еще большую кровь; помяните мое слово, как ветеран вам говорю. Коли пойдете туда, сами увидите — отсюда и до Дриуса трупы лежат десятками, а ниже Дриуса — сотнями. Мы с вами скоро ляжем рядом, их станет на два больше; не врите себе; скорого конца не видать <...>. Как думаете, должен я сдохнуть как собака в двадцать три года, всеми брошенный в этой суматохе? Только чтобы спасти честь офицеров, рвущих с себя погоны и бегущих прочь, уважаемый подполковник?]

Как и Диас Фернандес, Сендер в этом отрывке осуждает испанское присутствие в Марокко и указывает, что оно не отвечает интересам солдат, таких как Виансе, чья речь выдает его происхождение из рабочего класса (например, употребление таких испанских слов, как pues [puedes], sembrao [sembrado], pa [para]). Виансе — это настоящий Санчо Панса наших дней, голос разума, напоминающий нам, какой это абсурд — умирать за «честь офицеров, рвущих с себя погоны и бегущих прочь». Офицеры предстают перед нами трусливыми и эгоистичными, полной противоположностью героическим персонажам, таким как Чапаев или неустрашимые казаки «Конармии».

Неприязнь, которую испанские левые питали к войне и испанским колониальным кампаниям, озвучил Сесар Арконада.

Toda dominación, cualquiera que sea ou estado, es siempre un hecho de guerra y de violencia. Esto quiere decir que en las relaciones entre el imperialismo y sus colonias no existe la paz. Paz es, en el lenguaje imperialista, una palabra con un sentido convencional: significa un cierto grado de sumisión. En efecto, cuando en el país sometido no existe un cierto grado de rebeldía que se necesite movilizar ejércitos y extremar crueldades para dominarlas, se dice que reina la paz [Arconada 1933: 22].

[Любое господство, независимо от своей сущности, всегда проистекает из войны и насилия. Из этого следует, что отношения между империализмом и его колониями не могут быть мирными. Значение слова «мир» на языке империализма конвенционально: оно означает определенную степень подчинения. Следовательно, если в завоеванной стране отсутствует хотя бы частичная готовность к восстанию, требующая мобилизовать солдат и совершить жестокие деяния, чтобы возобладать над ней, тогда говорят, что воцарился мир.]

Говоря о политике Испании в отношении Марокко, он добавляет следующее: «Кроме того, что можно назвать войной ради водворения мира — то есть нескончаемой войной ради обретения колоний, — <...> мы имеем обычную войну в Марокко, поскольку туземцы желают свободы от чужой власти, несчастья и жестокости» (*исп.* Aparte de lo que puede llamarse guerra de la paz — guerra permanente de la colonización — <...> tendremos en Marruecos guerra de la guerra, porque los indígenas querrán librarse de dominios, de miserias y de crueldades) [Arconada 1933: 22].

Испанские и советские нарративы о войне подчеркивают ее жестокость и дегуманизирующее влияние. И в тех и в других произведениях видна схожая озабоченность судьбой народных масс. «Imán» и «El blocao», как и многие советские сочинения, в особенности «Конармия» Бабеля и «Бронепоезд 14-69» Иванова, сочетают эстетику авангарда с революционным социальным содержанием. В частности, бросаются в глаза общие черты «El blocao» и «Конармии», включая структуру и примечательное сочетание эротизма и насилия. Эти схожие черты в сочетании с рецензией Диаса Фернандеса на «Конармию», опубликованной задолго до выхода его собственного романа, являются сильными аргументами в пользу межкультурного обмена между испанской и советской литературой. Впрочем, нарративы об испанских кампаниях в Северной Африке и о Гражданской войне в России рассматривают войну под совершенно иным углом. Советская художественная литература изображает местами жестокую, но при этом эпическую борьбу революционных героев, которые сражаются, чтобы улучшить положение народных масс, тогда как испанские авторы осуждают враждебные проявления колониальной политики в Северной Африке и бесчеловечность войны. Гражданская война в Советской России считалась средством построения рая для рабочих, тогда как борьба Испании за колонии изображалась как война, эксплуатирующая рабочие массы ради интересов капиталистов. Подтверждение такой позиции мы находим в статье Ардериуса под названием «Un mitin» («Митинг»), где автор демонстрирует антивоенную риторику [Vilches de Frutos 1984: 234].

¡Camaradas, la guerra, no! ¡Todos los explotados, contra la guerra! ¡Porque la guerra la están tramando los que nos explotan, para asesinarnos a millones de trabajadores, y de esta forma solucionar el problema que más les espanta: el de los parados! ¡Frente único de los trabajadores, contra la guerra! [Arderíus 1933: 26]

[Товарищи, нет войне! Все эксплуатируемые против войны! Ибо войну замышляют те же самые люди, которые эксплуатируют нас ради убийства миллионов рабочих, дабы решить проблему, которая пугает их больше всего, — избавиться от безработных! Единый фронт рабочих против войны!]

Нарративы Диаса Фернандеса, Сендера и Ардериуса осуждают войну, далеко выходя даже за широкие рамки, очерченные колониальной политикой. Ближе к концу романа неуклюжий в общении Виансе демонстрирует ужас перед войной и вместе с тем показывает читателю оставленные войной шрамы на душе и вызванное ими неумение приспособиться к мирной жизни.

— ¿Dos hijos? Si tiene usted dos hijos, procure que no vayan a la guerra.
— ¿Qué puede hacer uno contra eso? — replica con aire escéptico.
— ¡Matarlos!
El labrador se queda muy sorprendido y Viance rectifica, poniéndose colorido:
— O enviarlos a las Américas [Sender 1997: 296–297].

[— Двое сыновей? Если у тебя два сына, лучше сделай так, чтоб их не послали на войну.
— И как это провернуть? — спросил тот, недоверчиво ухмыляясь.
— Да просто убей, и все!
На лице крестьянина изобразилось крайнее удивление. Ничего не ответив, он молча удалился. Глядя ему в спину, Виансе внезапно вспыхнул и поправился.
— Или отправь в Америку...]

Ветеран войны, советующий убивать младенцев, чтобы защитить их от будущей службы в армии, когда они достигнут призывного возраста, вскрывает глубоко укоренившееся в его душе отвращение к войне, а также слабое понимание норм поведения, принятых в обществе. Созданный Диасом Фернандесом персонаж Антонио выражает схожие взгляды на войну, раз за разом повторяя мысли о самоубийстве: «Даже не хватило духу застрелиться!» (*исп.* ¡Tampoco entonces tuve el valor para pegarme un tiro!) [Díaz Fernández 1976: 85]. Ставшее рефреном слово «не хватило» (*исп.* Tampoco entonces) служит намеком на мысли о суициде, вновь и вновь приходящие ему в голову. Антонио избегает смерти не потому, что таков его осознанный выбор, но лишь поскольку главному герою не хватает смелости положить конец своим страданиям. Для Диаса Фернанденса и Сендера война (по крайней мере, в этом отрывке) хуже смерти.

Заключение

Lo tendencioso o no tendencioso puede ser discutido. Lo que no cabe negar es el sentido social del arte. El arte, y tanto más el cine, que es arte de multitudes, es un reflejo de la sociedad. Cada sociedad específica tiene, crea un arte específico. La sociedad de hoy, que es una sociedad descompuesta, crea — o mejor, produce, que es palabra menos noble — un arte descompuesto, íntimo, chabacano, bajo, o, por otro lado, defensivo, útil, mercenario, tendencioso, servil [Arconada 1935: 4].

[Искусство может быть тенденциозным или не быть таковым, однако социальный смысл искусства невозможно отрицать. Спорить об этом нет смысла. Любое искусство, и тем паче кино, которое есть искусство для масс, служит отражением общества. Каждое общество имеет [и] создает совершенно особое искусство. Современное общество, которое есть общество бесстыжее, создает — или, лучше сказать, исторгает из себя (что менее благородно) — совершенно бесстыжее, чрезмерно личное, вульгарное, низкое искусство или, с другой стороны, дефензивное, утилитарное, продажное, тенденциозное, сервильное искусство.]

В предыдущих главах мы вскрыли паттерн художественного диалога, установившегося между испанской и советской литературой в 1920-е и 1930-е годы, когда испанские авторы переносили и адаптировали образцы социального искусства, пренебрегая другими аспектами русской литературы, не отвечавшими их потребностям. Если принять во внимание социополитический климат того периода и характерную для него политизацию литературы, то не следует удивляться, что испанские писатели левого толка искали в Советском Союзе примеры политически ангажированной литературы. Тем не менее в этих работах изучались и другие социальные конструкты, включая гендер, индустриализацию и войну.

Испанские писатели, в отличие от множества советских создателей культурных ценностей, никогда не настаивали на том, что искусство должно быть тенденциозным. Это хорошо заметно в работе Диаса Фернандеса «Новый романтизм».

> Nadie pide que la obra de arte sea política ni contenga esencialmente una finalidad proselitista a favor de tal o cual tendencia <...>. Lo que se solicita es una atención para aquellos temas susceptibles de interpretación artística que posean, por propia naturaleza, un contenido moral [Díaz Fernández 1930b: 55].

> [Никто не требует, чтобы произведение искусства было политизированным или чтобы оно обязательно создавалось с целью обращения в свою веру, ради той или иной тенденции <...>. От него лишь требуется внимание к темам, подлежащим художественной интерпретации, которая по своей сущности наполнена нравственным содержанием.]

Впрочем, Диас Фернандес и другие новые романтики вовсе не отрицали нравственное содержание искусства и его способность играть ключевую роль в обществе. «[О]трицать сильнейшее влияние литературы на политику, включая ее определяющую роль в популяризации тех или иных идей в мировом историческом процессе, — это не только губительно, но и [должно быть] наказуемо» (*исп.* [P]rivar a la política de la magna ayuda de las letras, que tan decisivo papel en el orden de las ideas desempeñaron en la historia, parece, más que pernicioso, punible) [Díaz Fernández 1930b: 81].

Этот интерес к социальному искусству перекликался с русско-советскими работами, такими как романы «Цемент» Гладкова и «Мать» Горького, тексты которых с головой выдают их политическую ангажированность. И в самом деле, испанские романисты применяли множество литературных тропов и мотивов, обычно связываемых с соцреализмом, включая структуру романа воспитания — постепенного пробуждения политической сознательности, выраженную в буднично-бытовом хронотопе, агиографических и эпичных положительных героев и склонность к обезличиванию. Проявляя глубокую озабоченность положением рабочих масс, они создали собственный жанр нарративов о заводе, находившийся в диалоге с советским производственным романом и кинофильмом «Стачка», однако адаптированный к специфичному социально-политическому контексту Испании.

Вместе с тем многочисленные точки пересечения между советской и испанской литературой были очевидны в испанской литературной традиции еще до зарождения нового романтизма. Вспомним хотя бы агиографические тропы, давнюю традицию испанской литературы. Еще одним примером может служить дехарактеризация или деперсонализация, бывшая общим трендом испанского авангарда в 1920-е годы. Схожие черты двух литератур помогали навести между ними мосты, открывавшие возможность для дальнейшего межкультурного диалога.

Авторы нового романтизма также отвергали некоторые аспекты советского социального искусства, включая аскезу Горького. Вне сомнения, истоки этого можно усмотреть в парадоксальном желании испанских левых отгородиться от очевидных отличительных черт католичества и вместе с тем воспринять другие (например, религиозную риторику). В большинстве случаев испанским авторам также не нравилась идея разрушения нуклеарной семьи, хотя многие устраняли церковь с ее обрядами из брачного союза в пользу гражданской церемонии или отказа от всяких церемоний. В частности, Ардериус и Карнес выделяются как авторы, порвавшие в своих произведениях с концепцией брака ради свободной любви или аскезы.

Испанские писатели, за редким исключением, не разделяли того взгляда на равенство полов, который был характерен для советских писателей данного периода. (Впрочем, они предприняли большие шаги в этом направлении.) Немногим испанским писателям удавалось создать женский характер, способный потягаться с инициативностью и своеволием Даши в романе «Цемент», хотя образ Обдулии в романе Диаса Фернандеса «La Venus mecánica» выглядит довольно мощно. Объективизированная механическая Венера, обретающая свободу, утрачивает инициативность и своеволие сразу после того, как ситуация внутри ее семьи приходит в норму. В финале романа она остается в одиночестве, когда Виктора заключают в тюрьму, а их ребенок умирает. В обеих традициях женщины подвергаются сексуальному насилию (например, в «Цементе», «Конармии», «El blocao», «La espuela»), однако в испанских романах они чаще оказываются объектами сексуального желания, окруженными ореолом нарочитой экзотики, нежели в советских романах, где сексуальность отсутствует как таковая («Мать») или выражена в пародийной форме («Конармия»).

Писательницы нового романтизма по-разному реагировали на образ новой женщины. Перуанка Арсиньега создала скованные традициями женские образы, которые мы находим в романе «Mosko-Strom», тем самым сведя женщин к стереотипам, таким как *ángel del hogar* или *femme fatale*. Вместе с тем другие писательницы, такие как Карнес и Леон, приняли модель социального феминизма, предложенную Коллонтай. Однако, несмотря на популярность среди испанской интеллигенции представлений Коллонтай о новой, сексуально эмансипированной женщине, писательницы обычно не разделяли ее анархических взглядов на свободную любовь. Вместо этого они исповедовали более тонкий подход к сексуальности, не предполагавший открытого выступления против института брака.

Военные нарративы были важным аспектом идеологического расхождения между испанскими и советскими художественными произведениями. Советские писатели изображали борьбу Красной армии за народное благо и победу революции, тогда как из-под пера испанских авторов выходили пацифистские романы, такие как «Imán» и «El blocao». Несмотря на применение отдельных литературных тропов и стилистических инноваций, заимствованных из русских романов, в этих произведениях критиковалась испанская колониальная программа умиротворения[1]. В частности,

---

[1] Эти взгляды поменялись в 1930-х годах — вместе с разрастанием вялотекущей гражданской войны. Они хорошо заметны в репортажных романах (*исп.* reportaje), таких как «Siete domingos rojos» («Семь красных воскресений») Сендера [Sender 1968: 1932], где проявляется куда более двойственное отношение к насилию, чем в романе «Imán».

«El blocao» напоминает «Конармию», однако для обоих произведений характерна модернистская эстетика, свойственная культурному процессу на поле европейского модернизма.

Еще одно различие заметно в главных героях советских и испанских романов. Господствующей темой в прозаических произведениях русско-советской литературы является эпическая борьба народных масс и положительных героев пролетариата, однако испанские произведения чаще всего изображают солидарность интеллектуалов с массами. Здесь находят свое отражение недостаточная образованность широких народных масс Испании и сравнительно узкий спектр доступных им возможностей, а также, возможно, патерналистское отношение к пролетариату со стороны части испанской интеллигенции.

В отличие от некоторых примеров, которые мы находим в русской литературе, писатели нового романтизма считали, что искусство должно не только приносить эстетическое удовольствие, но и обладать человечным содержанием.

Porque yo creo que no se debe escribir una novela si no contiene, por lo menos en cierta medida, fondo jugoso y forma artística, fondo y forma que, hermanados, irradien ideas y produzcan emoción. Opino, con Flaubert, que el fondo y la forma son inseparables y que la forma es la sangre del pensamiento, esto es, del fondo. El que sólo cuida del fondo, no hace labor artística. El que lo desdeña para embellecer la forma, no hace labor humana. Y una novela, si ha de enseñar deleitando y emocionando — elementos, a mi juicio, indispensables a toda novela que merezca alguna estimación —, ha de ser una obra artística y humana [Acevedo 1930: 10–11].

[По моему убеждению, автору не следует браться за роман, если он не может наделить его заметной глубиной и выразительным художественным обликом, хотя бы отчасти. Именно сочетание глубины и формы излучает идеи и вызывает эмоции. Я согласен с тезисом Флобера о неразделимости глубины и формы и о том, что форма оживляет собой мысль и придает ей глубину. Заботящийся лишь о глубине текста избегает труда художника. Отвергающий ее ради тщательной проработки формы не избегает труда человеческого. Если же роман учит читателя, вызывая в нем радость и восхищение — элементы, слитые воедино во всех сколько-нибудь достойных уважения романах, — то его следует считать плодом трудов художника и человека.]

Гарситораль выражал схожую озабоченность формой и содержанием: «Надеюсь, эта книга послужит к тому, <...> чтобы люди моего времени и новых поколений увидели в ней нечто полезное и почерпнули из нее полезные примеры, будь то для общественной жизни или художественного творчества» (*исп.* Ojalá sirva éste [libro] <...> para que los hombres de mi tiempo y las generaciones nuevas vean en él algo utilizable y sugeridor, tanto social como artísticamente) [Garcitoral 1994: 10].

Именно здесь кроется причина особой популярности в Испании русских модернистов, и в особенности попутчиков, таких как Маяковский и Бабель, служивших важными примерами для подражания в области литературы. Их произведения, существенную роль в которых продолжала играть эстетика авангарда, лучше соответствовали вкусам испанцев. Кроме того, в них были заметны близость к народным массам и желание авторов дать толчок общественным преобразованиям.

Источники

Андреев 1989 — Андреев Л. Н. Драматические произведения: В 2 т. Т. 2. М.: Искусство,1989.

Бабель 2001 — Бабель И. Э. В Одессе и около: Рассказы. Дневник. Пьесы. Киносценарии. Екатеринбург: У-Фактория, 2001.

Гладков 1927 — Гладков Ф. В. Цемент: Роман. 6-е изд., просм. авт. М.; Л.: Земля и фабрика, 1927.

Гладков 1928 — Гладков Ф. В. Цемент: Роман. 12-е изд. М.; Л.: Земля и фабрика, 1928.

Гладков 1929 — Гладков Ф. В. Цемент: Роман. Рига: Грамату драугс, 1929 (Библиотека новейшей литературы; Т. 67).

Гладков 1958–1959 — Гладков Ф. В. Избранные сочинения: В 8 т. М.: Государственное издательство художественной литературы, 1958–1959.

Горький 1922 — Горький М. О русском крестьянстве. Берлин: Изд-во И. П. Ладыжникова, 1922.

Горький 1986 — Горький М. Избранные сочинения. М.: Худож. лит., 1986.

Горький 2001 — Горький М. Сокровища мировой литературы. Избранное: В 2 т. М.: ТЕРРА, 2001.

Жданов 1953 — Жданов А. А. Советская литература — самая идейная, самая передовая литература в мире. Речь на Первом всесоюзном съезде советских писателей 17 августа 1934 года. М.: Гос. изд-во полит. лит., 1953.

Иванов 1983 — Иванов В. В. Бронепоезд 14-69. Рассказы. М.: Правда, 1983.

Коллонтай 1919 — Коллонтай А. М. Новая мораль и рабочий класс. М.: Издательство Всероссийского центрального исполнительного комитета Советов рабочих, крестьянских и красноармейских депутатов, 1919.

Коллонтай 2008 — Коллонтай А. М. Большая любовь: повести, рассказы. СПб.: Азбука-классика, 2008.

Коллонтай 1925 — Коллонтай А. М. Свободная любовь (Любовь пчел трудовых). Рига: О. Д. Строк, 1925.

Крупская 1986 — Крупская Н. К. Ленин и Горький // Горький М. Избранные сочинения. М.: Художественная литература, 1986. С. 1007–1010.

Ленин 1968 — Ленин В. И. Партийная организация и партийная литература // Ленин В. И. Полн. собр. соч.: В 53 т.: 5-е изд. Т. 12. М.: Издательство политической литературы, 1968. С. 99–105.

Лукач 2017 — Лукач Д. История и классовое сознание. Хвостизм и диалектика. Тезисы Блюма (фрагменты) / Пер. с нем. С. П. Поцелуева. М.: Университет Дмитрия Пожарского, 2017.

Маркс 1956 — Маркс К. Экономическо-философские рукописи 1844 года // Маркс К., Энгельс Ф. Из ранних произведений. М.: Издательство политической литературы, 1956. С. 517–642.

Маркс, Энгельс 1955 — Маркс К., Энгельс Ф. Святое семейство, или Критика критической критики. Против Бруно Бауэра и компании // Маркс К., Энгельс Ф. Сочинения: В 50 т. Изд. 2. Т. 2. М.: Издательство политической литературы, 1955. С. 3–230.

Философов 1997 — Философов Д. В. Конец Горького // Максим Горький: pro et contra. Личность и творчество Максима Горького в оценке русских мыслителей и исследователей. 1890–1910-е гг. Антология / Под ред. Д. К. Бурлака и др. СПб.: Изд-во Русского христианского гуманитарного института, 1997. С. 697–718.

Фрезинский, Попов 1991 — Фрезинский Б. Я., Попов В. Л. Комментарии // Эренбург И. Г. Собрание сочинений: В 8 т. Т. 4. М.: Художественная литература, 1991. С. 590–622.

Фурманов 1947 — Фурманов Д. А. Чапаев. Железный поток. Разгром. М.: Правда, 1947.

Чуковский 2010 — Чуковский К. И. Две души Горького / Вступ. ст. и коммент. Е. В. Ивановой; подготовка текста Е. Ц. Чуковской. М.: Русский путь, 2010.

Шкловский 1934 — Шкловский В. «Золотой теленок» и старый плутовской роман // Литературная газета. 1934. № 56.

Эйзенштейн 1925 — Эйзенштейн Сергей Михайлович, режиссер фильма «Стачка». М.: Госкино, 1925.

Эйзенштейн 1964–1971 – Эйзенштейн С. М. Избранные сочинения. В 6 т. М.: Искусство, 1964–1971.

Эйзенштейн 2004 — Эйзенштейн С. М. Неравнодушная природа. Т. 1. Чувство кино / Сост. Клейман Н.; М.: Музей кино; Эйзенштейн-центр, 2004.

Эйзенштейн 2014 — Эйзенштейн С. М. О строении вещей. М.: Алетейя, 2014.

Энгельс 1965 — Энгельс Ф. Письма Ф. Энгельса к разным лицам (Январь 1888 — декабрь 1890) // Маркс К., Энгельс Ф. Сочинения: В 50 т. Изд. 2-е. Т. 37. М.: Издательство политической литературы, 1965.

Эренбург 1933 — Эренбург И. Испания. Paris: Teshkon, 1933.

Эренбург 1990–1991 — Эренбург И. Г. Собрание сочинений: В 8 т. / Сост., подгот. текста Б. М. Сарнова, И. И. Эренбург; вступ. ст. Л. И. Лазарева; коммент. Б. Я. Фрезинского. М.: Худож. лит., 1990.

Acevedo 1923 — Acevedo I. Impresiones de un viaje á Rusia / Prol. J. Ibero. Oviedo: Hijo de A. P. Santamarina, 1923.

Acevedo 1930 — Acevedo I. Los topos: la novela de la mina. Madrid: Sucesores de Rivadeneyra, 1930.

Alberti 2003 — Alberti R. Obras completas / Ed. J. Siles; prol. L. M. Enciso. Barcelona: Seix Barral, 2003.

Alberti et al. 1976 — Alberti R. et al. Teatro de agitación política: 1933–1939 / Ed. M. Bilbatúa. Madrid: Cuadernos para el Diálogo, 1976.

Alejandra Kolontay 1937 — Alejandra Kolontay, embajadora de la USSR, en países distintos: teoría y práctica de la emancipación amorosa de la mujer // Mundo Gráfico. 1937. 17 Mar. P. 11.

Alexandrova 1946 — Alexandrova V. The Soviet Family // Russian Review. 1946. Vol. 5. № 2. P. 74–82.

Alexandrova 1963 — Alexandrova V. A History of Soviet Literature, 1917–1962. Garden City, New York: Doubleday, 1963.

Alfaro 1932 — Alfaro J. M. Pasión y tránsito de la «novela rusa» // El Sol [Madrid]. 1932. 22 Jan. P. 2.

Álvarez del Vayo 1926 — Álvarez de Vayo J. La nueva Rusia. 2nd ed. Madrid: Espasa-Calpe, 1926.

Álvarez del Vayo 1927 — Álvarez de Vayo J. Postales rusas // La Gaceta Literaria. 1927 (1 Feb.). № 1.3. P. 5.

Álvarez del Vayo 1928 — Álvarez de Vayo J. Prólogo // Gladkov F. V. El cemento / Trad. J. Viana. Prosistas Extranjeros contemporáneos. Madrid: Cenit, 1928. P. 5–11.

Álvarez del Vayo 1929 — Álvarez de Vayo J. Rusia a los doce años. 2nd ed. Madrid: Espasa-Calpe, 1929.

Álvarez del Vayo 1931 — Álvarez del Vayo J. Diez minutos de cine ruso // La Gaceta Literaria. 1931. 1 Nov. № 5.117. P. 7.

Álvarez del Vayo et al. 1998 — Álvarez de Vayo J. et al. Los escritores y el pueblo // Línea. 1935 (June). Repr. A. Carranque de Ríos. Obras completas / Ed. J. L. Fortea. Madrid: Ediciones del Imán, 1998. P. 905–907.

Aragón 1933 — Aragón L. El organillo empieza a tocar en el patio // Octubre: Escritores y Artistas Revolucionarios [Madrid]. 1933 (July-Aug.). Vol. 2. P. 16–17.

Araujo 1901 — Araujo F. Otro gran escritor ruso // La España Moderna. 1901 (1 Dec.). Vol. 13. № 156. P. 175–177.

Arciniega 1933 — Arciniega R. Mosko-Strom: Novela. 1st ed. Madrid: [Imp-Rot], 1933.

Arconada 1931 — Arconada C. M. La humildad // Las siete virtudes. 1st ed. Madrid and Barcelona: Espasa-Calpe, 1931.

Arconada 1933 — Arconada C. M. Las colonias: Marruecos // Octubre: Escritores y Artistas Revolucionarios. 1933. (July-Aug.). Vol. 2. P. 22.

Arconada 1935 — Arconada C. M. El sentido social del cine // Linea. 1935 (15 Nov.). Vol. 2. P. 4.

Arconada 1975 — Arconada C. M. La turbina: la novela social / Prol., ed. G. Santonja. Madrid: Ediciones Turner, 1975.

Arconada 1986 — Arconada C. M. De Astudillo a Moscú: obra periodística / Intro. Christopher H. Cobb. Valladolid: Ámbito ediciones, 1986.

Arconada 2002 — Arconada C. M. Urbe / Ed. G. Santonja. Valencia: Ediciones Cálamo, 2002.

Arderíus 1926 — Arderíus J. La duquesa de Nit (los aristócratas): novela. Madrid: Impr. J. Torregrosa, 1926.

Arderíus 1930 — Arderíus J. Los príncipes iguales: novela. 2nd ed. / Prol. J. Díaz Fernández. Madrid: Historia Nueva, 1930.

Arderíus 1933 — Arderíus J. Un mitin // Octubre: Escritores y Artistas Revolucionarios. 1933 (July-Aug.): Vol. 2. P. 26–27.

Arderíus 1934 — Arderíus J. El canto del naranjal // Octubre: Escritores y artistas revolucionarios. 1934 (Apr.). Vol. 6. P. 25.

Arderíus 1990 — Arderíus J. La espuela. Murcia: Textos de Alcance (Consejería de Cultura, Educación y Turismo, Eda Regional de Murcia), 1990.

B. J. 1927 — B. J. La novela del Prado Zinkino // La Gaceta Literaria. 1927 (15 Jan.). № 1.2. P. 4.

Babel 1927 — Babel I. La caballería roja. Madrid: Biblos, 1927.

Babel 1930 — Babel I. Los jinetes de Budienny. Barcelona: Publicaciones Mundiales, 1930.

Babel 2002 — Babel I. The Complete Works of Isaac Babel / Transl. by P. Constantine; intro. C. Ozick; ed. Nathalie Babel. New York and London: W. W. Norton and Co., 2002.

Baeza 1931 — Baeza R. Bajo el signo de Clio. Madrid: Compañía Iberoamericana de Publicaciones, S. A., 1931.

Balbontín 1927 — Balbontín J. A. Rev. of La Espuela. By Joaquín Arderíus // Post-Guerra. 1927 (25 July). № 1.2. P. 13.

Barbusse 1985 — Barbusse H. La nueva Rusia vista por un hombre honesto // Un notario español en Rusia. Madrid: Alianza, 1985. P. 243–246.

Barbusse 1931 — Barbusse H. Rusia / Trad. Á. Pastor. 1st ed. Madrid: Cenit, 1931.

Barco 1929 — Barco J. Gacetilla // Estudios. 1929 (June). Vol. 7. № 70. P. 9–10.

Barea 1959 — Barea A. La ruta (La forja de un rebelde). México, D. F.: Ediciones Montjuich, 1959.

Barga 1918 — Barga C. Los extremos de la democracia // El Sol [Madrid]. 1918. 19 Feb. P. 2.

Barga 1926 — Barga C. Potemkin: En el bulevar de los rusos // El Sol [Madrid]. 1926. 23 Nov. P. 1.

Baroja 1998 — Baroja P. Presentación [de Uno] // Carranque de Ríos A. Obras completas / Ed. J. L. Fortea. Madrid: Ediciones del Imán, 1998. P. 205–206.

Baturillo 1928 — Baturillo. Comentarios // Suplemento de La Revista Blanca. 1928. 15 July. Vol. 7. № 124. P. V–VII.

Bello 1929 — Bello L. El diario de Costia Riabtsev // El Sol [Madrid] 1929. 29 Sept. P. 2.

Benavides 1933 — Benavides M. D. Un hombre de treinta años. Barcelona: Pacual Yuste Impresor, 1933.

Benavides 1935 — Benavides M. D. La revolución fué así (Octubre rojo y negro). Reportaje. Barcelona: Imprenta Industrial, 1935.

Betancort 1926 — Betancort J. Los rusos en su literatura // La Vanguardia [Barcelona]. 1926. 5 Jan. P. 7.

Betancort 1933 — Betancort J. Literatura soviética de exportación // La Vanguardia [Barcelona]. 1933. 9 May. P. 5.

Braun 1969 — Meyerhold on Theatre / Ed. E. Braun; transl. E. Braun. New York: Hill and Wang, 1969.

Cabello 1930 — Cabello A. Literatura contemporánea rusa // Nueva España. 1930 (11 Dec.). Vol. 1. № 26. P. 8.

Cabello 1932 — Cabello A. La línea general, film de Eisenstein y Alexandrof // Luz. 1932. 1 Mar. P. 6.

Cabeza 1932 — Cabeza J. de. Señorita 0–3: novela. Madrid: Oriente, 1932.

Calleja 1920 — Calleja R. Rusia: espejo saludable para uso de pobres y de ricos. Madrid: Saturno Calleja, 1920.

Carnés 1934 — Carnés L. Tea Rooms: mujeres obreras: novela reportaje. Madrid: Juan Pueyo, 1934.

Carnés 2002 — Carnés L. El eslabón perdido. Sevilla: Renacimiento, 2002.

Carranque de Ríos 1998 — Carranque de Ríos A. Obras completas / Ed., intro., chron., and biblio. José Luís Fortea. Madrid: Ediciones del Imán, 1998.

Carter 1925 — Carter H. The New Theatre and Cinema of Soviet Russia. New York: International Publishers, 1925.

Casanova 1917 — Casanova S. El pesimismo de los rusos: Andrejew y Gorki // ABC. 1917. 18 July. P. 4–5.

Casanova 1930 — Casanova S. Literatura bolchevique // ABC [Andalucía]. 1930. 17 Sept. P. 5–6.

Castrovido 1929 — Castrovido R. Leyendo libros de Rusia // La Voz [Madrid]. 1929. 22 Jan. P. 1.

Cholokhov 1930 — Cholokhov M. A. Sobre el Don apacible. 1st ed. / Trad. V. S. Medina, J. Carbó. Madrid: Cenit, 1930.

Ciges 1926 — Ciges Aparicio M. Rev. of La nueva Rusia. By Julio Álvarez del Vayo // La Libertad [Madrid] 25 Mar. 1926. P. 1.

Cortés 1936 — Cortés P. Don Ramón del Valle-Inclán: ensayo para un juicio // Revista de Escuelas Normales [Madrid]. 1936 (Feb.). Vol. 14. № 117. P. 35–39.

Cortés 1937 — Cortés P. La cultura al servicio del pueblo // Ahora [Madrid]. 1937. 9 Sept. P. 2.

De la Encina 1926 — De la Encina J. Crítica de arte. Natalia Trotskaya // La Voz [Madrid]. 1926. 1 Apr. P. 1.

De la Encina 1936 — De la Encina J. Vida y obra de D. Ramón del Valle-Inclán // El Sol [Madrid]. 1936. 7 Jan. P. 6.

De la Rubia 1936 — De la Rubia C. Apuntes: las grandes figuras del cinema: Sergei Eisenstein // La Vanguardia [Barcelona]. 1936. 22 Oct. P. 8.

De los Ríos 1970 — De los Ríos F. Mi viaje a la Rusia sovietista. 1921. Madrid: Alianza, 1970.

Díaz 1930 — Díaz Alejo R. ¿Es ya hora de que se implante el divorcio en España? // España. 1930 (15 Oct.). № 2.34. P. 22.

Díaz Fernández 1927a — Díaz Fernández J. Acerca del arte nuevo // Post-Guerra [Madrid]. 1927 (25 Sept.). № 1.4. P. 6–8.

Díaz Fernández 1927b — Díaz Fernández J. Rev. of *Los de abajo*. By Mariano Azuela // Post-Guerra [Madrid]. 1927 (25 Aug.). № 1.3. P. 16.

Díaz Fernández 1927c — Díaz Fernández J. Rev. of *Adónde va Inglaterra*. By Leonid Trotsky // Post-Guerra. 1927 (25 June). № 1.1. P. 12.

Díaz Fernández 1927d — Díaz Fernández J. Rev. of *La caballería roja*. By Isaac Babel // Post-Guerra 1.5 (25 Oct. 1927). P. 16.

Díaz Fernández 1928a — Díaz Fernández J. Pérez de Ayala, dramaturgo y critico // El Sol [Madrid]. 1928. 12 Dec. P. 1–2.

Díaz Fernández 1928b — Díaz Fernández J. Rev. of *La nueva literatura*. By Cansinos-Assens // El Sol [Madrid] 6 Jan. 1928. P. 2.

Díaz Fernández 1930a — Díaz Fernández J. Un novelista de la postguerra // Arderíus J. Los príncipes iguales: novela. 2nd ed. Madrid: Historia Nueva, 1930. P. 9–15.

Díaz Fernández 1930b — Díaz Fernández J. El nuevo romanticismo: Polémica de arte, política y literatura. Madrid: Zeus, 1930.

Díaz Fernández 1930c — Díaz Fernández J. Poder profético del arte // Nueva España. 1930 (11 Dec.). № 1.26. P. 18–19.

Díaz Fernández 1931a — Díaz Fernández J. La largueza // Las siete virtudes. 1st ed. Madrid and Barcelona: Espasa-Calpe, 1931. P. 153–171.

Díaz Fernández 1931b — Díaz Fernández J. Libros nuevos // Crisol. 1931 (18 Apr.). № 1.27. P. 13.

Díaz Fernández 1931c — Díaz Fernández J. Rev. of *La mujer nueva y la moral sexual*. By Alejandra Kolontay // Crisol. 1931 (9 May). № 1.1. P. 13.

Díaz Fernández 1931d — Díaz Fernández J. Rev. of *El tungsteno*. By César Vallejo // Crisol. 1931 (11 Apr.). № 1.4. P. 13.

Díaz Fernández 1976 — Díaz Fernández J. El blocao / Prol. V. Fuentes. Madrid: Ediciones Turner, 1976.

Díaz Fernández 1989 — Díaz Fernández J. La Venus mecánica / Prol. R. Conte. Madrid: Moreno-Ávila Edes, 1989.

Díaz Regt 1932 — Díaz Regt E. El teatro ruso de ayer y de hoy // Heraldo de Madrid. 1932. 5 Mar. P. 7.

Díez-Canedo 1918 — Díez-Canedo E. Máximo Gorki // El Sol [Madrid]. 1918. 11 Aug. P. 5.

Díez-Canedo 1927 — Díez-Canedo E. Rev. of *Tirano Banderas*. By Ramón del Valle-Inclán // El Sol [Madrid]. 1927. 3 Feb. P. 2.

Díez-Canedo 1932a — Díez-Canedo E. Comedia Rusa, *Asilo de noche* de Gorki // El Sol [Madrid]. 1932. 2 Mar. P. 8.

Díez-Canedo 1932b — Díez-Canedo E. Rev. of *Los caimanes*. By Ciges Aparicio // El Sol [Madrid]. 1932. 12 June. P. 2.

Díez-Canedo 1964 — Díez-Canedo E. Conversaciones literarias. Vols. 1–3. 2nd ed. México: Joaquín Mortíz, 1964.

Ehremburg 1976 — Ehremburg I. España, república de trabajadores / Trad. N. Lebedev. Madrid: Hispamerica, 1976.

Ehrenburg 1928 — Ehrenburg I. Aventuras extraordinarias del mejicano Julio Jurenito y sus discípulos / Prol. N. Bujarín; trad. I. Zeitlin, R. Marín. Madrid: Imprenta Argis, 1928.

Ehrenburg 1931 — Ehrenburg I. Aventuras extraordinarias del mejicano Julio Jurenito y sus discípulos / Prol. N. Bujarín; trad. I. Zeitlin, R. Marín. Madrid: Ediciones Oriente, 1931.

Ehrenburg 1987 — Ehrenburg I. Las extraordinarias aventuras de Julio Jurenito y sus discípulos. Madrid: Ediciones Akal, 1987.

Ehrenburg 1963 — Ehrenburg I. Memoirs: 1921–1941 / Transl. T. Shebunina in collaboration with Y. Kapp. Cleveland and New York: The World Publishing Company, 1963.

Eisenstein 1928 — Eisenstein S. M. Cine de masas // Post-Guerra. 1928 (2 Feb.). № 2.8. P. 8.

Eisenstein 1972 — Eisenstein S. M. Que viva Mexico! London: Vision Press Ltd., 1972.

Eisenstein 1977 — Eisenstein S. M. Film Form. Essays in Film Theory / Transl. and ed. J. Leyda. San Diego, New York, London: Harcourt Brace and Co., 1977.

Eisenstein 1979 — Eisenstein S. M. Qué viva México / Ed. G. Alaeksandrov, N. Orlov. New York: Mosfilm, 1979.

Eisenstein 1998 — Eisenstein S. M. The Eisenstein Reader / Ed. R. Taylor; transl. R. Taylor, W. Powell. London: BFI Publishing, 1998.

Eisenstein 1935 — Eisenstein S. M. Rev. of *Tchapaieff* // Nueva Cultura. 1935 (Aug.-Sept.). Vol. 6. P. 11.

El 60º aniversario 1928 — El 60º aniversario de Máximo Gorki // Post-Guerra. 1928 (1 May). Vol. 2. № 10. P. 14–17.

El mutismo 1919 — El mutismo de los literatos rusos // Alrededor del mundo. 1919. 20 Oct.

Engels 1978 — Engels F. The Origin of Family, Private Property, and State // The Marx-Engels Reader. 2nd ed. Ed. Robert C. Tucker, New York, London: Norton, 1978.

Engels 1999a — Engels F., «Against Vulgar Marxism» // Marxist Literary Theory: A Reader / Ed. T. Eagleton, D. Milne. Oxford; Cambridge, MA: Blackwell, 1999. P. 39.

Engels 1999b — Engels F. On Realism // Marxist Literary Theory: A Reader / Ed. T. Eagleton, D. Milne. Oxford; Cambridge, MA: Blackwell, 1999. P. 39–41.

Entrevista 1937 — Entrevista con Carranque de Ríos // Carranque de Ríos A. Obras completas / Ed. J. L. Fortea. Madrid: Ediciones del Imán, 1998. P. 895–897 [repr. of: El joven escritor Carranque de Rios nos habla de la significación y alcance que dicho Congreso tendrá en el mundo intelectual // Heraldo de Madrid. 1935. 17 June. P. 16].

Escenas 1934 — Escenas y bastidores // El Sol [Madrid]. 1934. 12 Dec. P. 2.

Espina 1994 — Espina A. Ensayos sobre literatura / Ed. G. Rey. Valencia: Pre-Textos, 1994.

Espina et al. 1931 — Espina A., Jarnés B., Arconada C., Díaz Fernández J., Álvarez V. A., Gómez de la Serna R., Botín Polanco A. Las siete virtudes. 1st ed. Madrid and Barcelona: Espasa-Calpe, 1931.

Estudio 1932a — Estudio proa-filmófono // El Sol [Madrid]. 1932. 25 Feb. P. 6.

Estudio 1932b — Estudio proafilmófono // La Voz [Madrid]. 1932. 10 Mar. P. 4.

Feminismo 1929 — El feminismo y la diplomacia: La Kolontay habla de Rusia // La Libertad [Madrid]. 1929. 26 May. P. 1.

Fernández Almagro 1932 — Fernández Almagro M. Los artistas rusos interpretaron ayer en el Español «Asilo de noche», de Gorki // La Voz [Madrid]. 1932. 2 Mar. P. 3.

Fernández-Cancela 1931 — Fernández-Cancela L. Rev. of El cemento. By Fedor Gladkov // El Sol [Madrid]. 1928. 30 Dec. P. 2.

Figuras 1931 — Figuras de las constituyentes: José Díaz Fernández // La Libertad [Madrid]. 1931. 17 July. P. 3.

Fischer 1930 — Fischer L. El bolcheivismo por dentro: la nueva revolución rusa // Nosotros. 1930 (12 June). Vol. 7. P. 9.

Fonseca 1933 — Fonseca R. Elegía a una fábrica // Octubre: escritores y artistas revolucionarios. 1933 (July-Aug.). Vol. 2. P. 30.

Fortea 1998 — Obras completas of Andrés Carranque de Ríos / Ed. J. L. Fortea. Madrid: Ediciones del Imán, 1998. P. 9–52, 931–935, 951–968.

Fragoso del Toro 1976 — Fragoso del Toro V. Al lector // Lo que yo pienso (setenta días en Rusia). Madrid: Doncel, 1976. P. 7–10.

Furmanov 1974 — Furmanov D. Chapáev / Trad. J. Vento; present. G. V. Dmitriev. 2nd ed. Moscow: Progreso, 1974.

García Lorca 1984 — García Lorca F. Fuente Ovejuna // La Fuente Ovejuna de Federico García Lorca. Madrid: Pliegos, 1984. P. 19–109.

Garcitoral 1933 — Garcitoral [García Toral] A. La camarada Virginia // La fábrica. Madrid: Castro, S.A., 1933. P. 83–114.

Garcitoral 1994 — Garcitoral [García Toral] A. La fábrica // Las novelas rojas / Ed. G. Santonja. Madrid: Ediciones de la Torre, 1994. P. 307–337.

Giménez Caballero 1929 — Giménez Caballero E. Notas alemanas de un soldado // El Sol [Madrid]. 1929. 7 July. P. 2.

Ginestal 1930 — Ginestal F. Eisenstein, el célebre director ruso que busca sus actores en el pueblo // La Voz [Madrid]. 1930. 29 May. P. 9.

Gladkov 1928 — Gladkov F. V. El cemento / Prol. J. Álvarez del Vayo; trad. J. Viana. Prosistas exranjeros contemporáneos. 1st ed. Madrid: Cenit [Imp. Argis], 1928.

Gladkov 1929 — Gladkov F. V. Cement / Transl. A. S. Arthur, C. Ashleigh. London: Martin Lawrence LTD., 1929.

Gladkov 1931 — Gladkov F. V. La nueva tierra: apuntes de una maestra / Trad. P. Salas de Lifchuz. Madrid: Cenit, 1931.

Gladkov 1971 — Gladkov F. V. Cement / Transl. A. S. Arthur, C. Ashleigh. New York: Frederick Ungar Publishing Co., 1971.

Gómez de Baquero 1926 — Gómez de Baquero E. Rev. of *El tren blindado*. By Vsevolod Ivanov // El Sol [Madrid]. 1926. 28 May. P. 1.

Gómez de Baquero 1928a — Gómez de Baquero E. Las novelas cortas de Díaz Fernández // El Sol [Madrid]. 1928. 8 July. P. 2.

Gómez de Baquero 1928b — Gómez de Baquero E. El teatro de arte de Moscou // El Sol [Madrid]. 1928. 1 May. P. 8.

Gómez de Baquero 1929a — Gómez de Baquero E. La atracción de la novela rusa. El cemento // El Sol [Madrid]. 1929. 6 Jan. P. 2.

Gómez de Baquero 1929b — Gómez de Baquero E. El atractivo de la novela rusa // El Sol [Madrid]. 1929. 17 Aug. P. 1.

Gómez de la Serna 1927 — Gómez de la Serna R. Un poeta ruso: Ylia Ehremburg // La Gaceta Literaria. 1927. № 1.1. P. 5.

Gónzalez 1901 — Gónzalez J. M. Rev. of *Máximo Gorki: la obra, el hombre*. By Eugenio Melchor de Vogüé // La Lectura. 1901. № 1.2. P. 460.

Gorkin 1927 — Gorkin. La madre en Paris // Post-Guerra. 1927 (Nov.-Dec.). № 1.6. P. 11–12.

Gorki 1921 — Gorky M. Gorki sobre Tolstoi // España. 1921. Vol. 7. № 296 (1 Jan.). P. 14–16; Vol. 7. № 297 (8 Jan.). P. 16–18; Vol. 7. № 298 (15 Jan.). P. 15–17; Vol. 7. № 299 (22 Jan.). P. 14–15; Vol. 7. № 300 (29 Jan.). P. 16–17.

Gorki 1922a — Gorki M. Las creencias del campesino // El Sol [Madrid]. 1922. 6 Apr. P. 1.

Gorki 1922b — Gorki M. La crueldad del mujik // El Sol [Madrid]. 1922. 5 Apr. P. 1.

Gorki 1922c — Gorki M. El elemento anárquico en la Rusia campesina // El Sol [Madrid]. 1922. 4 Apr. P. 1.

Gorki 1922d — Gorki M. La madre: (Novela de la Revolución Rusa) / Trad. A. J. K. 2 vols. Barcelona: Maucci, 1922.

Gorki 1922e — Gorki M. La Rusia de mañana // El Sol [Madrid]. 1922. 9 Apr. P. 1.

Gorki 1925 — Gorki M. Páginas autobiográficas de Máximo Gorki // El Sol [Madrid]. 1925 (22 Dec.). P. 1; 1925 (26 Dec.). P. 1; 1925 (30 Dec.). P. 1.

Gorki 1930 — Gorki M. Madre / Trad. J. Viana. Madrid: (Artes Gráficas), 1930.

Gorki 1932 — Gorki M. La madre / Trad. A. Blánquez Fraile. Barcelona: Sopena, 1932.

Gorki 1933 — Gorki M. V. I. Lenin visto por M. Gorki // Octubre: Escritores y Artistas Revolucionarios. 1933 (Oct.-Nov.). Vol. 4–5. P. 10–15.

Gorki 1936 — Gorki M. Sobre el hombre nuevo // Nueva Cultura. 1936 (July). Vol. 13. P. 231.

Gorki 1936 — Gorki M. La madre / Trad. E. Díez-Canedo. Madrid, Barcelona: Nuestro Pueblo, 1938.

Gorky 2000 — Gorky M. The Mother / Transl. M. Wettlin. 4th ed. Honolulu: University Press of the Pacific, 2000.

Guerney 1960 — An Anthology of Russian Literature in the Soviet Period / Ed., transl. and annot B. G. Guerney. New York and Toronto: Random House, 1960.

Guerra 1935 — Guerra A. La literatura proletaria // El Sol [Madrid]. 1935. 24 Nov. P. 5.

Hernández 1976 — Hernández M. El refugiado // Teatro de agitación política: 1933–1939 / Ed. M. Bilbatúa. Madrid: Cuadernos para el Diálogo, 1976. P. 94–104.

Hidalgo 1985 — Hidalgo D. Un notario español en Rusia. 1929 / Prol. F. Claudín; prol. to french edn. H. Barbusse. Madrid: Alianza Editorial, 1985.

Hildegart 1979 — Hildegart Rodríguez Carballeira. Quo Vadis, burguesía // La novela proletaria (1932–1933). 2 vols. / Ed. G. Santonja. Biblioteca Silenciada. Madrid: Ayuso, 1979. P. 201–225.

Hoyos Cascón 1933 — Hoyos Cascón L. El meridiano de Moscú o La Rusia que yo ví. Prol. Diego Hidalgo, 1st ed. Madrid: Cenit, 1933.

Ilf, Petrov 1930 — Ilf I. A., Petrov E. Doce sillas. Novela de la Rusia revolucionaria. Madrid: Zeus, [1930].

Ilf, Petrov 1934 — Ilf I. A., Petrov E. 12 sillas / Trad. M. Pumarega. Madrid: Fénix, 1934.

Ilie 1969 — Documents of the Spanish Vanguard / Ed. P. Ilie // Studies in Romance Languages and Literatures. № 78. Valencia [Chapel Hill]: University of North Carolina Press [Artes Gráficas Soler], 1969.

Israti 1930 — Israti P. Rusia al desnudo / Trad. F. Altamira. 1st ed. Madrid: Cenit, 1930.

Ivanov 1926 — Ivanov V. El tren blindado 14-69 / Trad. T. Enco de Valero. Madrid: Revista de Occidente, 1926.

Ivanov 1927 — Ivanov V. Vsevolod Ivanov // Post-Guerra [Madrid]. 1927 (Nov.-Dec.). Vol. 1. № 6. P. 5.

Jiménez de Asua 1929 — Jiménez de Asua L. En torno a una novela de Balbontín // La Libertad [Madrid]. 1929. 27 Aug. P. 2.

Juderías 1907 — Juderías J. Revista de revistas: rusas // La Lectura. 1907. № 7.3. P. 105–106.

Kaiser 1919 — Kaiser G. Von Morgens bis Mitternachts. Berlin: S. Fischer, 1919.

Kataev 1929 — Kataev V. El desfalco. Madrid: Cenit, 1929.

Kolesnikov, Smyrniw 1994 — Socialist Realism Revisited / Ed. N. Kolesnikov, W. Smyrniw. Hamilton, Ontario: McMaster University Press, 1994.

Kollontai 1920 — Kollontai A. La familia y el estado comunista // El bolchevismo y la dictadura del proletariado. Madrid: Editorial América, 1920. P. 174–198.

Kollontai 1925 — Kollontai A. Wege der Liebe. Drei Erzählungen. Berlin: Malik Verlag, 1925.

Kollontai 1928a — Kollontai A. La bolchevique enamorada. Madrid: Oriente, 1928.

Kollontai 1928b — Kollontai A. La bolchevique enamorada. Madrid: Argis, 1928.

Kollontay 1929 — Kollontay A. A Great Love / Transl. L. Lore. New York: Van Guard, 1929.

Kollontai 1930a — Kollontai A. Hermanas // Veinte cuentistas de la nueva Rusia. Madrid: Zeus, 1930.

Kollontai 1930b — Kollontai A. La mujer nueva y la moral sexual / Prol. J. Andrade. Buenos Aires: Editorial Claridad, 1930.

Kollontai 1937 — Kollontai A. El comunismo y la familia. Barcelona: Editorial Marxista, 1937.

Kollontay 1973 — Kollontay A. Communism and the Family. London: Pluto Press Ltd., 1973.

Kollontay 1978 — Kollontay A. Love of Worker Bees / Transl. C. Porter; afterword S. Rowbotham. Chicago: Cassandra Edns, 1978.

Kollontai 1980 — Kollontai A. La bolchevique enamorada. 2nd edn. Barcelona: Les Dones, 1980.

La mejor obra 1915 — La mejor obra de Gorki: La madre // El Liberal [Madrid]. 1915. 14 Aug. 1915. P. 4.

La opinión 1927 — La opinión de Duhamel sobre los films rusos // Post-Guerra. 1927 (Nov.-Dec.). Vol. 1. № 6. P. 12–13.

Laguna 1936 — Laguna D. Teatro español: los universitarios // Altozano. 1936 (Apr.). № 5. P. 1.

Lagunilla 1936 — Lagunilla A. Las formas transitorias de la economía soviética // Leviatán. 1936 (June). № 3.25. P. 25–29.

León 1933 — León M. T. Mujeres rojas // Estampa. 1933. 21 Oct.

León 1968 — León M. T. Doña Jimena Díaz de Vivar, gran señora de todos los deberes. Madrid: Biblioteca Nueva, 1968.

León 1976 — León M. T. Huelga en el puerto // Teatro de agitación política, 1933–1939 / Ed. M. Bilbatúa Madrid: Cuadernos para el Diálogo, 1976. P. 55–79.

León 1979 — León M. T. Una estrella roja / Prol. J. Marco. Madrid: Espasa-Calpe, S. A., 1979.

León 1998 — León M. T. Memoria de la melancolía / Ed. G. Torres Nebrera. Madrid: Clásicos Castalia, 1998.

Libro 1928 — Un libro de Arconada // Post-Guerra. 1928 (Aug.-Sept.). № 2.13. P. 17.

Llopis 1930 — Llopis R. Cómo se forja un pueblo: la Rusia que yo he visto. 2nd edn. [Madrid]: España, 1930.

Lo que hace Gorki 1907 — Lo que hace Gorki // ABC [Madrid]. 1907. 17 Jan. P. 1.

López Barbadillo 1903 — López Barbadillo J. Actualidad: la anarquía en letras de molde // ABC. 1903. 18 Aug. P. 4.

López Catalán 1877 — López Catalán J. Breves reflexiones sobre la educación doméstica: fiscurso leído el día 1 de mayo de 1877 en la sesión pública que celebró la Sociedad Barcelonesa de Amigos de la Instrucción. Barcelona: Librería de Juan y Antonio Bastinos, 1877.

Lough 2000 —Hacia la nueva novela: Essays on the Spanish Avant-garde Novel / Ed. F. Lough. Oxford: Peter Lang, 2000.

Malraux 1935 — Malraux A. Los problemas literarios y la U.R.S.S. // Nueva Cultura. 1935 (Mar.). № 1.3. P. 1–3.

Marichalar 1931 — Marichalar L. Rusia, un peligro una lección? Madrid: Imprenta y Encuadernación de los Sobrinos de la Sucesora de M. Minuesa de los Ríos, 1931.

Martínez Gandía 1998 — Martínez Gandía R. Lectura de poesías en un almacén de huevos // Crónica. 1934 (23 Sept.). № 6.254. P. 30. Repr.: Carranque de Ríos A. Obras completas / Ed. J. L. Fortea. Madrid: Ediciones del Imán, 1998. P. 939–941.

Marx 1964 — Marx K. Early Writings / Ed. T. B. Bottomore; foreword E. Fromm. New York, Toronto, London: McGraw-Hill, 1964.

Marx, Engels 1978 — Marx K., Engels F. Marx-Engels Reader / Ed. R. C. Tucker; transl. M. Nicolaus. 2nd edn. New York and London: W. W. Norton, 1978.

Maurois 1935 — Maurois A. ¿Está en decadencia la literatura moderna? // Blanco y Negro. 1935. Vol. 2311. P. 193–194.

Mitchell 2009 — Mitchell S. Rev. of *Gorky's Tolstoy*. By Maxim Gorky // TLS. 2009. 7 Aug. № 5549. P. 12.

Montero 1935 — Montero E. Lo que vi en Rusia. Madrid: Luz y vida, S.A., 1935.

Moussinac 1936 — Moussinac L. Rev. of *Tchapaief* and *Viva Villa* // Nueva Cultura. 1936 (Mar.-Apr.). Vol. 11. P. 16–17.

Navas 1935 — Navas E. La madre. Buenos Aires: Teatro del Pueblo, 1935.

Nelken 1937 — Nelken M. Reflexiones sobre Gorki en el primer aniversario de su muerte // Nueva Cultura. 1937 (June-July). Vol. 3. № 4–5. P. 37.

Nietzsche 1999 — Nietzsche F. The Birth of Tragedy and Other Writings / Ed. R. Geuss, R. Speirs; transl. R. Speirs. Cambridge and New York: Cambridge University Press, 1999.

Nuñez de Arenas 1929 — Nuñez de Arenas M. El cinematógrafo del intelecto: acerca del viaje de Eisenstein a Paris // La Voz [Madrid]. 1929. 31 Dec. P. 4.

Obregón 1930 — Obregón A. de. A propósito de Rusia: la revolución literaria // Nueva España. 1930. (1 Apr.). № 1.5. P. 28–29.

Olariaga 1924 — Olariaga L. El marxismo después de la revolución rusa // El Sol [Madrid]. 1924. 11 Feb. P. 1.

Olesha 1931 — Olesha Yu. Los tres gordos / Illust. R. Puyol; trad. P. Salas. Madrid: Cenit, 1931.

Opiniones 1933 — Opiniones ajenas: La línea general // La Época [Madrid]. 1933. 2 April. P. 4.

Ortega y Gasset 1967 — Ortega y Gasset J. La deshumanización del arte. 1925. 9th ed. Collección el Arquero. Madrid: Revista de Occidente, 1967.

Ortega y Gasset 1970 — Ortega y Gasset J. Meditaciones del Quijote e ideas sobre la novela. 8th ed. Colección el Arquero. Madrid: Revista de Occidente, 1970.

Ortega y Gasset 1983 — Ortega y Gasset J. La rebelión de las masas. Barcelona: Alianza, 1983.

Pacheco Hernández 1934 — Pacheco Hernández I. Primero de mayo: drama social en tres actos. Madrid: Juan Pueyo, 1934.

Panferov 1930 — Panferov F. Brusski / Trad. F. Osorio. Madrid: Artes Gráficas, 1930.

Pardo Bazán 1890 — Pardo Bazán E. Russia: Its People and Its Literature / Transl. F. Hale Gardiner. Chicago: A.C. McClurg and Co., 1890.

Pardo Bazán 1901 — Pardo Bazán E. Dos tendencias nuevas en la literatura rusa // La Lectura. 1901 (Apr.-May). № 1.1. P. 32–40, 60–69.

Pardo Bazán 1922 — Pardo Bazán E. El patrón, de Gorki // El Sol [Madrid]. 1922. 12 Jan. P. 8.

Pardo Bazán 1961 — Pardo Bazán E. La revolución y la novela en Rusia. Madrid: M. Tello, 1887 / Ed. R. González Sandino. Madrid: Publicaciones Españolas, 1961.

Pérez Combina 1933 — Pérez Combina V. Un militante de la C.N.T. en Rusia. 1932. 2nd ed. Barcelona: Ediciones Rojas, 1933.

Pérez Ferrero 1930 — Pérez Ferrero M. ¿Qué es la vanguardia? // La Gaceta Literaria. 1930. 1 July. № 85. P. 1–4.

Pestaña 1976 — Pestaña Á. Lo que yo pienso (setenta días en Rusia). [1924]. Madrid: Doncel, 1976.

Pina 1930 — Pina F. Escritores y pueblo. Valencia: Cuadernos de Cultura, 1930.

Pina Polo 1928 — Pina Polo F. Pío Baroja. Valencia: Sempere, 1928.

Pintado 1937 — Pintado F. Máximo Gorki: el poeta de los vagabundos // Mi Revista. 1937. 4 Jan. P. 26.

Plato 1996 — Plato. The Symposium / Ed. H. Pelliccia; transl. B. Jowett. New York: Random House, 1996.

Polanco 1932 — Polanco A. Asilo de noche, drama de Gorki // Luz [Madrid]. 1932 (Mar.). P. 7.

Portnoff 1932 — Portnoff G. La literatura rusa en España. New York: Instituto de las Españas, 1932.

Potente voz 1935 — Una potente voz enmudece: Henri Barbusse // Nueva Cultura. 1935 (Aug.-Sept.). Vol. 6. P. 1.

Prado 1933 — Prado E. ¿Quién, quién ha sido? // Octubre: Escritores y Artistas Revolucionarios. 1933 (Aug.-Sept.). Vol. 3. P. 4.

Producción 1932 — La producción europea: selecciones filmófonos // La Voz [Madrid]. 1932. 19 Aug. P. 6.

Proffer et al. 1987 — Russian Literature of the Twenties: An Anthology / Ed. C. R. Proffer et al; intro. R. A. Maguire. Ann Arbor: Ardis, 1987.

R. A. 1929 — R. A. Rev. of *Obreros, zánganos y reinas*. By Huberto Pérez de la Ossa // El Sol [Madrid]. 1929. 27 Jan. P. 2.

Rev. of *El cemento* 1929 — Rev. of *El cemento*. By Fedor Gladkov // Heraldo de Madrid. 15 Jan. 1929. P. 7.

Rev. of *La madre* 1915 — Rev. of *La madre*. By Máximo Gorki // La Época [Madrid]. 1915. 8 Nov. P. 5.

Rev. of *El teatro ruso* 1912 — Rev. of *El teatro ruso*. By G. Calderón // La Lectura. 1912. Vol. 12. № 3. P. 215–216.

Revesz 1925 — Revesz A. La «camarada» Alejandra Kolontai // Blanco y Negro. 1925. 5 Apr. P. 108.

Revistas 1932 — Revistas // Luz [Madrid]. 1932. 17 Feb. P. 7.

Rolland 1936 — Rolland R. En la muerte de Máximo Gorki: mi amigo, el más querido // Nueva Cultura. 1936 (July). Vol. 13. P. 10.

Ros 1936 — Ros F. Un meridional en Rusia. 1st ed. Barcelona: Luis Miracle Editor, 1936.

Segado 1935 — Segado P. El camarada Belcebuf: un «pequeño burgués» en la Unión Soviética. Madrid: Signo, 1935.

Seifullina 1926 — Seifullina L. N. Los caminantes. Madrid: (Caro Raggio), [1926].

Sender 1930 — Sender R. J. Valle-Inclán, la politica y la cárcel // Nueva España. 1930 (1 Mar.). № 1.13. P. 14–15.

Sender 1932 — Sender R. J. Siete domingos rojos. Barcelona: Colección Balagué, 1932.

Sender 1934a — Sender R. J. Carta de Moscú sobre el amor (A una muchacha española). Madrid: Juan Pueyo, 1934.

Sender 1934b — Sender R. J. Madrid–Moscú: notas de viaje (1933–1934). Madrid: Juan Pueyo, 1934.

Sender 1936a — Sender R. J. El novelista y las masas // Leviatán. 1936 (1 May). Vol. 24. P. 287–291.

Sender 1936b — Sender R. J. El teatro nuevo // Leviatán. 1936 (June). P. 45–52.

Sender 1968 — Sender R. J. Seven Red Sundays. 1936 / Transl. M. Chalmers Mitchell. New York: Collier Books, 1968.

Sender 1970 — Sender R. J. Siete domingos rojos. Buenos Aires: Proyección, 1970.

Sender 1988 — Sender R. J. La cultura española en la ilegalidad // Los novelistas sociales españoles (1928–1936): antología / Ed. J. Esteban, G. Santonja. Barcelona: Antropos, 1988. P. 141–158.

Sender 1997 — Sender R. J. Imán. 1930 / Ed. M. C. Peuelas. Colección Destinolibro Vol. 71. 6th ed. Madrid: Destino, 1997.

Serafimovich 1930 — Serafimovich A. El torrente de hierro. 1st edn. / Trad. M. Pumarega. Madrid: Cenit, 1930.

Serge 1927 — Serge V. Los jóvenes escritores rusos de la Revolución en el pasado y el presente // Post-Guerra. 1927 (25 June). № 1.1. P. 2–4.

Tasin 1918 — Tasin N. La literatura rusa // España. 1918 (5 Dec.). № 4.191. P. 13–14.

Tasin 1919 — Tasin N. Antón Chejov (1860–1904) // España. 1919 (22 May). № 5.215. P. 12.

Terras 1985 — Handbook of Russian Literature / Ed. V. Terras. New Haven and London: Yale University Press, 1985.

Últimos films 1932 — Los últimos films de Eisenstein // La Vanguardia [Barcelona]. 1932. 30 Oct. P. 12–13.

Valdés 1931 — Valdés F. Rev. of La mujer nueva y la moral sexual. By Alejandra Kolontay // La Gaceta del Libro. 1931 (15 Sept.). Vol. 114. P. 15.

Vallejo 1965 — Vallejo C. Rusia en 1931: reflexiones al pie del Kremlin. 1931. 3rd ed. Lima: Labor, 1965.

Vallejo 1980 — Vallejo C. The Complete Posthumous Poetry / Transl. C. Eshleman, J. Rubia Barcia. Berkeley, Los Angeles and London: University of California Press. 1980.

Vallejo 1997 — Vallejo C. España, aparta de mí este cáliz. Barcelona: Ediciones 29, 1997.

Varias opiniones 1936 — Varias opiniones // El Sol [Madrid]. 1936. 7 Jan. P. 6.

Vega 1997 — Vega L. de. Fuente Ovejuna. Madrid: Cátedra, 1997.

Vidal 1929 — Vidal F. La Rusia de ahora // La Vanguardia [Barcelona]. 1929. 5 Jan. P. 7.

Vila 1926 — Vila J. M. Los Soviets / Prol. O. Pérez Solís. Barcelona: L'Estampa, 1926.

Vogüé 1905 — Vogüé E.-M. de. Maxime Gorky: l'oeuvre et l'homme. 2nd ed. Paris: Librairie Plon, 1905.

Vogüé 1897 — Vogüé E.-M. de. Le Roman russe. 4th ed. Paris: E. Plon, Nourrit et Companie, 1897.

Wiegand 1930 — Wiegand C. von. Los soviets por dentro: puritanismo sexual en Rusia // Nosotros: semanario político de «historia nueva». 1930 (7 Aug.). № 1.15. P. 2.

X. X. 1931 — X. X. Rev. of *La mujer nueva y la moral sexual*. By Alejandra Kolontay // El Imparcial. 1931. 26 Apr. P. 8.

Ximénez 1921 — Ximénez S. Siluetas rusas: Máximo Gorki // La Vanguardia [Barcelona]. 1921. 4 Mar. P. 10.

Yershov 1958 — Yershov P. Letters of Gorky and Andreev: 1899–1912. New York and London: Columbia University Press/Routledge and Kegan Paul, 1958.

Zhdanov 1979 — Zhdanov A. A. Soviet Literature — the Richest in Ideas: The Most Advanced Literature // Problems of Soviet Literature: Reports and Speeches at the First Soviet Writers' Congress / Ed. H. G. Scott. Westport, CT: Greenwood Press Publishers, 1979. P. 15–23.

Ziolkowski 1988 — Ziolkowski M. Hagiography and Modern Russian Literature. Princeton: Princeton University Press, 1988.

Zugazagoitia 1932 — Zugazagoitia J. Rusia al día. Madrid: España, 1932.

Библиография

Бахтин 1975 — Бахтин М. М. Вопросы литературы и эстетики. Исследования разных лет. М.: Худож. лит., 1975.

Бахтин 2002 — Бахтин М. М. Собрание сочинений: В 7 т. Т. 6. М.: Русские словари; Языки славянских культур, 2002.

Бахтин 2000 — Бахтин М. М. Эпос и роман: [Сборник] СПб.: Азбука, 2000.

Ланский 1969 — Ланский Л. Р. Периодические издания МБРЛ и МОРПа // Литературное наследство. Т. 81: Из истории Международного объединения революционных писателей (МОРП). М.: Наука, 1969. С. 545–604.

Николаев 1954 — Николаев В. Н. Анри Барбюс: Критико-биогр. очерк. М.: Гослитиздат, 1954.

Оболенская 1985 — Оболенская Ю. Л. Творчество И. С. Тургенева в Испании и Латинской Америке // Вестник Московского университета. Серия 9: Филология, изд-во Моск. ун-та (ВМУ). 1985 (июль). № 9(4). С. 68–73.

Овчаренко 1985 — Овчаренко А. И. М. Горький и литературные искания XX столетия. М.: Сов. писатель, 1971.

Семашкина 1986 — Семашкина М. Примечания // Горький А. М. Избранные сочинения. М.: Художественная литература, 1986. С. 1051–1084.

Хетени 2000 — Хетени Ж. Энциклопедия отрицания: «Хулио Хуренито» Ильи Эренбурга // Studia Slavica Academiae Scientiarum Hungaricae. 2000. Vol. 45. № 1–4. P. 317–323.

Alberti A. 2003 — Alberti A. María Teresa León: Nuestra señora de todos los deberes // Recuerdo de un olvido: María Teresa León en su centenario / Ed. M. Altolaguirre. Madrid: Sociedad Estatal de Conmemoraciones Culturales, 2003. P. 15–26.

Althusser 1974 — Althusser L. Ideología y aparatos ideológicos de estado / Trad. A. J. Pla. Buenos Aires: Nueva Visión, 1974.

Altolaguirre 2003 — Recuerdo de un olvido: María Teresa León en su centenario / Ed. M. Altolaguirre. Madrid: Sociedad Estatal de Conmemoraciones Culturales, 2003.

Aznar Soler 2010 — Aznar Soler M. República literaria y revolución (1920–1939). 2 vols. / Prol. José-Carlos Mainer. Sevilla: Renacimiento, 2010.

Bakhtin 1987 — Bakhtin M. The Dialogic Imagination / Ed. M. Holquist; transl. C. Emerson, M. Holquist. Austin: University of Texas Press, 1987.

Bal 1997 — Bal M. Narratology: Introduction to the Theory of Narrative / Transl. C. Van Boheemen. 2nd ed. Toronto, Buffalo and London: University of Toronto Press, 1997.

Barker, Gheith 2004 — A History of Women's Writing in Russia / Ed. A. M. Barker, J. M. Gheith. Cambridge and New York: Cambridge University Press, 2004.

Barna 1973 — Barna Y. Eisenstein: The Growth of a Cinematic Genius. Boston and Toronto: Little, Brown and Company, 1973.

Bell 2006 — Bell A. Desconstructing the «Sleep-Death Equation» and the Mysogynistic Marquis: Carmen de Burgos's Ellas y Ellos ó Ellos y Ellas // South Atlantic Review. 2006. Vol. 71. № 2. P. 31–47.

Bergan 1999 — Bergan R. Sergei Eisenstein: A Life in Conflict. Woodstock, NY: Overlook Press, 1999.

Blanch 1978 — Blanch A. Tolstoy en la literatura española // Razón y Fé: Revista Hispanoamericana de Cultura. 1978. Vol. 198. P. 408–419.

Blanco et al. 2000 — Blanco Aguinaga C., Rodríguez Puértolas J., Zavala I. M. Historia social de la literatura española. 2 vols. Madrid: Akal, 2000.

Boetsch 1985 — Boetsch L. José Díaz Fernández y la otra Generación del 27. Madrid: Pliegos, 1985.

Boetsch 1986 — Boetsch L. La humanización de la novela de vanguardia: El blocao de José Díaz Fernández // Prosa hispánica de vanguardia / Ed. F. Burgos. Madrid: Orígenes, 1986.

Boetsch 1990 — Boetsch L. De la vanguardia al compromiso: el caso de César M. Arconada a través de su obra critica // Ojáncano. 1990 (Feb.). P. 64–73.

Borkenau 1988 — Borkenau F. The Spanish Cockpit: An Eyewitness Account of the Spanish Civil War. London: Phoenix Press, 1988.

Bosch 1971 — Bosch R. La novela española del siglo XX: de la república a la postguerra (Las generaciones novelísticas del 30 y del 60). Vol. 2. New York: Las Américas, 1971.

Brenan 1985 — Brenan G. El laberinto español: antecedentes sociales y políticos de la guerra civil. Barcelona: Plaza and Janes, 1985.

Brown 1982 — Brown E. J. Russian Literature since the Revolution. Cambridge, Ma; London: Harvard University Press, 1982.

Buckley, Crispin 1973 — Buckley R., Crispin J. Los vanguardistas españoles (1925–1935). Madrid: Alianza, 1973.

Bürger 1999 — Bürger P. Theory of the Avant-Garde / Transl. by M. Shaw; foreword Jochen Schulte-Sasse. Theory and History of Literature 4. Minneapolis: University of Minnesota Press, 1999.

Byrd 1984 — Byrd S. W. La Fuente Ovejuna de Federico García Lorca. Madrid: Pliegos, 1984.

Cano Ballesta 1996 — Cano Ballesta J. La poesía española entre pureza y revolución (1920–1936). 1st ed. Madrid: Gredos, 1996.

Cano Ballesta 2003 — Cano Ballesta J. Canto a la máquina y utopismo antitecnológico (1916–1939) // Poesía lírica y progreso tecnológico (1868–1939) / Ed. S. Schmitz, J. L. Bernal Salgado. Madrid and Frankfurt: Iberoamericana and Vervuert, 2003. P. 143–160.

Castañar 1992 — Castañar F. El compromiso en la novela de la II República. 1st ed. México D. F., Siglo Veintiuno de España Edes, 1992.

Castañar 2001 — Castañar F. Panorámica sobre el compromiso en la Segunda República // La novela en España (siglos XIX–XX): coloquio internacional celebrado en la Casa de Velásquez (17–19) / Ed. P. Aubert. Madrid: Casa de Velásquez, 2001. P. 155–174.

Celma 2003 — Celma M. P. El compromiso de una femme de lettres en los Cuentos de la España actual // Homenaje a María Teresa León en su centenario / Ed. G. Sobejano. Madrid: Sociedad Estatal de Comemoraciones Culturales, 2003. P. 147–153.

Chamberlin, Weiner 1984 — Chamberlin V., Weiner J. A Russian View in 1884–85 of Three Spanish Novelists: Galdos, Pardo Bazan and Pereda // Anales Galdosianos. 1984. Vol. 19. P. 111–119.

Chardin 1983 — Chardin P. Le Roman de la conscience malheureuse: Svero, Gorki, Proust, Mann, Musil, Martin du Gard, Broch, Roth, Aragon. Geneva: Droz, 1983.

Chodorow 1978 — Chodorow N. Mother, Object-Relations, and the Female Oedipal Configuration // Feminist Studies. 1978 (Feb.). Vol. 4. № 1. P. 137–158.

Clark 1997 — Clark K. Socialist Realism with Shores: The Conventions for the Positive Hero // Socialist Realism Without Shores. Durham and London: Duke University Press, 1997. P. 27–50.

Clark 2000 — Clark K. The Soviet Novel: History as Ritual. 3rd ed. Indianapolis and Bloomington: Indiana University Press, 2000.

Claudín 1985 — Claudín F. Prólogo // Hidalgo D. Un notario español en Rusia. Madrid: Alianza, 1985. P. 7–17.

Clifford 1997 — Clifford J. Routes: Travel and Translation in the Late Twentieth Century. Cambridge, MA and London: Harvard University Press, 1997.

Cobb 1986 — Cobb C. H. Estudio preliminar // De Astudillo a Moscú: obra periodística. Valladolid: Ámbito ediciones, 1986. P. 5–41.

Cobb 1993 — Cobb C. H. César Arconada: el camino a la literatura comprometida // Letras Peninsulares. 1993 (Spring). Vol. 6. № 1. P. 127–136.

Colecchia 1968 — Colecchia F. Doña Rosita — una heroína aparte // Duquesne Hispanic Review. 1968. Vol. 7. № 2. P. 37–43.

Comisarenco 1996 — Comisarenco D. Frida Kahlo, Diego Rivera, and Tlazoltl // Woman's Art Journal. 1996. Vol. 17. № 1. P. 14–21.

Conte 1989 — Conte R. Prologo // Díaz Fernández J. La Venus mecánica. Madrid: Moreno-Ávila Edes, 1989. P. 7–14.

Corrales Egea 1971 — Corrales Egea J. La novela española actual. Cuadernos para el diálogo. Madrid: Edicusa, 1971.

De la Vega Alfaro 1997 — De la Vega Alfaro E. Del muro a la pantalla: S. M. Eisenstein y el arte pictórico mexicano. Zapopan, Jalisco: Doble Luna Edes e Impresores S. A., 1997.

Dennis 2000 — Dennis N. César Arconada at the Crossroads: La turbina (1930) // Hacia la novela nueva de vanguardia: Essays on the Spanish Avant-Garde Novel / Ed. F. Lough. Bern: Peter Lang, 2000. P. 179–198.

Dennis 2006 — Dennis N. Tras las huellas de José Díaz Fernández // Díaz Fernández J. Prosas / Ed. N. Dennis. Madrid: Fundación Santander Central Hispano, 2006. P. IX–XXII.

Dinega 1998 — Dinega A. W. Bearing the Standard: Transformative Ritual in Gorky's Mother and the Legacy of Tolstoy // The Slavic and East European Journal. 1998. Vol. 42. № 1. P. 76–101.

Dobrenko 1997 — Dobrenko E. The Disaster of Middlebrow Taste, or, Who «Invented» Socialist Realism? // Socialist Realism Without Shores. Durham and London: Duke University Press, 1997. P. 135–164.

Dobrenko 2001 — Dobrenko E. The Making of the State Writer: Social and Aesthetic Origins of Soviet Literary Culture / Transl. by J. M. Savage. Stanford: Stanford University Press, 2001.

Dobrenko 2005 — Dobrenko E. Aesthetics of Alienation: Reassessment of Early Soviet Cultural Theories / Transl. J. M. Savage. Evanston, Illinois: Northwestern University Press, 2005.

Dougherty 1986 — Dougherty D. Valle-Inclán y la Segunda República. Valencia: Pre-textos, 1986.

Dougherty 1999 — Dougherty D. Guía para caminantes en Santa Fe de Tierra Firme: estudio sistemático de «Tirano Banderas». Valencia: Pre-textos, 1999.

Edgerton 1981 — Edgerton W. B. Spanish and Portuguese Responses to Dostoevskyij // Revue de Litterature Comparee. 1981 (July-Dec.). Vol. 219. № 20 (Paris). P. 3–4, 419–438.

Emerson 1999 — Emerson C. Theory // Cambridge Companion to the Classic Russian Novel / Ed. M. V. Jones, R. F. Miller. Cambridge, UK: Cambridge University Press, 1999. P. 271–293.

Eoff 1961 — Eoff S. H. The Modern Spanish Novel. New York: New York University Press, 1961.

Eshleman 1980 — Eshleman C. Introduction // The Complete Posthumous Poetry of César Vallejo / Transl. C. Eshleman, J. Rubia Barcia. Berkeley, Los Angeles and London: University of California Press. 1980. P. IX–XXXVII.

Establier Pérez 2005 — Establier Pérez H. De la guerra al exilio en los cuentos de María Teresa León: la recreación de la experiencia en Cuentos de la España actual y Morirás lejos // Escritoras españolas e hispanoamericanas en el exilio / Coord. M. J. Jiménez Tomé, I. Gallego Rodríguez. Málaga: Atenea, 2005. P. 149–162.

Esteban, Santonja 1987 — Esteban J., Santonja G. La novela social, 1928–1939: figuras y tendencias / Ed. Fco. Serrano. Madrid: Ediciones de la Idea, 1987.

Esteban, Santonja 1988 — Esteban J., Santonja G. Los novelistas sociales españoles (1928–1936): antología. Barcelona: Antropos, 1988.

Estébanez Gil 1995 — Estébanez Gil J. C. Ma Teresa León: estudio de su obra literaria. Burgos: La Olmeda, 1995.

Everist 2001–2002 — Everist M. Enshrining Mozart: Don Giovanni and the Viardot Circle // 19th-Century Music. 2001–2002. Vol. 25. № 2–3. P. 165–189.

Farnsworth 1980 — Farnsworth B. Aleksandra Kollontai: Socialism, Feminism, and the Bolshevik Revolution. Stanford, CA: Stanford University Press, 1980.

Fasey 2000 — Fasey R. The Presence of Russian Revolutionary Writing in the Literary Climate of Pre-Civil War Spain // Forum for Modern Language Studies. 2000. Vol. 36. № 4. P. 402–411.

Felman 2003 — Felman S. The Scandal of the Speaking Body: Don Juan with J. L. Austin, or Seduction in Two Languages / Transl. C. Porter; ed. W. Hamacher; foreword S. Cavell; afterword J. Butler. Stanford: Stanford University Press, 2003.

Fitzpatrick 2002 — Fitzpatrick S. The World of Ostap Bender: Soviet Confidence Men in the Stalin Period // Slavic Review. 2002. Vol. 61. № 3. P. 535–557.

Friedberg 1954 — Friedberg M. New Editions of Soviet Belles Lettres: A Study in Politics and Palimpsets // American Slavic and East European Review. 1954 (Feb.). Vol. 13. № 1. P. 72–88.

Fuentes 1976 — Fuentes V. Prólogo // Fernández J. D. El blocao. Madrid: Ediciones Turner, 1976.

Fuentes 1980 — Fuentes V. La marcha al pueblo en las letras españolas: 1917–1936 / Prol. M. Muñón de Lara. Madrid: Ediciones de la Torre, 1980.

Fusso 1999 — Fusso S. The Romantic Tradition // Cambridge Companion to the Classic Russian Novel / Ed. M. V. Jones, R. Feuer Miller. Cambridge, UK: Cambridge University Press, 1999. P. 171–189.

García de la Concha 1980 — García de la Concha V. Pérez de Ayala y el compromiso generacional // Los Cuadernos del Norte. 1980. № 1.2. P. 34–39.

García de la Concha 1984 — García de la Concha V. Ramón y la vanguardia // Historia y crítica de la literatura española: época contemporánea: 1914–1939. Barcelona, Crítica: 1984. P. 205–218.

García de Nora 1962 — G[arcía] de Nora E. La novela española contemporánea. Biblioteca románica hispánica. 2 vols. Estudios y ensayos. Madrid: Gredos, 1962.

Garofalo 2001 — Garofalo E. The Social Image of Woman in Three Works by Luisa Carnés: Pereginos de Calvario, Natacha, and Tea Rooms // The Female Temper of a Spanish Generation: Cultural Images of Women in the Second Republic (1931–1939): Dissertation. University of Pittsburgh, 2001. P. 179–226.

Gier 2002–2003 — Gier D. La aventura fracasada: descolonización y poscolonización en África en la novela española, cubana y portuguesa del siglo XX // Espéculo: Revista de Estudios Literarios. 2002 (Nov.) — 2003 (Feb.). Vol. 22.

Gil Casado 1975 — Gil Casado P. La novela social española (1920–1971). Barcelona: Seix Barral, 1975.

Gilabert 2001 — Gilabert J. Historia y literatura: Imán de Sender, un «Bildungsroman» sobre la guerra colonial del Rif // Letras Peninsulares. 2001 (Spring). Vol. 14. № 1. P. 23–32.

Gimpelevich 1996 — Gimpelevich Z. The Absence of Female Characters in Ehrenburg's Julio Jurenito // Irish Slavonic Studies. 1996. Vol. 17. P. 101–113.

Goldman 1993 — Goldman W. Z. Women, the State and Revolution: The Soviet Family Policy and Social Life, 1917–1936. Cambridge: Cambridge University Press, 1993.

González Allende 2009 — González Allende I. De la romántica a la nueva mujer: la representación de la mujer en la literatura española del siglo XIX // Letras de Deusto. 2009. Vol. 39. № 112. P. 51–76.

Gorchakov 1957 — Gorchakov N. A. The Theater in Soviet Russia / Transl. by E. Lehrman. Columbia Slavic Studies. New York: Columbia University Press, 1957.

Gourfinkel 1960 — Gourfinkel N. Gorky / Transl. A. Feshback. New York; London: Grove Press and Evergreen Books, 1960.

Graham 2002 — Graham H. The Spanish Republic at War: 1936–1939. Cambridge: Cambridge University Press, 2002.

Groden 1994 — The Johns Hopkins Guide to Literary Theory and Criticism / Ed. M. Groden, M. Kreiswirth. Balitmore and London: Johns Hopkins University Press, 1994.

Günther 1994 — Günther H. Socialist Realism and Utopianism // Socialist Realism Revisited / Ed. N. Kolesnikov, W. Smyrniw. Hamilton, Ontario: McMaster University Press, 1994. P. 29–41.

Gutierrez Navas 2005 — Gutierrez Navas M. D. El jazmín y la llama. Luisa Carnés, escritora comprometida // Escritoras españolas e hispanoamericanas en el exilio / Coord. M. J. Jiménez Tomé, I. Gallego Rodríguez. Málaga: Atenea, 2005. P. 59–71.

Herman 1999 — Herman D. Don Juan and Don Alejandro: The Seductions of Art in Pushkin's Stone Guest // Comparative Literature. 1999. Vol. 51. № 1. P. 3–23.

James 1973 — James C. V. Soviet Socialist Realism: Origins and Theory. London and Basingstoke: Macmillan, 1973.

Jiménez Madrid 1997 — Jiménez Madrid R. Joaquín Arderíus: del yo al compromiso // Murgetana. 1997. Vol. 96. P. 103–116.

Johnson 2001 — Johnson R. Carmen de Burgos and Spanish Modernism // South Central Review. 2001. Vol. 18. № 1–2. P. 66–77.

Jones M. 1999 — Jones M. V. Introduction // Cambridge Companion to the Classic Russian Novel / Ed. M. V. Jones, R. Feuer Miller. Cambridge, UK: Cambridge University Press, 1999. P. 1–17.

Jones W. 1999 — Jones W. G. Politics // Cambridge Companion to the Classic Russian Novel / Ed. M. V. Jones, R. Feuer Miller. Cambridge, UK: Cambridge University Press, 1999. P. 63–85.

Kaplan 1996 — Kaplan C. Questions of Travel: Postmodern Discourses of Displacement. Durham and London: Duke University Press, 1996.

Karetnikova, Steinmetz 1991 — Karetnikova I., Steinmetz L. Mexico According to Eisenstein. Alburquerque: University of New Mexico, 1991.

Kegan Gardiner 1978a — Kegan Gardiner J. The Heroine as her Author's Daughter // Feminist Criticism: Essays on Theory, Poetry and Prose / Ed. C. L. Brown, K. Olson. Metuchen, NJ and London: The Scarecrow Press, Inc., 1978. P. 244–253.

Kegan Gardiner 1978b — Kegan Gardiner J. A Wake for Mother: The Maternal Deathbed in Women's Fiction // Feminist Studies. 1978. Vol. 4. № 1. P. 146–164.

Kets de Vries 2001 — Kets de Vries M. F. R. The Anarchist Within: Clinical Reflections on Russian Character and Leadership Style // Human Relations. 2001. Vol. 54. № 5. P. 585–627.

Kirkpatrick 2003 — Kirkpatrick S. Mujer, modernismo y vanguardia en España (1898–1931) / Trad. J. Cruz. Madrid: Cátedra, 2003.

Krylova 2003 — Krylova A. Beyond the Spontaneity-Consciousness Paradigm: «Class Instinct» as a Promising Category of Historical Analysis // Slavic Review. 2003. Vol. 62. № 1. P. 1–23.

Lahusen 1997 — Lahusen T. Socialist Realism in Search of Its Shores: Some Historical Remarks on the «Historically Open Aesthetic System of the Truthful Representation of Life» // Socialist Realism Without Shores / Ed. T. Lahusen, E. Dobrenko. Durham and London: Duke University Press, 1997. P. 5–26.

Larson 2002 — Larson S. The Commodification of the Image of Spain's «New Woman» by Mass Culture and the Avant-Garde in José Díaz Fernández's La Venus mecánica // ¡Agítese bien! A New Look at the Hispanic Avant-Gardes / Ed. and Int. M. T. Pao, R. Hernández-Rodríguez. Newark, Delaware: Juan de la Cuesta, 2002. P. 275–306.

Laurson 2006 — Laurson E. «A New Enigmatic Language»: The Spontaneity-Consciousness Paradigm and the Case of Gladkov's Cement // Slavic Review. 2006. Vol. 65. № 1. P. 66–89.

Leitch et al. 2001 — Leitch V. B. et al. Louis Althusser // Norton Anthology: Theory and Criticism. New York, London: W. W. Norton, 2001. P. 1476–1479.

Lentzen 1987 — Lentzen M. Marinetti und der Futurismus in Spanien // Archiv für das Studium der Neueren Sprachen und Literaturen. 1987. Bd. 224, № 1. P. 67–82.

Levin 1965 — Levin D. Stormy Petrel: The Life and Work of Maxim Gorky. New York: Appleton-Century, 1965.

Lindgren 1972 — Lindgren E. Introduction // Eisenstein S. M. Que viva Mexico! London: Vision Press Ltd. 1972. P. 5–25.

Linhard 2005 — Linhard T. Fearless Women in the Mexican Revolution and the Spanish Civil War. Columbia, Mo: University of Missouri Press, 2005.

Loureiro 2000 — Loureiro Á. G. The Ethics of Autobiography. Nashvi-lle, Vanderbilt University Press, 2000.

McCarthy 1999 — McCarthy J. Political Theater during the Spanish Civil War. 1988. Cardiff: University of Wales Press, 1999.

Maguire 1999 — Maguire R. A. The City // Cambridge Companion to the Classic Russian Novel / Ed. M. V. Jones, R. Feuer Miller. Cambridge, UK: Cambridge University Press, 1999. P. 21–40.

Maguire 1987 — Maguire R. A. Introduction // Russian Literature of the Twenties: An Anthology / Ed. C. R. Proffer et al. Ann Arbor: Ardis, 1987. P. VII–XVII.

Mainer 1999 — Mainer J.-C. La edad de plata (1902–1939): ensayo de interpretación de un proceso cultural. 5th ed. Madrid: Cátedra, 1999.

Malaxecheverría 1991 — Malaxecheverría C. Joaquín Arderíus y el nuevo romanticismo // Hispanófila. 1991. Vol. 34. № 3. P. 47–56.

Marco 1979 — Marco J. Prólogo // León M. T. Una estrella roja. Madrid: Espasa-Calpe, 1979. P. 9–23.

Marín 1997 — Marín J. M. Introducción // Vega L. de. Fuente Ovejuna. Madrid: Cátedra, 1997. P. 11–71.

Marrast 1984 — Marrast R. Rafael Alberti en México (1935). 1st ed. San-tander: Publicaciones La Isla de los Ratones (Sur Ediciones), 1984.

Marsh 2004 — Marsh R. Realist Prose Writers, 1881–1929 // A History of Women's Writing in Russia / Ed. A. M. Barker, J. M. Gheith. Cambridge, UK: Cambridge University Press, 2004. P. 175–206.

Miguel Álvarez 1993 — Miguel Álvarez A. de. Marxismo y feminismo en Alejandra Kolontay. Madrid: Instituto de Investigaciones Feministas Univer-sidad Complutense, 1993.

Miller 1993 — Miller J. C. Joaquín Arderíus, Social Novelist of the Avant-Garde: Memories, Correspondence and Criticism // Letras Peninsulares. 1993 (Spring). Vol. 6. № 1. P. 235–247.

Milne 1999 — Milne L. Satire // Cambridge Companion to the Classic Russian Novel / Ed. M. V. Jones, R. Feuer Miller. Cambridge, UK: Cambridge University Press, 1999. P. 86–103.

Mozenko 1994 — Mozenko E. Socialist Realism: The Rise and Fall of a Political Doctrine // Socialist Realism Revisited / Ed. N. Kolesnikov, W. Smyrniw. Hamilton, Ontario, 1994. P. 43–57.

Munson 2002 — Munson E. Walking on the Periphery: Gender and the Discourse of Modernization // Journal of Social History. 2002. Vol. 36. № 1. P. 63–75.

Naiman 1996 — Naiman E. When a Communist Writes Gothic: Aleksandra Kollontai and the Politics of Disgust // Signs. 1996 (Aug.). Vol. 22. № 1. P. 1–29.

Naiman 1997 — Naiman E. Sex in Public: The Incarnation of Early Soviet Ideology. Princeton and Chichester, West Sussex: Princeton University Press, 1997.

Nash 1999 — Nash M. Un/Contested Identities: Motherhood, Sex Reform and the Modernization of Gender Identity in Early Twentieth-Century Spain // Constructing Spanish Womanhood: Female Identity in Modern Spain. New York: SUNY Press, 1999. P. 25–50.

Olstad 1977 — Olstad C. F. Sender's *Imán* and Remarque's *All Quiet on the Western Front* // Revista de Estudios Hispánicos. 1977. Vol. 1. № 11. P. 133–140.

Pérez-Firmat 1982 — Pérez-Firmat G. Idle Fictions: The Hispanic Vanguard Novel, 1926–1934. Durham, NC: Duke University Press, 1982.

Pildes 1978 — Pildes J. Mothers and Daughters: Understanding the Roles // Frontier. 1978. Vol. 3. № 2. P. 1–11.

Plaza Plaza 2002 — Plaza Plaza A. Introducción // Carnés L. El eslabón perdido. Sevilla: Renacimiento, 2002. P. 11–72.

Pratt 1992 — Pratt M. L. Imperial Eyes: Travel Writing and Transculturation. London and New York: Routledge, 1992.

Preston 1994 — Preston P. The Coming of the Spanish Civil War: Reform, Reaction and Revolution in The Second Republic. 1978. 2nd ed. London and New York: Routledge, 1994.

Preston 2006 — Preston P. The Spanish Civil War: Reaction, Revolution, and Revenge. 2nd rev. ed. New York: Norton, 2006.

Prince 1989 — Prince G. Dictionary of Narratology. Lincoln and London: University of Nebraska Press, 1989.

Purkey 2011 — Purkey L. C. Alberti and Mayakovsky: Subverting the Medieval Mystery Play // The Comparatist. 2011. Vol. 35. P. 107–132.

Purkey 2008 — Purkey L. C. Spanish Pacifist and Soviet Civil War Prose // Bulletin of Hispanic Studies. 2008. Vol. 85. № 5. P. 659–678.

Quance 1998 — Quance R. Hacia una mujer nueva // Revista de Occidente. 1998. Vol. 211. P. 103–114.

Ragland 1989 — Ragland-Sullivan E. Plato's Symposium and the Lacanian Theory of Transference: Or, What is Love? // The South Atlantic Quarterly. 1989. Vol. 88. № 4. P. 725–755.

Rastogi 1999 — Rastogi M., Wampler K. S. Adult Daughter's Perceptions of the Mother-Daughter Relationship: A Cross-Cultural Comparison // Family Relations. 1999. Vol. 48. № 3. P. 327–336.

Rice, Waugh 1993 — Rice P., Waugh P. Modern Literary Theory Reader. 2nd ed. London and New York: Edward Arnold, 1993.

Robin 1992 — Robin R. Socialist Realism: An Impossible Esthetic / Transl. C. Porter; foreward L Robel. Standford: Stanford University Press, 1992.

Rosaldo 1997 — Rosaldo R. Foreword // Hybrid Cultures: Strategies for Entering and Leaving Modernity / Transl. C. L. Chiappari, S. L. López. Minneapolis and London: Minnesota University Press, 1997. P. XI–XVII.

Rudnitsky 1988 — Rudnitsky K. Russian and Soviet Theatre: Tradition and the Avant-Garde / Transl. by R. Permar; ed. L. Milne. London: Thames and Hudson, 1988.

Rueda 2005 — Rueda A. Sender y otros novelistas de la guerra marroquí: humanismo social y vanguardia política // Romance Quarterly. 2005 (Summer). Vol. 52. № 3. P. 176–196.

Russell 1988 — Russell R. Russian Drama of the Revolutionary Period. Totowa, NJ: Barnes & Noble, 1988.

Russell 1999 — Russell R. The Modernist Tradition // Cambridge Companion to the Classic Russian Novel / Ed. M. V. Jones, R. F. Miller. Cambridge: Cambridge University Press, 1999. P. 210–229.

Sánchez 2003 — Sánchez S. Fact and Fiction: Representations of the Asturian Revolution (1934–1938) / Ed. D. J. George. MHRA Texts and Dissertations, Vol. 60. Leeds: Maney Publishing, 2003.

Sánchez Alberti 2003 — Sánchez Alberti T. Desmemoria de la alegría // Recuerdo de un olvido / Ed. Altolaguirre. Madrid: Sociedad Estatal España Nuevo Milenio, 2003. P. 27–31.

Santonja 1975 — Santonja G. Prologo // Arconada C. M. La turbina: la novela social. Madrid: Ediciones Turner, 1975. P. 7–17.

Santonja 1979a — Santonja G. Introducción // La guerra en Asturias (crónicas y romances) / Ed. G. Santonja. Biblioteca Silenciada. Madrid: Ayuso, 1979.

Santonja 1979b — Santonja G. La novela proletaria (1932–1933). 2 vols. Biblioteca Silenciada. Madrid: Ayuso, 1979.

Santonja 1989 — Santonja G. La república de los libros. Barcelona: Anthropos, 1989.

Sanz Guitián 1995 — Sanz Guitián P. Viajeros españoles en Rusia. Madrid: Compañía Literaria, 1995.

Schanzer 1972 — Schanzer G. O. Russian Literature in the Hispanic World: A Bibliography. Toronto and Buffalo: University of Toronto Press, 1972.

Schneider 1992 — Schneider M. J. Novel by Design: The Problematics of Reception in Ramón J. Sender's *Imán* // ALEC. 1992. Vol. 17. № 3. P. 409–425.

Shengold 1999 — Shengold D. Adding to the «Guest» List: Hugo's Hernani and Pushkin's Don Juan // Slavic Review. 1999. Vol. 58. № 2. Special Issue: Alexander Pushkin 1799–1999. P. 329–336.

Soria Olmedo 1999 — Soria Olmedo A. Vanguardismo y crítica literaria en España 1910–1930. Madrid: Istmo, D.L., 1999.

Terras 1991 — Terras V. A History of Russian Literature / New Haven and London: Yale University Press, 1991.

Terras 1999 — Terras V. The Realist Tradition // Cambridge Companion to the Classic Russian Novel / Ed. M. V. Jones, R. Feuer Miller. Cambridge: Cambridge University Press, 1999. P. 190–209.

Torre 1971 — Torre G. de. Historia de las literaturas de vanguardia. Vols. 1–3. Madrid: Ediciones Guadarrama, 1971.

Torres Nebrera 1988 — Torres Nebrera G. Aproximación a la obra narrativa de César Arconada // Reparto de Tierras. Colección Raices. Badajoz-Palencia: Grafisur, 1988. P. 11–61.

Torres Nebrera 1998 — Torres Nebrera G. Introducción biográfica y critica // León M. T. Memoria de la melancolía. Madrid: Clásicos Castalia, 1998. P. 7–59.

Troyat 1989 — Troyat H. Gorky: A Biography / Transl. by L. Bair. New York: Crown Publishers, 1989.

Uriosti 1993 — Uriosti C. de. Canonicidad y feminismo: los textos de Carmen de Burgos // Romance Languages Annual. 1993. Vol. 5. P. 527–532.

Vilches de Frutos 1982 — Vilches de Frutos M. F. El compromiso en la literatura: la narrativa de los escritores de la generación del nuevo romanticismo // ALEC. 1982. Vol. 7. № 1. P. 31–58.

Vilches de Frutos 1984 — Vilches de Frutos M. F. La generación del nuevo romanticismo: estudio bibliográfico y crítico (1924–1939) / Dir. J. S. Díaz. Madrid: Universidad Complutense de Madrid, Servicio de Reprografía Noviciado, 1984.

Villanueva 1997 — Villanueva D. Theories of Literary Realism. Revised ed. / Transl. M. I. Spariosu, S. García-Castañón. Albany, NY: SUNY Press, 1997.

Vosburg 2001 — Vosburg N. El tapiz de una vida feminista: María Teresa León (1903–1988) // Literatura y feminismo en España / Ed. L. Vollendorf. New York: MLA, 2001. P. 241–256.

Werner 1966 — Werner J. Machado's Concept of Russia // Hispania. 1966. Vol. 49. № 1. P. 31–35.

Wihl 1993 — Wihl G. Structuralist Marxim // Johns Hopkins Guide to Literary Theory and Criticism / Ed. M. Groden, M. Kreiswirth. Baltimore: Johns Hopkins University Press, 1993. P. 495–499.

Предметно-именной указатель

Un hombre de treinta años 84, 86, 88, 92, 98, 100, 106–109, 118

Бендер Остап 72

Берган (Bergan) Рональд 162, 163

Беренгер Дамасо 13

Берсео Гонсало де 66

Бетанкур Хосе 129

Библиотека поэта, журнал 76

биологическая функция 177, 179

биомеханика 12

благородное происхождение 229, 235, 236, 248; см. аристократия

Бланко (Blanco) Агинага Карлос 16

Бланч (Blanch) Антонио 30, 31

Блок Александр Александрович 62, 120

Богаероская Алисия 60

большевистская революция 9, 10, 22, 28, 38, 42, 73, 161, 187

Большой театр 65

Бородин Александр Порфирьевич 27

Боуч Лоран 16, 91, 171, 215

Бош Рафаэль/Bosch 16, 111, 243

брак 11, 56, 97–101, 149, 154, 174, 177, 187, 193, 194, 197, 200, 203, 208–210, 257, 258

Браун Эдвард/ Brown 129, 147, 245

Бренан Джеральд/ Brenan 146

Бунин Иван Алексеевич 33

Бунюэль Луис 47
Las Hurdes: Tierra sin pan / Земля без хлеба 47

Бургос 58

Бургос Кармен де 177, 178
La mujer moderna y sus derechos / Современная женщина и ее права, 177

Бургосский собор 58

буржуазия 31, 90, 91, 140, 142, 143, 149, 213, 223

Вайнер (Weiner) Джек 31

Вальдес (Valdés) Ф. 182

Валье-Инклан Рамон Мария дель 36, 64, 67, 110, 123, 217, 229
La media noche: visión estelar de un momento de guerra / Полночь 217
Luces de Bohemia / Огни Богемии 110
Tirano Banderas / Тиран Бандерас, 64, 110, 123

Вальехо Сесар 40, 83

Василиса Малыгина, роман Коллонтай 175, 181, 186–188, 204, 206, 210

Вега Карпьо Лопе де 64
Fuenteovejuna / Овечий источник 65

Видал Фабиан 127–129, 156, 157

Вила Хосе Мария 28

Вильчес де Фрутос Мария Франсиска 16, 87, 105, 109

Вильянуэва Дарио/Villanueva 104

война 11, 12, 22, 28, 36, 41, 45, 66, 67, 96, 101, 109, 110, 127, 131, 149, 155, 157, 158, 167, 184, 186, 214–224, 226–228, 230–233, 236–238, 242–249, 251–254, 256, 258

Восбург Нэнси 189, 194

восприятие 125–130, 141, 217–221

восприятие Гладкова Испанией 125–130, см. также Гладков

восприятие Горького Испанией 63–73, см. также Горький

La juventud comunista y la moral sexual 181; см. *Коммунистическая молодежь и сексуальная мораль*; А. М. Коллонтай

La mujer nueva y la moral sexual 175, 181, 182, 184; см. *Новая женщина и сексуальная мораль* А. М. Коллонтай

La nueva tierra: apuntes de una maestro 127; см *Новая земля* Ф. В. Гладкова

La revolución y la novela en Rusia, сборник 30

La Vanguardia, газета 33, 126, 129

La Voz, литературный журнал 125, 126, 181

literatura de avanzada, 16, 21, 215

Los jinetes de Budienny 36, 222; см. *Конармия* И. Э. Бабеля

Minerva o el revisor general, газета 29

No pasarán 66; см. Эренбург И. Г.

Noche sobre Rusia 37, см. Фигнер В. Н.

Nueva España, ежедневная газета 16

Popular Film, журнал 126

Post-Guerra, газета 126, 127, 220

Post-Guerra, журнал 16, 215, 219

Revista de Occidente, журнал 33, 217

Sobre el Don apacible 36; см. *Тихий Дон* М. А. Шолохова

Wege der Liebe, сборник 181; см. *Такая разная любовь* А. М. Коллонтай

Х.Х. 182

Оглавление

Научное издание

Линн Пёрки
NUEVO ROMANTICISMO
Испанско-русский литературный диалог,
1905–1939

Директор издательства *И. В. Немировский*
Ответственный редактор *И. Белецкий*
Куратор серии *К. Тверьянович*
Заведующая редакцией *О. Петрова*

Дизайн *И. Граве*
Редактор *Р. Рудницкий*
Корректоры *А. Филимонова, Н. Занозина*
Верстка *Е. Падалки*

Подписано в печать 03.11.2023.
Формат издания 60 × 90 $^{1}/_{16}$. Усл. печ. л. 19,5.
Тираж 200 экз.

Academic Studies Press
1577 Beacon Street, Brookline, MA 02446 USA
https://www.academicstudiespress.com

ООО «Библиороссика».
198207, г. Санкт-Петербург, а/я № 8

Эксклюзивные дистрибьюторы:
ООО «Караван»
ООО «КНИЖНЫЙ КЛУБ 36.6»
http://www.club366.ru
Тел./факс: 8(495)9264544
e-mail: club366@club366.ru

Книги издательства можно купить
в интернет-магазине: www.bibliorossicapress.com
e-mail: sales@bibliorossicapress.ru

12+

Знак информационной продукции согласно
Федеральному закону от 29.12.2010 № 436-ФЗ

www.ingramcontent.com/pod-product-compliance
Lightning Source LLC
Chambersburg PA
CBHW070401100426
42812CB00005B/1596